A dialética simbólica

Olavo de Carvalho

A dialética simbólica

Estudos reunidos

2ª edição

VIDE EDITORIAL

A dialética simbólica: estudos reunidos
Olavo de Carvalho
Impresso no Brasil
2ª edição – novembro de 2015
Copyright © 2015 by Olavo de Carvalho

Os direitos desta edição pertencem ao
CEDET - Centro de Desenvolvimento Profissional e Tecnológico
Rua Ângelo Vicentin, 70 – CEP: 13084-060 – Campinas – SP
Telefone: 19-3249-0580
e-mail: livros@cedet.com.br

Gestão Editorial
Diogo Chiuso

Editor
Silvio Grimaldo de Camargo

Editor-assistente
Thomaz Perroni

Capa & editoração
J. Ontivero

Conselho Editorial
Adelice Godoy
César Kyn d'Ávila
Diogo Chiuso
Silvio Grimaldo de Camargo
Thomaz Perroni

FICHA CATALOGRÁFICA

Carvalho, Olavo de
A dialética simbólica: estudos reunidos / Olavo de Carvalho – Campinas, SP: Vide Editorial, 2015.

ISBN: 978-85-67394-79-4

1. Filosofia moderna: ensaios

I. Autor II. Título.

CDD – 190.2

ÍNDICES PARA CATÁLOGO SISTEMÁTICO
1. Filosofia moderna: ensaios – 190.2

VIDE EDITORIAL – www.videeditorial.com.br

Reservados todos os direitos desta obra. Proibida toda e qualquer reprodução desta edição por qualquer meio ou forma, seja ela eletrônica ou mecânica, fotocópia, gravação ou qualquer meio.

❋ Sumário

Nota prévia do autor 9

PARTE 1 – ESTUDOS TEÓRICOS
I. A dialética simbólica e outros estudos
 1. A dialética simbólica 17
 2. Emoção e reflexão 37
 3. Glória silenciosa de Bernanos 43
 4. O dinamitador discreto 49
 5. Aprendendo a escrever 51
 6. A arte de escrever,
    Licão 1: Esqueça o Manual de Redação 55
 7. Ainda a arte de escrever 65
 8. O dogma da autonomia da arte 69
 9. Poesia e Filosofia 73
 10. Para uma antropologia filosófica 93
 11. A pergunta ausente 97

II. Os gêneros literários: seus fundamentos metafísicos
 Prefácio de José Enrique Barreiro 101
 Nota do autor à primeira edição (1991) 103
 1. Colocação da questão 107
 2. Algumas opiniões modernas 109
 3. O modo de existência dos gêneros 113
 4. Fundamentos ontológicos 117
 5. O verso e a prosa 121
 6. Narrativa e exposição 127

7. Espécies do gênero narrativo 129
8. Espécies do gênero expositivo 135
9. O gênero lírico. Conclusão 139
Quadro dos gêneros 141

PARTE 2 – FILMES: ESTUDOS CRÍTICOS

I. Símbolos e mitos no filme *O silêncio dos inocentes*
   Prefácio de José Carlos Monteiro 145
   Nota prévia à primeira edição 147
   1. Terror e piedade 149
   2. Uma pista falsa 151
   3. O cérebro por trás de tudo 155
   4. O fascinador fascinado 157
   5. Brava Clarice 159
   6. Essência e acidente 161
   7. Estoicismo e cristianismo 163
   8. Masculino e feminino 165
   9. Mestres e discípulos 167
   10. Um par de pares 171
   11. Uma parceria inquietante 175
   12. Anjos e demônios 179
   13. Carneiros e bodes 181
   14. Até o fim do mundo 183
   15. Apocalipse e paródia 185
   16. Uma dica de Aristóteles 189
   17. Um pouco de tudo 191
   18. A adaptação do romance 195
   19. *Imago mundi* 199
   Apêndice 1: A apologia do Estado 201

Apêndice 2: Resumo do enredo 203
Apêndice 3: O toque de mão 213
Apêndice 4: A mulher como símbolo da inteligência 215
Apêndice 5: Diferenças principais entre o filme e o livro 218

II. O crime da Madre Agnes, ou:
    A confusão entre espiritualidade e psiquismo

Prefácio à segunda edição 221
Prefácio à primeira edição 223
1. O enredo 225
2. De que se trata 231
3. A estrutura da peça 233
4. A transfiguração do conflito 239
5. Mística e demência 243
6. Simbolismo e verossimilhança 247
7. Preenchendo a lacuna 249
8. Verdade e "fato" 253
9. Revelação e milagre 255
10. Natural e sobrenatural (1) 259
11. Natural e sobrenatural (2) 261
12. Céu e inferno 265
Apêndice 271

III. Meu filme predileto: *Aurora*,
     de F. W. Murnau (1927). Cinema e Metafísica

Ficha técnica 282
Aurora, de F. W. Murnau 283
Epílogo 307

IV. *Central do Brasil*
    1. No coração do Brasil 309

NOTA PRÉVIA DO AUTOR

> *Um homem culto não é aquele que volta de um dia desorganizado e febril para uma orgia noturna com Hegel ou Bergson. É antes aquele para quem o espelho mágico diurno, quer suas imagens flutuantes recebam a luz do sol ou naufraguem em sombras, ofereçam uma visão do mundo que constantemente vai se tornando mais e mais a sua própria. Filosofar não é ler filosofia; é sentir filosofia.*
>
> John Cowper Powys

Começo, com o presente volume, a recolher em livros de grossa lombada os escritos menores que ao longo de duas décadas fui deixando, dispersos por este mundo, na forma de apostilas, transcrições de cursos, rascunhos inéditos, livretos de circulação discreta ou nula.

De valor desigual, tamanhos variados e assuntos diversos, não têm outra unidade senão a do olhar que, conservando como pode sua identidade no curso dos tempos, se lança interrogativamente sobre quantas coisas, em torno, lhe vão causando espanto e dando, segundo a máxima de Aristóteles, a ocasião por excelência da busca de conhecimento.

Devo explicar que esse olhar é essencialmente um olhar filosófico? Não crendo no vozerio pedante que faz da sua própria impotência de definir a filosofia um motivo de ostentação vaidosa, mas julgando, ao contrário, ter motivos válidos para ver na filosofia, essencialmente, *a busca da unidade do conhecimento na unidade da consciência e vice-versa*,[1] tenho nisto um critério suficiente para distinguir o que é filosófico do que não é, e um belo jumento eu seria se não soubesse aplicá-lo a meus próprios escritos.

---

1 Motivos que foram explicitados de maneira mais pormenorizada na *História essencial da filosofia*.

Pois não é filosófico, mesmo quando genial e excelso, o ensaísmo que se compraz na variedade como tal, em que a consciência se dissolve no fluxo das impressões, "ondulante e diverso", e não faz questão sequer de perceber quando se desdiz. Nem o é aquele que, dando por pressuposto o consenso vigente numa dada área do saber humano, argumenta com base nele, subentendendo que suas razões serão aceitas por quem dele comungue. Nem muito menos aquele que, fundado na opinião pública, usa a linguagem como instrumento de mera persuasão, por inteligente e sutil que seja. Mas é filosófico e não pode ser nenhuma outra coisa o ensaísmo que, na variedade dos temas e problemas, busque ocasião para sondar os princípios fundantes de toda certeza, como quem retorna sistematicamente ao centro desde mil e um pontos de uma circunferência, mesmo escolhidos ao sabor do acaso. É filosófico não por mérito ou falta dele, mas pela natureza das coisas, com a fatalidade inexorável de uma evidência primária ou de uma tautologia.

Se querem saber, foi justamente minha repulsa ao arbitrário, ao modismo avulso e desarraigado, que me fez ir buscar ensinamento bem longe da universidade brasileira. E quando hoje alguém, tendo lido vários escritos meus ou acompanhado meus cursos, desperta de repente para a unidade de intenções que dá forma e sentido a tudo quanto faço e escrevo – e no mesmo ato aprende a unidade e sentido de sua própria busca de conhecimento –, nesse instante agradeço à Providência por me ter preservado da dispersão e do mundanismo universitários, para que eu viesse a ter a suprema alegria de um professor, que é a de poder abrir a seus alunos um horizonte bem maior que a circunferência de um prato de lentilhas.

A busca da coerência é, porém, só um lado da filosofia. O outro é a abertura ao horizonte ilimitado da experiência, com toda a sua variedade e confusão freqüentemente irredutíveis. É bem exato caracterizar a filosofia – complementando a definição acima – como a tensão permanente entre experiência e razão. Mas essa tensão é ela própria uma experiência, e há mais gente disposta a fugir dela do que a aceitar de coração aberto as responsabilidades que ela implica. A modernidade inteira, de certo modo, é uma fuga, na medida em que começa por desativar a tensão cristalizando seus dois pólos em "estilos de pensamento" separados e estanques – racionalismo e empirismo – e termina, inevitavelmente, por sacrificar a inteligência humana no altar de uma concepção diminutiva tanto da razão quanto da experiência, reduzida a primeira à operação mecânica da técnica silogística e a segunda, a um recorte convencional ditado pelo "método científico".

A tensão é permanente, mas seus pólos mudam de lugar. De início, a unidade é puramente interna, é a unidade potencial de um eu nascente que se defende como pode da confusão exterior. Aos poucos, ele vai notando que não pode perseverar sem crescer, isto é, sem absorver, digerir e transfigurar em expressão racional aquilo mesmo que o ameaça. Chega um ponto em que o próprio eu se torna o foco da confusão, enquanto o mundo exterior, com suas exigências e disciplinas, o ajuda a rearticular-se. Depois o quadro se inverte de novo, e de novo, até que as inversões periódicas sejam aceitas como a própria dialética da vida. Esse processo é, no fundo, idêntico em todos os seres humanos: a diferença específica do filósofo é que ele anseia por vivenciar conscientemente todos os passos, não como memorialista (se bem que não deixe de sê-lo ao seu modo), mas como testemunha da universalidade dessa experiência.

***

Trata-se, pois, de ensaios de filosofia. Peço apenas que, nesta expressão, o termo *ensaio* não seja entendido apenas como vaga designação de um gênero literário, mas no sentido estrito de esboço e tentativa. Cada um dos trabalhos aqui reunidos aponta e caminha, de fato, na direção de certas evidências de princípio, que, organizadas e hierarquizadas, compõem uma filosofia, mas cuja expressão plena não se encontrará neste volume, pela simples razão de que se trata de filosofia *in fieri* e de que não poderia ser de outro modo, sendo seu autor um homem de sessenta anos – precisamente a idade em que, após décadas de ensaios e tentativas, um filósofo começa a penetrar no território que será definitivamente o seu, se viver para ocupá-lo, com a graça de Deus.

Não existe, de fato, precocidade em filosofia, como existe em poesia, em música, em física, em religião. Todo suposto jovem gênio filosófico acaba por desmentir suas idéias de juventude, isto se, antevendo-se incapaz de dominá-las, não estoura logo os miolos aos vinte e um anos, como Otto Weininger. E, da *República* de Platão até a *Krisis* de Husserl, todas as obras-primas da filosofia são feitos de maturidade e velhice.

Filosofia é reflexão, e não há reflexão que valha sem a experiência que a antecede. Como bem disse Hegel, a ave da filosofia só levanta vôo ao entardecer – um princípio que vale tanto para os indivíduos quanto para as civilizações.

Por isso mesmo, a descida para a velhice, que para a maioria dos mortais nada mais é que a sombria antevisão da decadência após uma escalada triunfante, para o filósofo se anuncia como a jornada final em direção à terra prometida após uma vida de trabalhos e padecimentos; como o ingresso numa redoma de luz ao fim de décadas de luta contra as trevas.

Daqui de onde estou, do alto deste mais de meio século de existência, posso enxergar, num só relance intuitivo, todo o horizonte de evidências que busquei desde a primeira juventude. Mas enxergá-las não é possuí-las ainda, de vez que, por uma curiosa fatalidade inerente à constituição da mente humana, quanto mais intuitivo e evidente é o conteúdo de um conhecimento, tanto mais ele requer, para expressar-se, as minuciosas distinções da dialética e da lógica. Fatalidade que, por ser desconhecida daqueles que ainda padecem do dualismo do pensar e do perceber, lhes torna impossível compreender a filosofia como forma simbólica e como *arte* magistral arquitetônica que, tendo por matéria bruta e quase sensível não palavras ou sons e cores, mas sim aquilo que para o vulgo é o que há de mais abstrato, isto é, o puro esquema eidético do discurso, tem como forma interior e meta derradeira aquilo que, por supremamente evidente e luminoso, está para além de todo discurso.

É pois natural que o filósofo, antes de se aventurar a dar às suas idéias a expressão formal e sistêmica em que adquirirão sua identidade definitiva, acerte as contas com as primeiras etapas de sua vida e de sua obra, como o pintor que revê e ordena seus esboços antes de iniciar o quadro.

Não é outro o sentido da coletânea de *Estudos reunidos* que este volume inaugura. Para o escritor, para crítico, para o ensaísta, um volume deste gênero é coroamento de uma vida. Publicá-lo aos sessenta anos seria prematura aposentadoria. Para o filósofo, é apenas a hora de fazer a avaliação final dos ensaios para poder iniciar o espetáculo.

Toda a minha obra publicada até o momento, que esta coletânea conclui, deve portanto ser vista como um longo prefácio à *História essencial da filosofia*, ao *Breve tratado de metafísica dogmática*, à *Filosofia política* e a outras exposições que se seguirão, algumas das quais se encontram a meio caminho de sua forma final, outras dispersas e informes em notas de aulas, outras apenas *in nuce*.

Pedindo a Deus que me dê forças para concluir a tarefa empreendida, apresento nesta coletânea a prestação de contas das primeiras etapas, não como quem contempla vitorioso a casa construída, mas como quem, vendo os materiais reunidos e organizados, a pilha de tijolos, o monte de areia, os renques de tábuas, arregaça as mangas para dar início à construção. Reunidos e organizados, entenda-se, só no que concerne à validade das idéias, pois não houve a menor preocupação de cronologia ou ordenação de temas no arranjo destes escritos. Preferi mesmo selecionar para este primeiro volume alguns dos mais recentes, por mera comodidade, porque me pareciam menos necessitados de revisões e acréscimos, e não me inibi de colocá-los ao lado de um trabalho como "A dialética simbólica", de 1983, porque neste julgo ter alcançado prematuramente uma expressão que me parece adequada às minhas exigências atuais; e, se é dele o nome que vai na capa, isto sinaliza a especial alegria que senti ao escrevê-lo, e mais ainda ao subscrevê-lo agora.[2]

---

2   O poeta Bruno Tolentino, que é um leitor muito fino, logo percebeu a importância estratégica desse pequeno texto no conjunto de minha obra, conforme assinalou no prefácio a *O Jardim das Aflições*.

Ao apresentar este volume ao público, agradeço de coração a todos os que me ajudaram na conservação destes textos, especialmente a Meri Angélica Harakava, Stella Caymmi, Ana Maria Santos Peixoto, Maria Elisa Ortenblad, Fernando Carneiro, Henriete Fonseca, Marcelo Albuquerque, Denny Marquesani, Eduy César Ferro, Luciane Amato, Guilherme Almeida, Roseli Podbevsek e minha esposa e cúmplice, Roxane. Se esqueci alguém, foi sem querer.

Richmond, VA, 25 de março de 2007.

PARTE 1
Estudos teóricos

I
A dialética simbólica e outros estudos

1. A DIALÉTICA SIMBÓLICA

> *[Juro] pelo róseo crepúsculo da manhã;*
> *pela noite e quanto envolve;*
> *e pela Lua quando cheia:*
> *passareis de plano a plano.*
> (Alcorão Sagrado: IV, 16-19)

Vistos da Terra, o Sol e a Lua têm o mesmo diâmetro aparente: meio grau de arco. Em contrapartida, todas as suas demais qualidades sensíveis ~ cor, temperatura etc. ~ são simetricamente opostas. Isto faz deles o emblema por excelência de todas as oposições máximas e irredutíveis, modeladas pelo esquema de dois pontos divergentes e eqüidistantes de um terceiro ponto, central: por ocasião da Lua cheia, a Lua que se põe e o Sol que se levanta, ou a Lua que se levanta enquanto o Sol se põe, formam a imagem perfeita do equilíbrio dos contrários, com a Terra no meio como fiel da balança.

É uma imagem que nos ocorre espontaneamente quando queremos evocar a idéia de equilíbrio, a propósito, digamos, do ativo e do passivo, do masculino e do feminino, do claro e do escuro, de tudo quanto, enfim, a cultura chinesa resumiu sob as noções do *yang* e do *yin*.

Sendo fácil de gravar, e dotada de grande poder evocativo e mnemônico,[1] era natural que, em nosso tempo, os meios de comunicação se apossassem dela, utilizando-a como instrumento para fixar na imaginação do consumidor a mensagem de novas dietas, programas de ginástica e outros *gadgets* ideológicos que entraram no mercado através do naturismo *hippie* e das doutrinas pseudo-orientais. O abuso do emblema luni-solar veio junto com a vulgarização do *yin* e do *yang*.

---

1   Fundado, aliás, na homologia estrutural entre a psique humana e a esfera celeste, como veremos.

Apesar da vulgarização, a imagem e a noção que evocam são perfeitamente adequadas à realidade que pretendem expressar; a lei da mútua compensação dos contrários não é pura fantasia, mas uma relação que vigora de fato em muitos planos e setores da experiência, e que, aliás, pode ser observada e abstraída da natureza, por exemplo no caso dos vasos comunicantes ou do equilíbrio ácido/base. Dentro de seus limites, é um princípio explicativo ou ao menos descritivo perfeitamente válido, que funciona para certos grupos de fenômenos.

Tão logo passamos, porém, do conceito abstrato de equilíbrio à tentativa de equilibrar alguma coisa real ~ por exemplo, quando aprendemos a andar de bicicleta ~, verificamos que a nossa imagem de perfeita simetria se rompe no impacto de sucessivas desilusões: de fato, não existe equilíbrio perfeitamente estático em parte alguma do mundo sensível. Uma vez atingido o momento de equilíbrio, o ponto central desliza, o conjunto escapa da simetria fugaz e cai; e voltamos à oscilação dos contrários, a ondulação variante que não forma figura fixa. Notamos assim que, na experiência vivida, na sucessão dos momentos reais, o ponto de equilíbrio não é propriamente um ponto, mas uma linha; e não é mesmo uma linha reta, mas sinuosa, que, gingando aos lados de um eixo meramente ideal, vai compensando as tensões de cá e de lá e compondo com o jogo do desequilíbrio das partes o padrão do equilíbrio instável do todo ~ padrão antes imaginariamente pressentido do que sensivelmente percebido.

Na homeopatia, raciocina-se com freqüência assim. Um sintoma aparentemente alarmante ~ febres, sangramentos, supurações ~ manifesta por certo um desequilíbrio, mas o clínico poderá abster-se de medicá-lo se julgar que esse desequilíbrio parcial de umas funções contribuirá para restaurar o equilíbrio do organismo total. Inversamente, pode-se também receitar um medicamento que rompa um estado de equilíbrio superficial para induzir desde o fundo das raízes orgânicas a formação ascensional de um novo e mais duradouro estado de equilíbrio.

Convenhamos que este raciocínio é bem mais sutil e completo do que o anterior. Ele permite ir mais fundo na compreensão dos fenômenos. Por exemplo, se nossos "naturalistas" pseudo-orientais estudassem um pouco do método hahnemanniano, acabariam constatando ~ antes tarde do que nunca ~ que não existem alimentos que por si sejam *yin* ou *yang*, mas sim apenas alimentos que, num estado de coisas, assumem provisoriamente, para determinado organismo, os papéis das forças *yin* ou *yang*, papéis que podem ainda se inverter com a evolução posterior do quadro. Aliás, a tradição chinesa é categórica ao afirmar que o dualismo *yin-yang* é "o extremo limite do cosmos"; que, portanto, ele só existe mesmo no plano do cosmos total, e que os entes individuais não somente são compostos de distintas dosagens desses dois princípios, mas que esta dosagem vai sendo progressivamente mais e mais complexa à medida que descemos do plano universal para os mais particulares e sensíveis. Desse modo, para avaliar se um ente qualquer — digamos, um nabo — é *yin* ou *yang*, seria preciso ponderar uma quantidade praticamente indefinida de variáveis, entre as quais, obviamente, o momento e o lugar, isto é, os fatores astrológicos envolvidos no caso; o que, tudo somado, mostra a inanidade de tal empreendimento. Tais finuras jamais escaparam aos chineses. É somente a tola grosseria da nossa "cultura de massas" que imagina poder espremer conceitos cosmológicos em tabelinhas dietéticas mediante correspondências rasas, lineares e, no fim das contas, inteiramente fictícias.

Mas, voltando ao parágrafo anterior, qual a diferença entre os dois raciocínios que acabamos de descrever? No primeiro, os dois termos eram opostos estaticamente, pela eqüidistância a um centro. Mas, se passamos da idéia de equilíbrio estático à de equilíbrio dinâmico, isto é, do conceito abstrato à experiência concreta, e assim verificamos que o equilíbrio não é feito somente de simetria e eqüidistância, mas também de interação, de conflito e de reciprocidade entre os dois pólos, então estes já não são *opostos*, e sim *complementares*. Já não são apenas as extremidades de uma escala, mas as matrizes de uma harmonia, tão indispensáveis e complementares uma à outra como o sêmen e o óvulo, o arco e a corda, a vibração sonora e a vibratilidade do tímpano. Já não nos falam somente pela sua eqüidistância fixa, por assim dizer cristalizada no céu, mas pela sua convivência a um tempo hostil e amorosa, grávida de tensões e possibilidades latentes.

Aprofundando mais a diferença, verificamos que, ao trocar de ponto de vista, introduzimos a variável *tempo*, ou, mais simplesmente, *sucessão*. *Grosso modo*, podemos dizer que o primeiro raciocínio é um raciocínio *lógico-analítico* – ou de identidade e diferença – e que o segundo é um raciocínio *dialético* (no sentido hegeliano e não aristotélico do termo). Os que se imaginam hegelianos sempre acusaram a lógica de identidade de ser puramente estática, de visar antes a abstrações formais do que às coisas concretas, imersas no fio do tempo, submetidas a transformações incessantes. O raciocínio dialético pretende apreender o movimento, vital por assim dizer, das transformações reais no mundo dos fenômenos. A verdade, segundo este método, não está no conceito fixo dos entes isolados, mas no processo lógico-temporal que ao mesmo tempo os revela e os constitui. É o sentido da famosa fórmula de Hegel: *"Wesen ist was gewesen ist"* – "A essência [de um ente] é aquilo em que [esse ente] se transformou". Ou, em outros termos: *ser é devir*.

Na astrologia, o símbolo que evoca este segundo enfoque é o do ciclo lunar. Ele projeta na tela dos céus o espetáculo da permanência na mudança, do ser que se revela e se constitui no devir. De fato, são as mutações mesmas da face lunar que acabam por mostrar ao homem a unicidade da fonte de luz que, pelo jogo das posições recíprocas e sucessivas, cria essa impressão de mudança e variedade: o Sol. Ora, o Sol não pode ser olhado diretamente. Na fórmula preciosa de Chesterton, "a única coisa criada à luz da qual olhamos todas as coisas é a única coisa à qual não podemos olhar". O Sol é, assim, uma invisível luminosidade. A Lua, por seu lado, pode ser vista com seu claro perfil recortado no céu, mas, para compensar, esse perfil não é constante. Assim, cada uma das luminárias aparentes tem algo de esquivo, para não dizer de equívoco: um foge ao olhar direto por seu brilho insuportável, a outra, por sua forma cambiante, foge à representação estática que preludia, na esfera do imaginário, o que no plano do raciocínio será a cristalização conceitual. Ora, a mutação da aparência lunar atravessa nitidamente três fases, ou faces (a quarta face, a Lua nova, é invisível): na primeira, a Lua parece crescer como fonte de luz progressivamente independente. Aí atinge uma plenitude: aparece no céu a equivalência plena de dois círculos luminosos de meio grau de arco. Se a mutação se detivesse neste ponto, diríamos: há duas fontes de luz no céu. Mas o momento da plenitude já anuncia o declínio, já contém o germe da sua supressão; e vem a minguante, e enfim a Lua desaparece: o Sol, que durante todo esse tempo permanecera constante sob a sua capa luminosa, revelou-se — para o intelecto observador: *constituiu-se* — como fonte única real de luz, expressa e desdobrada temporalmente pelo compasso ternário da sua superfície refletante, a Lua.

Na simbólica espiritual,[2] o Sol representa a intelecção, a verdade, e a Lua a mente, o pensamento, a imagem subjetiva da verdade: na dialética, uma verdade latente se constitui no espírito humano pelo processo do devir que a patenteia, que a *veri-fica*.[3]

Se a balança do Sol e da Lua no horizonte, contemplada estaticamente na ocasião da Lua cheia, figurava o equilíbrio estático dos contrários, e portanto a lógica de identidade e diferença, o ciclo lunar integral, contemplado na sua sucessão temporal, estampa nos céus a andadura ternária do pensamento dialético e o "sempiterno fluir" das coisas da natureza.

O raciocínio dialético tem parentesco próximo com o raciocínio de causa e efeito, com a idéia de continuidade da mesma causa latente por sob a procissão dos efeitos, e também com a forma da pura narrativa. O ciclo lunar pode, assim, representar indiferentemente o enfoque dialético ou o enfoque causal-narrativo.

---

2 René Guénon, *Symboles de la science sacrée*, em "Coeur et cerveau" (Paris, Gallimard, 1962, pp. 395-405, cap. LXX).

3 Nota do meu *Diário Filosófico* datada de 3 de dezembro de 1991: *De um ponto de vista lógico, a negação de uma negação é uma afirmação: "A é igual a A" é o mesmo que "A não é não-A". Psicologicamente, a recusa da negação de algo não é o mesmo que sua afirmação, e chega mesmo a ser o seu contrário: a revolta contra a frustação de um desejo não satisfaz a esse desejo, mas até aumenta a frustação; porque os desejos só podem ser satisfeitos por uma gratificação positiva. Logicamente, toda negação é afirmação de um contrário, mas psicologicamente há muitos tipos de negação, alguns contraditórios entre si. Por isso há um elemento psicológico — logicamente "impuro"— na dialética.*

O sentido último de todo historicismo, no sentido amplo da palavra, é de fato suprimir a diferença entre *ordem lógica* e *ordem narrativa*.

Se o raciocínio de identidade e diferença[4] é simples, direto e modelado na constatação de correspondências imediatamente oferecidas aos sentidos ou à inteligência, o raciocínio dialético demanda operações bem mais complexas, como por exemplo o acompanhamento de todo um ciclo de transformações.

Houve, assim, uma passagem de plano, uma *subida de nível*: ao passarmos da oposição estática à complementaridade dinâmica, do raciocínio estático ao dialético, mudamos de posto de observação, e um novo sistema de relações se evidenciou no espetáculo de coisas. Sentimos ter chegado mais perto da "realidade efetiva", abandonando uma esquemática meramente formal e libertando-nos da prisão subjetiva. Parecemos ter chegado a uma solução para a oposição colocada inicialmente: ao introduzirmos a variável "tempo", a *oposição* resolveu-se numa *complementação*.

Mas, bem examinadas as coisas, verificamos que a dialética só resolveu um problema à custa de criar outro: ao resolver a oposição entre o Sol e a Lua, instalou em seu lugar a oposição entre o estático e o dinâmico. Se é certo que muitas oposições estáticas podem resolver-se pelo raciocínio dinâmico, não é menos verdade que nenhuma delas pode se instalar, inicialmente, senão pela formulação estática e abstrata dos conceitos de seus elementos. Como poderíamos "fluidificar" dialeticamente a oposição entre o Sol e a Lua se não soubéssemos o que é Sol nem o que é Lua, isto é, se os conceitos desses dois astros não fossem fixos? Doravante

---

4 Algo de bem parecido com a seqüência de passagens de plano a plano que estou oferecendo pode ser encontrado no livro de Philippe D'Arcy *La Réflexion*, Paris, P. U. F. As quatro etapas que mostramos correspondem aproximada e respectivamente ao que ele denomina: 1º, estágio do objeto; 2º, estágio do sujeito; 3º, estágio do Eu Transcendental; 4º, estágio do Sol ou estágio do meio luminoso; estes correspondem aos quatro tipos de raciocínio – identidade, causa-e-efeito, analogia, conveniência – assinalados por Eugène Caslant em *Les Bases élementaires de l'Astrologie* (Paris, Éditions Traditionelles, 1976, vol. I, cap. II, pp. 21-22).

estamos condenados a uma dualidade radical, que separa com um biombo de ferro o pensamento e a realidade: nossos conceitos serão sempre estáticos, a realidade será sempre dinâmica. A dialética desemboca no dualismo de Bergson[5] e Bachelard.[6] A síntese decompõe-se, melancolicamente, em antinomia.

Para piorar ainda mais as coisas, a própria dialética, para entrar em ação, tem de introduzir novos conceitos, que serão igualmente estáticos, entre eles o próprio conceito de dialética. Estes conceitos poderão ser em seguida dialetizados por sua vez, e assim por diante interminavelmente. Mas se, como dizia Heráclito, avô da dialética, "nunca nos banhamos duas vezes no mesmo rio", podemos perguntar se esta sentença de Heráclito chega a ter duas vezes o mesmo sentido.

A dialética vê-se, então, ante um trágico dilema: optar por um discurso interminável ~ o qual, não possuindo limites, deixa de ter qualquer conteúdo identificável, como bem o assinalaram os críticos neopositivistas de Hegel[7] ~ ou determinar arbitrariamente, e irracionalmente portanto, um ponto final qualquer para o processo dialético. Hegel, como se sabe, fez de si mesmo o ponto final da história da filosofia, e a filosofia continuou existindo depois dele.

Urge, portanto, passar acima da dialética, galgar mais um degrau, subir a um enfoque mais vasto e abrangente. E, novamente aqui, será o modelo celeste que vai nos socorrer, seguindo a advertência de Platão de que, sem nos orientarmos pelos lineamentos de inteligência divina cristalizada nos ciclos planetários, nossos pensamentos não cessam de vagar de erro em erro.

Ocorre que os dois pólos da nossa oposição inicial só podem ser ditos *contrários* ~ ou, em seguida, *complementares* ~, quando, vistos no mesmo plano, isto é, quando medidos pelo mesmo

---

5 Henri Bergson, *Introduction à la Métaphysique*, em *Œuvres* (Paris, P.U.F., 1970, pp. 1392 ss).

6 Gaston Bachelard, *Le Nouvel esprit scientifique* (Paris, P.U.F).

7 Como, por exemplo, Bertrand Russel na sua *História da filosofia ocidental* (trad. brasileira, São Paulo, Nacional, t. III).

padrão, resultam em grandezas iguais.[8] Na passagem do raciocínio estático ao dinâmico, algo certamente se alterou – o modo de representação –, mas algo permaneceu tal e qual: o ponto de vista do observador;[9] em ambos os casos, supusemos que este estava instalado na Terra; primeiro, contemplando o momento do equilíbrio do Sol e da Lua no horizonte; depois, acompanhando o ciclo de transformações durante um mês lunar; mas sempre desde o mesmo lugar.

Todas as oposições – e todas as complementaridades portanto – se fundam em algum traço comum, que se polariza inversamente num elemento e no outro. As oposições são diferenças acidentais que resultam de um fundo de identidade essencial; a complementaridade consiste apenas em reconstituir, em seguida, esse fundo de identidade essencial, que um momento do processo havia velado, e que o acompanhamento temporal do processo completo volta a desvelar, tal como o Sol e a Lua podem velar-se um ao outro no momento do eclipse, voltando depois a mostrar-se como são realmente. Esse jogo que vai da identidade à diferença e novamente à identidade só pode desenrolar-se perante um observador estático, firmemente instalado no seu posto de observação.

Ora, o homem não pode normalmente abandonar seu posto de observação; não pode transportar-se corporalmente para fora da Terra. Pode apenas viajar mentalmente; mas, deixada a si mesma, a imaginação vaga entre os espaços celestes e cai na fantasia informe. O antídoto a esse perigo é a *astronomia*: pela correta medição, o homem restabelece na sua representação a figura verdadeira dos céus, e já tem o apoio de um novo modelo intelectual – calcado, segundo Platão, na inteligência divina – para buscar um ponto de vista que lhe permita ultrapassar a dialética vulgar, penetrando no plano do que poderíamos denominar a *dialética simbólica*.

---

8 Passando do simbolismo geométrico à linguagem lógica: quando são espécies do mesmo gênero.

9 Logicamente falando, a continuidade do ponto de vista do observador consiste em que os dois pólos da oposição são dois predicados da mesma categoria: duas quantidades (negativa e positiva, por exemplo), duas qualidades, duas ações etc.

A dialética simbólica

Se, na dialética vulgar,[10] havíamos introduzido o fator "tempo", aqui lançaremos mão do elemento "espaço", completando, portanto, o modelo em que se apoiavam nossas representações e os modelos sensíveis das respectivas formas de raciocínio. Podemos dizer que o ponto de vista dialético correspondia a uma observação meramente "agrícola" dos céus: tudo quanto ele captava era a idéia de transformação e de ciclo. A dialética simbólica, agora, vai partir de um entendimento propriamente astronômico, e lançar-se à compreensão do entrelaçamento espacial dos vários pontos de vista e dos vários ciclos que eles desvelam.

Ora, se abandonamos o ponto de vista terrestre e levamos em consideração o sistema solar como um todo[11] ~ isto é, o quadro maior de referências no qual se estatuem e se diferenciam os vários elementos em jogo ~, verificamos que, na realidade, a Lua não está nem oposta ao Sol, como no raciocínio de identidade estática, nem coordenada a ele, como no raciocínio dialético, mas sim *subordinada*. Aliás, está até mesmo duplamente subordinada, por ser o satélite de um satélite. A Terra está para o Sol assim como a Lua está para a Terra. Formamos assim uma *proporção*, e aqui pela primeira vez atingimos um enfoque *racional* de pleno direito, desde que "razão", *ratio*, não quer dizer originariamente nada mais que *proporção*. É a proporção entre nossas representações e a experiência, e entre os raciocínios e as representações, que assegura a racionalidade dos nossos pensamentos e, em última instância, a veracidade de nossas idéias.

Alcançado este ponto, de imediato a oposição inicial e a complementação que a seguiu se revelam aspectos parciais ~ insuficientes, portanto ~ de um conjunto de proporções que se reabsorve por fim no princípio unitário que as constitui. Porque todas as proporções, como veremos adiante, são variações da igualdade, do mesmo modo que os jogos entre os ângulos e posições dos vários planetas entre si se reabsorvem e se resolvem no posicionamento de todos em torno do seu eixo único central, que é o Sol.

---

10 Ou, o que dá no mesmo: hegeliana.
11 A questão das diferenças entre um simbolismo geocêntrico e um simbolismo heliocêntrico será abordada mais adiante.

Esta terceira modalidade denomina-se raciocínio de *analogia*.[12] Há muitos equívocos correntes hoje em dia sobre o que seja o raciocínio analógico. Por exemplo, muitos autores acreditam que se trate da constatação da mera semelhança de formas.[13] Outros supõem que seja uma forma primitiva e vagamente "poética" de assimilação da realidade, distinguindo-se radicalmente da apreensão racional e lógica.[14] Confunde-se a analogia com a similitude, com a metáfora, com a alegoria e com muitas outras coisas, e deprecia-se, equivocadamente, o seu valor cognitivo. Raros filósofos modernos demonstram possuir um domínio do raciocínio analógico tal como o praticavam os antigos e os medievais; parece de fato que a maioria não chega a entender bem em quê ele consiste.

Se os filósofos acadêmicos fazem confusões a esse respeito, não as fazem em menor quantidade seus tradicionais desafetos, os astrólogos e ocultistas. Só que a fazem com a intenção contrária, enfatizando a superioridade do raciocínio analógico. De fato, eles usam e abusam de uma famosa "lei de analogia", chamada a legitimar sua arte, e cuja função consiste em unir, em pulsação síncrona, o todo e a parte, o universo e o indivíduo, o distante e o próximo, tudo, enfim, o que cabe na fórmula clássica do *micro* e do *macro* contida na *Tabula smaragdina* atribuída a Hermes Trimegisto.[15]

Não é aqui o lugar de criticar os astrólogos, mas o fato é que eles interpretam essa "lei" em modo plano, raso, linear, como se entre e macro e o micro não existisse uma relação de analogia apenas, mas de identidade; por exemplo, ao lerem horóscopos, a correspondência que vêem entre as configurações celestes e os eventos da vida individual humana é praticamente direta, sem

---

12 Refiro-me exclusivamente às chamadas *analogias de atribuição intrínseca* e não às de atribuição extrínseca, ou metáforas, que podem basear-se em similitudes acidentais.
13 Por exemplo, Susanne K. Langer, *An Introduction to Symbolic Logic* (New York, Dover, 1967, p. 21 ss).
14 Por exemplo, Gaston Bachelard, *La Poétique de l'Espace*.
15 V. A. J. Festugière, *La Révélation d'Hermès Trimegiste*, I, *L'Astrologie et les sciences occultes* (Paris, Les Belles Lettres, 1989).

as modulações e mediações que o bom senso requer, e sem as inversões de significado que a própria regra do raciocínio analógico, quando bem compreendida, exige. Tendo estabelecido, por exemplo, uma ligação simbólica entre Saturno e a paternidade, e entre a Lua e a maternidade, interpretarão diretamente um ângulo "inarmônico"[16] entre Saturno e a Lua, no mapa natal, como indicação de um conflito entre a mãe e o pai do consulente. Essa forma grosseiramente mecânica de raciocínio foi muito bem caricaturada num "silogismo" inventado pelo astrólogo espanhol Rodolfo Hinostroza:

"Saturno = pedra. Sagitário = fígado. Portanto, Saturno em Sagitário = pedra no fígado. Ou, se quiserem, pedrada no fígado".[17]

Do mesmo modo, estabelecem correspondências diretas entre a Balança, como símbolo do equilíbrio cósmico, e a justiça comum e corrente dos nossos tribunais, entre o Touro e a preguiça bovina; e muitas outras no mesmo sentido e do mesmo valor. Ora, a astrologia é um simbolismo cosmológico, e não psicológico: o plano onde se desenrolam os seus fenômenos, o cenário onde se representa o seu drama, é o cosmos total, e não apenas a mente do indivíduo, muito menos o teatrinho mental das senhoras de classe média que constituem a clientela habitual dos astrólogos. Entre esses dois planos, separados por muitos "mundos", deve haver necessariamente muitas transições e atenuações; explicarei isto mais adiante. O que interessa assinalar agora é que o raciocínio analógico é uma ferramenta sutil, de precisão: não resiste a um achatamento que comprima o macro no micro e os empastele.

---

16 "Harmônicos" são os ângulos de 120° e 60°; "inarmônicos", os de 180° e 90°; essa distinção funda-se, remotamente, nos significados respectivamente "maléfico" e "benéfico" do número 2 (= oposição) e do 3 (= complementação) – um simbolismo arcaico que ressurge tanto na linguagem habitual dos sonhos do homem contemporâneo (v. Ludwig Paneth, *La Symbolique des nombres dans l'inconscient*, trad. Henriette Roguin, Paris, Payot, 1976), quanto, vejam só!, na estrutura mesma da dialética de Hegel.

17 Rodolfo Hinostroza, *El sistema astrológico* (Madri, Alianza Editorial).

Que significa, de fato, *analogia*? Em primeiro lugar, qualquer dicionário grego assinalará, no verbete αναλωγος, *analogos*, a acepção de "proporcionalidade", no sentido da fórmula

$$\frac{a}{b} = \frac{x}{y}$$

ou no sentido das harmonias entre os distintos comprimentos das cordas de um instrumento musical e os sons que respectivamente emitem quando vibradas. As proporcionalidades, como aliás é óbvio, consistem precisamente na *razão das diferenças* entre os distintos valores. Portanto, se não há diferenças, não há analogia, há pura e simplesmente identidade, no sentido da fórmula

$$\frac{1}{1} = \frac{1}{1}$$

ou, para resumir, 1 = 1. Isto deveria revelar, desde logo, que, na simbólica das tradições espirituais, ao contrário do que acontece na astrologia de consultório hoje em dia, um símbolo astral qualquer – planeta ou signo, ângulo ou casa – não poderia jamais ter o mesmo significado quando considerado em planos diferentes de realidade, por exemplo no plano do cosmos total, no dos ciclos históricos e no da psicologia individual. Em segundo lugar, o prefixo ανα, ana, que constitui essa palavra, designa um movimento ascensional:

> μελανες ανα βοτρυες ησαν
> *Mélanes aná botrües esan*:
> "No alto, estavam os cachos de negra uva"
> (*Ilíada*, 18:562)

Traduz-se como "sobre", "acima", "a montante", "para cima", como em *anagogê*, αναγωγη, "elevação", "ação de elevar, de arrebatar para o alto", ou ainda como em *anábasis*, *anaforá* etc.

O termo "analogia", portanto, dá a entender que se trata de uma relação em sentido *ascendente*. Melhor dito: os dois objetos unidos por uma relação de analogia estão conectados *por cima*: é em seus aspectos superiores, e por eles, que os entes podem estar "em analogia". Uma analogia é tanto mais evidente quanto mais nos afastamos da particularidade sensível para considerar os entes sob o aspecto da sua universalidade. Correlativamente, essa relação se desvanece quanto mais encaramos os entes por seus aspectos inferiores, pela sua fenomenalidade empírica, que é precisamente o plano onde, malgrado as altas pretensões que ostentam, se movem os astrólogos e ocultistas.

O que estabelece uma analogia entre dois entes, portanto, não são as similitudes que apresentem no mesmo plano, mas o fato de que *estão ligados a um mesmo princípio*,[18] que cada qual representa simbolicamente a seu próprio modo e nível de ser, e que, contendo em si um e outro, é forçosamente superior a ambos. É nesse nível de universalidade que se celebra no céu o liame de analogia que vai unindo, numa cadeia de símbolos, o ouro ao mel, o mel ao leão, o leão ao rei, o rei ao Sol, o Sol ao anjo, o anjo ao Logos. Visto desde cima, desde o princípio que os constitui, eles revelam a *proporcionalidade* entre as funções simbólicas que desempenham para a manifestação desse princípio, cada qual no nível cosmológico que lhe corresponde, e é essa proporcionalidade que constitui a analogia. Vistos desde baixo, desde a fenomenalidade empírica, eles se desmembram na multilateralidade das diferenças. Assim, a analogia é simultaneamente evidente e inapreensível; óbvia para uns, inconcebível para outros, conforme a unidade ou fragmentação das suas respectivas cosmovisões.

Utilizamo-nos, portanto, das analogias para subir da percepção sensível à apreensão da essência espiritual, para ir do visível ao invisível, ou, nos termos de Hugo de São Vítor,[19] para ir da natureza à graça: a natureza, o mundo sensível, "significa" o invisível;

---

18 Princípio lógico, ontológico ou metafísico, entenda-se.
19 V. Edgar de Bruyne, *Estudios de estética medieval*, vol. II, p. 216.

a graça espiritual o "exibe", no topo da escada. A escada das analogias – evocada, por exemplo, na escada de Jacó, nos degraus do Paraíso em Dante, e em todas as hierarquias de conhecimento espirituais – é um meio de acesso ao princípio e, por outro lado, vem abaixo se este lhe é retirado do topo de onde pende.

Sendo um liame vertical e ascensional, a analogia é diferente das simples relações de similitude – complementaridade, contigüidade, contraste etc. – que relacionam, juntam, separam e ordenam os entes no mesmo plano horizontal. Essa distinção, por elementar que seja, escapa tão facilmente ao observador de hoje, que mesmo um historiador fino como Michel Foucault se equivoca, ao classificar a analogia como uma das formas da *similitude* na ciência medieval. Na realidade, a diferença de planos entre essas duas relações não permite enfocá-las como espécies do mesmo gênero, tal como as classificações hierárquicas em geral se distinguem das classificações tipológicas: a distinção entre capitão, major e coronel não é do mesmo tipo da diferença entre infantaria, artilharia e cavalaria.[20] E muito menos se poderia, então, submeter a analogia à similitude, como a espécie ao gênero, tal como não se poderia dizer que a classificação das patentes militares fosse uma espécie da qual a divisão das três armas constituísse o gênero.

Isso deveria bastar para evidenciar que certas relações de semelhança que os astrólogos apontam entre planetas (ou mitos planetários) e entes e eventos do mundo terrestre – como, por exemplo, o fato de que Marte e o sangue são igualmente vermelhos – não são analogias, porque não remetem ao princípio que constitui esses dois entes e que é a razão comum das suas semelhanças e diferenças. Trata-se de meras similitudes, discernidas no mesmo plano (no caso, o das qualidades sensíveis cromáticas). E como, no sentido plano ou no descendente, a relação de proporcionalidade se dilui progressivamente na multiplicidade das diferenças, as meras similitudes podem ser bem pouco significativas, e até mesmo inteiramente fortuitas; e ninguém pensaria

---

20 Michel Foucault, *Les mots e les choses* (Paris, Gallimard, 1966, p. 32-59).

que um conhecimento sério se pudesse obter mediante a coleta de curiosas coincidências.

No esquema simbólico que estamos estudando, a passagem do particular ao universal é simbolizada pela passagem do ponto de vista geocêntrico ao ponto de vista heliocêntrico. Este último, por sua maior abrangência, permite captar relações ‒ analogias ‒ que o particularismo da visão terrestre ocultava. Resumindo as fases percorridas, atravessamos: *1ª fase*. Ponto de vista: aparência sensível momentânea. *Raciocínio*: identidades e diferenças. *2ª fase*. Ponto de vista: temporal e cíclico. *Raciocínio*: causal ou dialético. *3ª fase*. Ponto de vista: espaço-temporal, abrangente, universalizante, ascensional. *Raciocínio*: analogia.

***

Por outro lado, se as analogias levam ao conhecimento do princípio, é que este conhecimento já residia em nós de modo virtual. Esta presença latente, este guia invisível que com mão segura nos conduz pela "via reta" das analogias em meio à floresta das similitudes, é simbolizado por Virgílio, Beatriz e São Bernardo nas três etapas da ascensão do poeta na *Divina Comédia*, de Dante.

Ora, dos princípios universais não conhecemos, em geral, mais que suas fórmulas abstratas, de modo que nos encontramos com freqüência divididos entre uma verdade universal desligada da experiência concreta e uma experiência concreta destituída de verdade e de sentido, reduzida ao empirismo mais cego e tedioso. A escalada das analogias visa justamente a transpor esse hiato, levando, na medida do possível, a um conhecimento vivido e concreto do universal. Através da analogia e do simbolismo, bem como das muitas artes, ciências e técnicas espirituais que objetivam cristalizar e condensar esse simbolismo na vivência subjetiva, o que se procura é justamente transformar e alargar a psique individual de modo que ela mesma chegue a uma envergadura universal, à imagem do *Homem universal*,²¹ que é compêndio e modelo do cosmos inteiro.

No simbolismo numérico, todas as proporções são, em última análise, formas e variantes da identidade. A identidade é uma fórmula única, simples e abstrata, $1 = 1$, que contém em si, sinteticamente, todas as proporções do universo, isto é, todas as "dosagens" que compõem as coisas e seres. Ao conhecer o princípio de identidade, conhecemos, de certo modo, a *razão de todas as razões*; é o conhecimento universal, mas ainda em modo virtual e abstrato, como a semente que, potencialmente, contém em si uma floresta inteira. A escalada das analogias dá concreção vivida a esse princípio, recapitula, por assim dizer, em modo abreviado, o orbe todo das possibilidades contidas no princípio de identidade e, no topo da escada, reencontramos esse princípio, já não como fórmula abstrata, mas como realidade plena, como sentido da verdade e verdade do sentido, como unidade da verdade e do sentido. É somente assim que se entende o que a escolástica denominava *universal concreto*, síntese de universalidade lógica e de plenitude existencial.²²

Esse reencontro, esta re-ligação, ressoa como a efetivação plena do sentido da vida. É a reunificação do homem consigo mesmo, preliminar ao reencontro com Deus. Na filosofia de Hugo de São Vítor,²³ é o reencontro do homem exterior, ou carnal, com o homem interior, ou espiritual. Hugo, seguindo uma tradição mas traduzindo-a com gênio e originalidade, distingue no homem, primeiramente, quatro faixas: na parte corporal, *sensus* (sentidos) e *imaginatio* (imaginação); na parte espiritual, *ratio* (razão) e *intelligentia* (inteligência). Então pergunta: não haverá uma faixa intermediária, um vínculo entre o espírito e o corpo? A

---

21 O *homem universal* é o protótipo da humanidade, o modelo pelo qual, segundo todas as tradições espirituais, foi estruturado o universo. No cristianismo, ele é tanto o velho Adão quanto o "novo Adão", Jesus Cristo. V., a propósito, René Guénon, *Le symbolisme de la Croix*, Paris, Véga, e, do ponto de vista das doutrinas islâmicas exclusivamente, 'Abd ak-Karim El-Jili, *De l'homme universel*, trad. e comentários de Titus Burckhardt, Paris, Dervy-Livres, 1975.

22 V. De Bruyne (*op. et loc. cit*).

23 *Id., ibid.*

essa faixa intermediária Hugo denomina *affectio imaginaria*, e seu discípulo Ricardo de São Vítor, *imaginatio mediatrix*; "afecção imaginária" e "imaginação mediadora". É *nesta* faixa intermediária que se dá o conhecimento das analogias e do simbolismo em geral, e é nela que se dá o reencontro da verdade universal com e na experiência concreta. A contrapartida ontológica dessa faixa psicológica é o denominado *mundus imaginalis*, o mundo das formas *imaginais*, que não se confundem com o *imaginário* (Hugo atribui o imaginário à parte corporal) e que constituem o elo perdido entre o mundo dos sentidos e os conceitos universais; é aí que se celebra a reunificação do homem consigo mesmo, e é para aí que devemos voltar nossa atenção se queremos romper o divórcio alma/espírito a que nos acostumaram quatro séculos de cartesianismo. Se o raciocínio de analogia é tão incompreensível para o homem moderno, é porque este perdeu a visão desse mundo intermediário, acostumando-se a entender como "abstração" tudo o que escape do orbe dos sentidos. Mas esse mundo intermediário é não só o mundo dos símbolos, e sim também de *entes* imaginais simbolizados por eles, pois não se poderia conceber uma faculdade cognoscitiva que não tivesse sua contrapartida objetiva, seu objeto de conhecimento próprio e independente. E é no mundo imaginal que reencontramos então os anjos e os personagens todos das narrativas bíblicas e mitológicas, como formas de realidade que não se reduzem ao nosso psiquismo subjetivo nem a uma objetividade meramente exterior.[24]

Sem a escalada através do mundo imaginal, sem a dialética simbólica, a mente humana estará sempre dividida entre o particular empírico e o geral abstrato, não podendo elevar-se ao conhecimento da unidade infinita, que é, bem examinadas as coisas, a única realidade concreta da qual tudo o mais é aspecto ou fragmento só obtido mediante abstração. Essa escalada coincide, com efeito, em grande parte, com aquela descrita por F. W. Schelling, em que o *sentido* (conhecimento dos particulares em número indefinido, sem unidade) e o *entendimento* (conhecimento

---

24 Sobre o *mundo imaginal*, v. Henry Corbin, *Avicenna and the Visionary Recital* (trad. de Willard Trask, Irving, Texas, Spring Publications, 1980).

da unidade abstrata) ascendem à *razão* (conhecimento da unidade e da infinitude concretas) através da *imaginação*. No topo, encontra-se sempre a afirmação da identidade:[25]

> A afirmação da unidade e da totalidade infinitas não é acidental à razão, ela é sua essência total mesma, que se exprime também naquela lei que se admite ser a única que inclui em si uma afirmação incondicionada: a lei de identidade (A = A).
>
> Até agora não considerastes essa lei senão como formal e subjetiva, e não soubestes reconhecer nela senão a repetição de vosso próprio pensamento. Mas ela não tem nada que ver com o vosso pensamento, ela é uma lei universal infinita, que enuncia, do universo, que não há nada nele que seja puramente predicante ou puramente predicado, mas que não há eternamente e por toda parte senão uma coisa que se afirma e que é afirmada de si mesma, que se manifesta e é manifestada por si mesma; em suma, que nada verdadeiramente é se não for absoluto e não for divino.
>
> Considerai essa lei em si mesma, conhecei o seu conteúdo, e tereis contemplado a Deus.

***

A escalada termina aí. No topo, voltamos a encontrar o princípio de identidade, que numa etapa do caminho havíamos abandonado, e que agora nos revela sua verdadeira índole de princípio metafísico, que não pode ser aplicado aos seres do mundo empírico senão pela mediação das analogias, nem pode, exceto por essa mesma mediação, ser conhecido senão como fórmula abstrata em que a mente, opaca, nada mais reconhece além da imagem repetida de seu próprio modo de operar. Reconquistando assim o sentido metafísico da lógica analítica, compreendemos

---

25 F. W. Schelling, *Aforismos para uma Introdução à Filosofia da Natureza*, números 38-40 (*S. W.*, VII: 147-148, rep. em *Œuvres métaphysiques*, trad. Jean-François Courtine et Emmanuel Martineau, Paris, Gallimard, 1980, pp. 29-30).

que, abaixo do plano da universalidade pura, ela só serve para o conhecimento da realidade quando mediada pela lógica dialética (da qual o método científico não é senão um desenvolvimento), e que a lógica dialética, por sua vez, perde todo sentido quando considerada de maneira literal, direta, e sem a mediação do simbolismo. Fora destas precauções, caímos no conseqüencialismo abstrato da filosofia racionalista clássica e nos sujeitamos a todas as objeções kantianas, que não são válidas para uma metafísica fundada na dialética simbólica.

Tendo encontrado o princípio superior que organiza os vários planos de uma seqüência analógica, parece que nada mais há a conhecer nesse domínio. Podemos ter aí a ilusão de ter alcançado, de uma vez, a verdade suprema.

Na prática, porém, quanto mais nos aproximamos de um princípio universal, mais vão ficando para trás e cada vez mais longe as realidades concretas cuja explicação buscávamos. E, perto do topo, às vezes parecemos ter perdido de vista o propósito da viagem. O momento do reencontro passa, e nada nos resta nas mãos senão o enunciado abstrato e sem vida de um princípio lógico, que é a recordação melancólica de uma universalidade perdida. É preciso, portanto, descer novamente do princípio às suas manifestações particulares, e depois subir de novo, e assim por diante. De modo que a alternância sim/não, verdade/erro, que constitui para nós o início da investigação, é finalmente substituída, num giro de noventa graus, pela alternância alto-baixo, universal-particular. Passamos da oscilação horizontal para a vertical. E é justamente o despertar da capacidade de realizar em modo constante a subida e a descida, que constitui o objetivo de toda educação espiritual, sem a qual a perspectiva que nos é oferecida pela dialética simbólica se torna para nós apenas miragem. Compreendemos assim quanto é vão e pueril todo ensino da filosofia que permaneça no nível da pura discussão e não inclua uma disciplina da alma. Que a filosofia tenha descido da condição de ascese interior para a de mero confronto de doutrinas num ambiente de tagarelice mundana, é um mal de que o Ocidente, talvez, jamais poderá recuperar-se.

2. EMOÇÃO E REFLEXÃO[1]

Emotion recollected in tranquillity não é certamente uma definição da poesia, nem da arte em geral, mas é o enunciado de um dos requisitos básicos para o seu exercício. Não expressa a sua essência, mas uma condição de sua existência. Não é proposição de teoria estética, mas de psicologia da arte.

Mas a palavra "arte", no caso, deve ser entendida em sentido mais amplo do que na habitual divisão acadêmica das disciplinas. Deve estender-se também às "humanidades", e de tal modo que estas abranjam também a "filosofia" e mesmo, em parte, as chamadas "ciências humanas", sem excluir de todo, sob certos aspectos, as ciências (impropriamente) ditas "naturais" e "exatas". Deve abarcar, de certo modo, o orbe inteiro das criações intelectuais humanas, na medida em que estas nem podem emergir do nada sem que alguma experiência espiritualmente emocional dê impulso inicial à criatividade interior do artista, do filósofo ou do homem de ciência, nem podem encontrar as condições de sua plena manifestação formal sem o recuo posterior que rememore essa experiência e a elabore na tranquilidade da reflexão.

"Reflexão", aí, não significa necessariamente dialética interiorizada, crítica racional da experiência vivenciada; em sentido mais elástico, mas nem por isso impreciso, designa o simples retorno interior, consciente e deliberado à experiência, seja para reproduzi-la com detalhamento mais perfeito, seja para completá-la ou alterá-la. O que distingue o momento reflexivo da experiência interior direta é o propósito consciente de fixá-la, seja em imagem, seja em notas musicais, seja em palavras, quer estas palavras sejam, ademais, símbolos alusivos ou termos rigorosos que a apreendam na delimitação do seu conceito essencial. Ora, esse intuito vai precisamente em sentido contrário ao do fluxo vivo da experiência; é um *retorno* espiritual e intencional àquilo que, real e materialmente, não retorna jamais.

---

1 Aula de 2 de julho de 1996 do *Seminário de Filosofia*.

Por essa razão, sempre me pareceu tolice e mera pose a pretensão dos artistas que afirmam captar a experiência viva e se julgam por isso mais sábios, quase como profetas ou anjos, em comparação com o filósofo ou cientista que dela não apreende senão o esquema "seco" e "morto" de um "conceito", desprezível coisa. Pois a "experiência viva", se não vem em forma de conceito, também não comparece em métrica ou em clave musical, mas é nelas convertida pela arte ou artifício do artista, que ao fazê-lo se distancia tanto dela, indo em direção ao espírito, quanto o faz o filósofo ou o cientista, que dele se distinguem apenas pelo diverso gênero de esquematização ou formalização que empregam.

Mas repare-se que, linhas acima, não me referi à experiência direta e bruta, e sim a uma experiência já espiritualizada e valorizada. Ninguém que conheça o assunto negará que a vivência do mundo do verdadeiro artista, do filósofo, do homem dotado de riqueza e profundidade interiores, difere bastante da do homem vulgar. Enquanto neste tudo se resolve numa equação empírica cujos termos são o prazer e a dor, a vantagem e a desvantagem, na alma excelsa a experiência, por menor que seja, indica sempre algo que vai muito além da experiência, o particular é signo do universal, e a experiência, por mais direta e crua que se apresente no instante em que se dá, já traz em plano de fundo o elemento de recuo *contemplativo* que a enaltece e a valoriza com uma significação que transcende o empirismo imediato, por força do maior diâmetro do espaço interior onde incide: "*Mon cœur profond ressemble à ces voûtes d'église, où le moindre bruit s'enfle en une immense voix*".

Ora, o homem profundo e sensível a que me refiro, se da experiência ele obtém colheita mais rica em repercussões interiores, não é porque entre nela de caso pensado com o intuito de torná-la matéria de quadros, ou poemas, ou sistemas filosóficos, mas simplesmente porque já é de antemão quem é, poeta ou filósofo com alma de poeta já formada pela longa série de determinações que vêm talvez de um destino ancestral, e consolidada em sua vocação pela sucessão de experiências e depurações que armaram, precisamente, o cenário interior onde essa experiência particular vem a penetrar num dado instante.

A dialética simbólica

Numa época em que as letras e a filosofia se tornaram nomes de profissões, a cujo exercício legal se tem acesso por exame público e concessão do Estado, sob a proteção solícita dos sindicatos de classe, não é demais lembrar que o verdadeiro poeta e o verdadeiro filósofo não se distinguem dos demais seres humanos tão-somente por sua maior capacidade de elaborar, em rimas e em silogismos respectivamente, conteúdos de consciência iguais em sua banalidade aos do homem civil, mas, bem ao contrário, se destacam deste último porque percebem como reais e imediatas certas relações mais sutis que a ele lhe parecem, ou pareceriam, se delas lhe falassem, demasiado distantes e abstratas, quando não inteiramente fantasiosas.

Mas mesmo essa experiência espiritualmente diferenciada não vem pronta em formato de livro, quadro ou sinfonia. Tem de ser transposta mediante um trabalho posterior de rememoração, seleção, ordenação, etc., que pode enfim transformá-la em coisa bem diversa e bem mais rica, ou pobre, do que era no momento em que se deu. Daí o termo "obra de arte", que quer dizer: fruto do trabalho humano, jamais um dom gratuito da natureza.

Não existe, ademais, a menor diferença específica entre a experiência espiritual do poeta, do músico, do filósofo ou mesmo do homem de ciência quando o é verdadeiramente. Em todos esses casos, trata-se de perceber, por trás do amálgama dos dados imediatos, a insinuação de uma forma dotada de sentido, como se a própria vida falasse.[2] A diferença está nos vários códigos que servem, depois, como que de guias e pautas para a elaboração refletida do resíduo da experiência conservado na memória.

Cada um desses códigos se constitui de um conjunto de exigências consolidado por uma longa tradição de ofício, exigências que determinam e selecionam as diferentes condições de comunicabilidade e credibilidade dos "conteúdos" da experiência.

---

2   Pouco importa, ademais, que o sujeito da experiência a interprete como a fala de Deus, a voz do mundo, ou a livre criação de sua própria subjetividade. Esta distinção não coincide com as delimitações de arte, ciência, filosofia, etc., e assinala apenas diferenças individuais de temperamento, convicções, etc., que em nada interferem na presente análise.

Dessas exigências, algumas podem ser inteiramente convencionais; outras talvez resultem de uma progressiva depuração do consenso artístico, científico ou filosófico; outras são ainda de senso comum ou princípios universalmente aceitos. Pouco importa: o fato é que, na hora de transformar sua experiência pessoal em forma comunicável, o sujeito criador tem de levá-las em conta.

O protótipo mesmo da experiência interior a que me refiro é aquele mencionado por Aristóteles: "Aqueles que passam por uma iniciação não estão ali para apreender algo com o entendimento, mas para sofrer uma experiência interior e ser postos numa certa disposição...".[3]

É evidente que essa experiência interior não pode ser reduzida, por um lado, à banal experiência sensível[4] do homem natural e civil, nem, por outro lado, inflada até tornar-se indistinguível dos produtos acabados de uma elaboração posterior. Ela está, precisamente, a meio caminho da experiência crua e da forma conscientemente criada. É a precondição indispensável de toda criação artística, científica ou filosófica, sendo anterior e indiferente a estas diferenciações de nomes de disciplinas.

É por isso mesmo que, no julgamento das criações da inteligência, se pode levar em conta não somente a elaboração mais perfeita ou imperfeita, mas também a amplitude, a coerência e a qualidade da experiência interior que lhe serve de base. Esta experiência é que constitui o "mundo" do filósofo, do artista, do cientista, mundo que, considerado em si mesmo e independentemente do esforço reflexivo posterior que lhe dá corpo e o torna participável por outros seres humanos, pode ser mais rico ou menos rico, mais íntegro ou menos íntegro, mais profundo e abrangente, ou menos.

Poucos universos interiores são tão bem elaborados e formalizados como os de Wittgenstein, de Maurice Ravel, de Mondrian, de Paul Valéry ou de Stephen Hawking; mas não se comparam, em amplitude e profundidade, aos de Louis Lavelle, de Wagner, de Picasso, de Eliot ou de Heisenberg. Se existe um sentido na

---

3 Frag. 15³ (Synesius, Dio 48 A).
4 Interna ou externa, dá na mesma.

distinção entre "conteúdo" e "forma", é quando toma como sinônimo de "conteúdo" a forma da experiência espiritual como tal, anterior e independente da forma concreta da "obra", por trás da qual pode ser apreendida em filigrana (por quem, é claro, possua experiência similar ou melhor). Note-se que em todos esses casos o julgamento qualitativo da experiência espiritual transcende e abole as diferenças entre as disciplinas formais (física, música, poesia etc.) que serviram de molde à sua encarnação na obra historicamente registrada.

Não é necessário, aqui, tomar a palavra "iniciação" no sentido estrito e convencional de pertinência a uma confraria de mistérios e de submissão a ritos tradicionais oficiados por hierofantes de carne e osso. O espírito sopra onde quer, e, nenhuma ordem secreta ou igreja pública possuindo o monopólio da inspiração divina, é de se prever que, quanto mais corrompidas e esgotadas estejam as igrejas e as ordens secretas, mais se multiplicarão os casos de experiências interiores espontâneas, de comunicação direta entre o Sentido e a alma.

Resta agora explicar em que consiste essa diversa elaboração que empreendem segundo as exigências de seus respectivos ofícios o poeta, o filósofo, o físico, etc.

Que uma experiência espiritual possa ser bastante semelhante a uma outra; que a experiência como tal não possa trazer em si a marca das diferenças entre arte e filosofia, ciência e religião, isso é algo que se prova pelo fato de que os universos interiores de dois homens de ofícios intelectuais diversos podem ser bem mais aparentados entre si do que os de dois homens do mesmo ofício. O universo de Dante é mais parecido com o de Santo Tomás que com o de Petrarca, malgrado as diferenças da forma concreta na primeira dupla e as semelhanças na segunda; o mundo de São Boaventura, talhado em forma de tratado teológico, é o mesmo do poeta São Francisco de Assis, mas bem diverso daquele de seus companheiros de ofício (e de gênero literário), Alberto e Tomás.

As afinidades de "conteúdo", no sentido da comunidade de experiência espiritual, transcendem não somente as diferenças de disciplina a disciplina, de gênero a gênero, porém até mesmo a diversidade de idéias e convicções pessoais: o mundo de Dostoiévski tem mais afinidades com o de Freud que com o de seu contemporâneo e colega Turgueniev, e o de Freud por sua vez se parece mais com o teatro de Schnitzler que com toda a psiquiatria clínica da época. Do mesmo modo, Bergson e Proust estão mais próximos entre si do que o primeiro está de Brunschvicg e o segundo de Gide, seus contemporâneos e companheiros de ofício.

Os exemplos poderiam multiplicar-se indefinidamente, mas bastaria um só para mostrar que não existe vínculo de implicação recíproca entre a natureza da experiência espiritual e a modalidade, ou gênero, de sua expressão concreta nas formas das disciplinas culturais reconhecidas. A história interior, a história espiritual da humanidade, não se identifica nem com a história das formas ou disciplinas, nem muito menos com a "história das idéias".[5]

---

5 É disciplina autônoma, ainda em germe, cujos pioneiros, ainda muito mal compreendidos e assimilados até o momento presente, são Fabre d'Olivet, Hœne Wronsky, René Guénon, Seyyed Hossein Nasr e Eric Voegelin.

3. GLÓRIA SILENCIOSA DE BERNANOS

O ano do cinqüentenário da morte de Georges Bernanos acabou e ninguém escreveu nada[1] sobre o grande exilado no país que ele escolheu como segunda pátria, onde ele escreveu alguns de seus livros mais contundentes – *Lettre aux Anglais*, *Les Enfants Humiliés* – e onde teve mais amigos do que na sua terra natal.

O silêncio explica-se, talvez, pelo simples fato de que Bernanos morto é ainda mais incômodo que em vida. Não há homem mais incômodo do que aquele que tem razão. Em geral, o tempo mostra quem tem razão, e a minoria veraz, derrotada provisoriamente pela mentira dominante, no fim tem seu dia de desforra. Apenas, no caso de Bernanos, não há um partido vencedor para celebrar, postumamente, a glória do seu profeta. Pois Bernanos não teve razão em favor deste ou daquele partido: teve razão contra todos. Ele atacou, com doses iguais de cólera e lucidez, a República e a monarquia, o comunismo e o capitalismo, a Revolução e o Antigo Regime, o fascismo e o antifascismo, os judeus e os anti-semitas, o clero e os ateus, os maçons e os denunciadores de conspirações maçônicas. Por isso não sobrou ninguém para festejar sua vitória.

A primeira derrotada foi a direita francesa, à qual ele servira por tantos anos, e cuja morte ele previu – e desejou – no instante em que ela, traindo nação, religião e tradições, se vendeu ao prometeanismo do invasor darwinista e racista, encarnação do que ele chamava "a revolta das raças contra as nações" (revolta que, mudando de cor, ainda não terminou). Uma nação, dizia, é um produto da história e da experiência, um pacto de amizade e colaboração trabalhosamente erigido entre raças, grupos, famílias. A raça, coletividade biológica sem história, erguia sua cabeça de animal para destruir, em poucas décadas, dois mil anos de cultura – o patrimônio inteiro que a direta havia professado defender.

---

[1] Ninguém, não: quase ninguém. Fernanda de Souza e Silva organizou um Simpósio Bernanos na UFRJ, Paulo Roberto Pires fez uma reportagem em *O Globo* e o ex-ministro Rubens Ricúpero publicou um artigo na *Folha*. Isso foi tudo.

Mas a traição não era somente a uma ideologia: era também a uma estratégia. Por uma década, contra a hipocrisia esquerdista que na cola de Stálin queria a acomodação com Hitler e a desmontagem do Exército, a direita francesa havia clamado pelo rearmamento, prevendo a guerra. Consumada a invasão, os papéis inverteram-se: a direita tornou-se colaboracionista, os esquerdistas, acomodando-se de improviso ao giro da URSS, conseguiram fazer-se passar por resistentes "da primeira hora".

Derrotada foi também a esquerda, cuja hipocrisia não cessou de ser desmascarada por uma sucessão de escândalos e desastres, do relatório Kruschev à queda do Muro de Berlim.

Derrotada foi a democracia, que, na ânsia de refazer o mundo desmantelado pela guerra, foi consentindo em se utilizar de todos os meios de centralização econômica e controle social que ela denunciava nas ditaduras nazista e comunista, até chegar à suprema degradação de transformar os "direitos humanos" em instrumento de opressão psicológica para dominar as massas amedrontadas.

Derrotados foram os países do Leste europeu, que só escaparam do lobo nazista para cair nas garras do urso comunista.

Derrotadas foram as potências ocidentais, que, cedendo metade da Europa à URSS, facilitaram o apoio soviético ao comunismo chinês, a mais sangrenta tirania de todos os tempos, de cuja ascensão resultou a morte de sessenta milhões de pessoas – vinte milhões a mais que o total de mortos de uma guerra feita, *soi disant*, para acabar com as tiranias.

Derrotados foram os judeus, que, na pressa de obter uma compensação material pelos seus sofrimentos, trocaram sua primogenitura espiritual pelo prato de lentilhas de um Estado policial, odiado pelos vizinhos, ameaçado pelo fanatismo interno e externo.

Derrotada foi ainda a Igreja Católica, que, após ter-se comprometido com o corporativismo parafascista, girou rapidamente para o apoio descarado ao progressismo ateu, com aquela solicitude canina de quem, perdido o rumo, se desfaz em lisonjas ao primeiro que lhe dê uma carona para não importa onde.

Derrotado foi, *last but not least*, o povo, que não existe mais. Desarraigado de seus valores e tradições, atirado à roda de um destino que não compreende, desonrado e desmoralizado, perdida sua identidade que era fruto da história e da prática milenar dos ritos, tornou-se massa anônima de átomos soltos, sem outro ponto de convergência senão uma tela de TV de onde recebe, diariamente, sua ração de falsos temores, falsas revoltas, falsas esperanças, cuidadosamente calculada para abolir nele todo senso do real.

Não sobrou, enfim, ninguém. A todos, comunistas e cristãos, democratas e fascistas, clérigos e políticos, intelectuais e militares, elite e povo, Bernanos reuniu sob a denominação geral de *les imbéciles*, seguro de que, nas advertências salvadoras que lhes dirigia, não seriam capazes de enxergar ~ com aquela infalível capacidade autoprojetiva de quem não enxerga nada ~ senão uma cólera extravagante e sem propósito.

Bernanos nunca teve a ilusão de ser compreendido. Mas para quem, então, ele falava? Curiosamente, esse homem, que na superfície do mundo não contava encontrar senão uma estupidez coriácea consolidada pela renitência nos pecados, conseguia entrever, no fundo de cada criatura, uma zona misteriosamente preservada de toda corrupção, de toda mentira, de todo auto-engano. Se Descartes dizia que todos os nossos enganos vêm de que antes de ser adultos fomos crianças, Bernanos pensava exatamente o contrário: o problema é, precisamente, que nos tornamos adultos e nos contaminamos com *l'incurable frivolité des gens sérieuses*.

"Não escrevo", dizia ele, "senão para ser fiel ao menino que fui". Mas esse menino ainda se recordava de seus companheiros de infância e reconhecia seus rostos, ocultos sob a máscara anônima da multidão:

> Companheiros, desconhecidos, velhos irmãos, chegaremos juntos, um dia, às portas do reino de Deus. Tropa fatigada, tropa exaurida, embranquecida pela poeira dos caminhos, queridos rostos duros dos quais eu não soube enxugar o suor, olhares que viram o bem e o mal, cumpriram sua tarefa, assumiram

a vida e a morte, ó olhares que jamais se renderam! Assim vos reencontrarei, velhos irmãos. Tais e quais minha infância vos sonhou.

Era para esses companheiros, ainda crianças e já imersos na luz da eternidade, que ele escrevia. Por isso, no fundo, todos o compreenderam.

Dos escritores católicos, nenhum levou mais longe o culto do Menino Jesus, o culto da inocência invencível. Enquanto um Mauriac, um Julien Green, um Graham Greene julgavam que o romance cristão não podia ter outro assunto senão o pecado, com uma redenção apenas de longe insinuada, ele foi o único escritor, realmente o único em toda a literatura universal, que conseguiu fazer da santidade a própria matéria da trama romanesca. Seu *Diário de um Pároco de Aldeia*, que André Malraux e o General de Gaulle consideravam o maior romance da língua francesa, é um *tour de force* artístico em que, violando todas as leis aparentes do conflito ficcional, o mal não aparece senão na periferia da cena, o centro estando ocupado, sem cessar, pela Graça santificante.

Henri Montaigu, o grande historiador da França espiritual, tão cedo falecido, assinalava que, na degradação abissal do clero católico desde o século XVIII, surge espontaneamente, como contrapartida providencial, o fenômeno moderno do apostolado leigo, no qual avultam as figuras de Léon Bloy e de Georges Bernanos. Eles conservam alguma coisa essencial do legado cristão, cujo eco não se ouve mais em parte alguma do que dizem os porta-vozes da Igreja Católica, seja "oficial" (digamo-lo assim), seja pretensamente "dissidente". Se querem saber o que é o catolicismo, esqueçam os padres, os cardeais, os teólogos. Leiam Bernanos.

Talvez não por coincidência, o escritor que durante toda a sua vida esteve à escuta do Espírito Santo não teve nada das aparências exteriores de um asceta. Esse homem volumoso viveu intensamente e não se privou de nenhuma das alegrias do corpo. Comeu, bebeu, fumou, bateu, apanhou, fez a guerra e o amor. Entregou-se até mesmo, grão-motoqueiro ante o Altíssimo, ao prazer mais moderno de todos, a volúpia da velocidade, até quebrar a mesma perna duas vezes. No entanto, foi autenticamente um asceta, talvez o mais severo anacoreta do século, a praticar a mais dura das disciplinas, inacessível a muitos faquires: absteve-se de todas as mentiras e ilusões coletivas em que seus contemporâneos se deleitavam e às quais ainda hoje muitos de nós imploram pela gota de morfina de uma falsa consolação.

Não acreditou nem no socialismo nem no fascismo, nem na democracia nem na técnica, nem na guerra nem na paz, nem no Estado nem no capital, nem nas promessas de futuro nem no retorno ao passado. Ele jamais se deixou enganar pelo que quer que fosse e tornou-se mesmo, em contraste com quase todos os intelectuais do seu tempo, um homem de ferro que não precisava apegar-se a nada, que podia viver nu e desprovido de toda proteção ideológica.

Ante o desatino do mundo, ele não precisava nem mesmo do orgulho masoquista do estóico ante a ruína de Roma, um doente esfarrapado a apegar-se à ilusão da própria honra. Até a honra tornara-se para ele um luxo dispensável. Por isto mesmo podia lançar sobre as coisas um olhar mais penetrante que o da frieza: o olhar de fogo de quem via para além da cortina do mundo, na perspectiva do Juízo Final.

Em seus romances, toda ação é vivida inseparavelmente em dois planos, reunidos pela magia da palavra: o do tempo da narrativa e o da eternidade. Cada decisão, cada olhar, cada gesto, revela num átimo o seu sentido último e definitivo: para muito além do mero desmascaramento psicológico, ergue-se a plena elucidação metafísica de tudo o que, para o bem ou para o mal, aconteceu neste mundo. Também por isso é que suas análises da política e da história são tão dolorosamente verdadeiras, como verdadeiras são suas previsões apocalípticas que cinqüenta anos não cessaram de confirmar. É que nelas se fundem num só raio luminoso a inocência do olhar infantil e o completo, o inapelável desencanto de quem desistiu definitivamente de acreditar no mundo; de quem tão realista se tornou que já não precisa sequer cultivar a pior ilusão de todas, aquela que sobra no fundo do abismo cético, a ilusão do realismo:

Tenho sempre dito que o realismo, bem longe de ser a perfeição da política, é ao contrário sua negação. Não é vantajoso mentir e perjurar senão num mundo de pessoas honestas. Mas, quando o uso da mentira e do perjúrio se tornou geral, ou mesmo universal, os Maquiavéis e os Tartufos, todos privados de matéria-prima, isto é, da boa-fé alheia, estão reduzidos à triste condição de desempregados.

Bernanos foi, de certo modo, a inversão simétrica do ateu de Chesterton, que, "tendo deixado de acreditar em Deus, não é que não acredite em nada: acredita em tudo". Bernanos nunca precisou acreditar em nada, porque acreditava na única coisa necessária.

25 de novembro de 1998.

4. O DINAMITADOR DISCRETO

Maquiavel dizia que é melhor ser temido do que amado. Sob esse aspecto, Wilson Martins não tem de que se queixar: jamais ouvi uma palavra de simpatia a propósito desse crítico, ao qual seus detratores não regateiam, no entanto, a respeitosa homenagem dos rosnados emitidos a uma prudente distância.

Mas o que há de tão temível nesse pacato *scholar*? O que há é que ele tem a credibilidade natural do crítico honesto, comprovada ao longo de quatro décadas de rigoroso exercício literário e tornada imune a maledicências, isto é, à única arma que resta contra um sujeito que afirma que dois mais dois são quatro.

Martins, todos proclamam, é um ranheta. É mesmo. É um homem inconveniente, que tem a ousadia de colocar os srs. Jô Soares e Chico Buarque *hors de la littérature* e se dispensar de fornecer muitas explicações, por julgá-las demasiado óbvias. Ele destoa do ambiente sobretudo porque gosta mais de literatura do que dos autores, e os julga segundo os serviços que prestam a ela, sem concessões à vaidade dos que apenas se servem dela.

Tanto ele é assim que sua ranhetice não lhe amortece em nada o tirocínio literário e o rigor do julgamento. Tempos atrás ele escreveu um artigo medonho a respeito de Bruno Tolentino. Fazia contra o poeta as piores insinuações, que não convém lembrar. No último parágrafo, mudava de assunto, passando do homem para a obra, e admitia que esta chegava a ser "melhor que a dos melhores": Cecília, Bandeira, Drummond.

É de endoidecer. Um brasileiro que, em plena cólera, ainda tem escrúpulos de consciência o bastante para buscar ser justo, e que o faz sem nenhuma avareza ou despeito, só pode ser mesmo um monstro de frieza. Um sujeito assim destoa muito de um país onde a mais alta santidade é pecar em nome da "emoção".

Para piorar ainda as coisas, Martins, talvez por ter vivido tanto tempo em Nova York, domina a arte tipicamente anglo-saxônica do *understatement*. Ele coloca uma bomba embaixo da ponte com a mesma cara de indiferença com que deposita açúcar no chá. Um de seus rodapés imortais no *Estadão* destruiu a falsa reputação de um intelectual pretensioso sem precisar de uma palavra sequer. Tratava-se de um teórico do "poema processo" — uma escola derivada do concretismo que, com argumentos imbecilmente preciosísticos, acabava reduzindo a poesia a uma mistura de geometria e arte gráfica. Não guardei o rodapé, mas, resumindo, era mais ou menos assim:

> "O sr. Fulano, em sua teoria, afirma que $\downarrow x \pm © \square$.
> O argumento principal que ele alega em favor disso é que $\equiv \sqrt{} \lozenge \sum \leftrightarrow$.
> Daí o que podemos concluir é que $\uparrow \perp * \square \partial$ ".

Nem sempre o estilo aristocraticamente desdenhoso de Wilson Martins chega a esse requinte. Mas refrear a opinião, deixando que os fatos falem por si, é procedimento característico de seus escritos, nos quais de vez em quando a tonalidade habitualmente isenta e desapaixonada se torna ainda mais neutra e distante, transmutando-se numa discreta ironia que, para quem a percebe, é de uma comicidade irresistível. Sua magistral *História da inteligência brasileira*, que acompanha quase ano por ano as mutações do espírito nacional em suas expressões literárias, está cheia de passagens assim.

O método adotado é descritivo, tomando indiferentemente obras boas e ruins, idéias excelsas e tolices monumentais como amostras e sintomas do estado mental das nossas classes letradas em cada etapa da História. Aqui e ali o autor se permite uma opinião, um juízo de valor muito comedido. Mas, quando o que vai descrever é alguma rematada bobagem, alguma amostra da teratologia intelectual de que a nossa História está repleta, aí toda opinião é suspensa, e a descrição, quanto mais fria, mais basta para fazer o leitor rir... ou chorar. Equilibrando-se num fio de navalha entre uma piedade que não deseja enfatizar o ridículo e um cinismo que o enfatiza por contraste, o estilo de Wilson Martins, nesses trechos, é mais que o de um grande crítico: é o de um artista da palavra.

23 de janeiro de 1998.

5. APRENDENDO A ESCREVER

É lendo que se aprende a escrever – eis o tipo mesmo da fórmula sintética que traz dentro muitas verdades, mas que de tão repetida acaba valendo por si mesma, como um fetiche, esvaziada daqueles conteúdos valiosos que, para ser apreendidos, requereriam que a fórmula fosse antes negada e relativizada dialeticamente do que aceita sem mais nem menos.

Ler, sim, mas ler o quê? E basta ler ou é preciso fazer algo mais com o que se lê? Quando a fórmula passa a substituir estas duas perguntas em vez de suscitá-las, ela já não vale mais nada.

A seleção das leituras supõe muitas leituras, e não haveria saída deste círculo vicioso sem a distinção de dois tipos: as leituras de mera inspeção conduzem à escolha de um certo número de títulos para leitura atenta e aprofundada. É esta que ensina a escrever, mas não se chega a esta sem aquela. Aquela, por sua vez, supõe a busca e a consulta.

Não há, pois, leitura séria sem o domínio das cronologias, bibliografias, enciclopédias, resenhas históricas gerais. O sujeito que nunca tenha lido um livro até o fim, mas que de tanto vasculhar índices e arquivos tenha adquirido uma visão sistêmica do que deve ler nos anos seguintes, já é um homem mais culto do que aquele que, de cara, tenha mergulhado na *Divina comédia* ou na *Crítica da razão pura* sem saber de onde saíram nem por que as está lendo. Mas há também aquilo que, se não me engano, foi Borges quem disse: "Para compreender um único livro, é preciso ter lido muitos livros".

A arte de ler é uma operação simultânea em dois planos, como num retrato onde o pintor tivesse de trabalhar ao mesmo tempo os detalhes da frente e as linhas do fundo. A diferença entre o leitor culto e o inculto é que este toma como plano de fundo a língua corrente da mídia e das conversas vulgares, um quadro de referência unidimensional no qual se perde tudo o que haja de mais sutil e profundo, de mais pessoal e significativo num escritor. O outro tem mais pontos de comparação, porque, conhecendo a tradição da arte da escrita, fala a língua dos escritores, que não é nunca "a língua de todo mundo", por mais que até mesmo alguns bons escritores, equivocados quanto a si próprios, pensem que é.

Não há propriamente uma "língua de todo mundo". Há as línguas das regiões, dos grupos, das famílias, e há as codificações gerais que as formalizam sinteticamente. Uma dessas codificações é a linguagem da mídia. Ela procede mediante redução estatística e estabelecimento de giros padronizados que, pela repetição, adquirem funcionalidade automática.

Outra, oposta, é a da arte literária. Esta vai pelo aproveitamento das expressões mais ricas e significativas, capazes de exprimir o que dificilmente se poderia exprimir sem elas.

A linguagem da mídia ou da praça pública repete, da maneira mais rápida e funcional, o que todo mundo já sabe. A língua dos escritores torna dizível algo que, sem eles, mal poderia ser percebido. Aquela delimita um horizonte coletivo de percepção dentro do qual todos, por perceberem simultaneamente as mesmas coisas do mesmo modo e sem o menor esforço de atenção, acreditam que percebem tudo. Esta abre, para os indivíduos atentos, o conhecimento de coisas que foram percebidas, antes deles, só por quem prestou muita atenção.

Ela estabelece também uma comunidade de percepção, mas que não é a da praça pública: é a dos homens atentos de todas as épocas e lugares - a comunidade daqueles que Schiller denominava "filhos de Júpiter". Esta comunidade não se reúne fisicamente como as massas num estádio, nem estatisticamente como a comunidade dos consumidores e dos eleitores. Seus membros não se comunicam senão pelos reflexos enviados, de longe em longe, pelos olhos de almas solitárias que brilham na vastidão escura, como as luzes das fazendas e vilarejos, de noite, vistas da janela de um avião.

Uma enfim, é a língua das falsas obviedades, outra é a das "percepções pessoais autênticas" de que falava Saul Bellow. Muitos cientistas loucos, entre os quais os nossos professores de literatura, asseguram que não há diferença. Mas o único método científico em que se apóiam para fazer essa afirmação é o *argumentum ad ignorantiam*, o mais tolo dos artifícios sofísticos, que consiste em deduzir, de seu próprio desconhecimento de alguma coisa, a inexistência objetiva da coisa.

A língua literária existe, sim, pelo simples fato de que os grandes escritores se lêem uns aos outros, aprendem uns com os outros e têm, como qualquer outra comunidade de ofício, suas tradições de aprendizado, suas palavras-de-passe e seus códigos de iniciação. Tentar negar esse fato histórico pela impossibilidade de deduzi-lo das regras de Saussure é negar a existência das partículas atômicas pela impossibilidade de conhecer ao mesmo tempo sua velocidade e sua posição.

A seleção das leituras deve nortear-se, antes de tudo, pelo anseio de apreender, na variedade do que se lê, as regras não escritas desse código universal que une Shakespeare a Homero, Dante a Faulkner, Camilo a Sófocles e Eurípides, Elliot a Confúcio e Jalal-Ed-Din Rûmi.

Compreendida assim, a leitura tem algo de uma aventura iniciática: é a conquista da palavra perdida que dá acesso às chaves de um reino oculto. Fora disso, é rotina profissional, pedantismo ou divertimento pueril.

Mas a aquisição do código supõe, além da leitura, a absorção ativa. É preciso que você, além de ouvir, pratique a língua do escritor que está lendo. Praticar, em português antigo, significa também conversar. Se você está lendo Dante, busque escrever como Dante. Traduza trechos dele, imite o tom, as alusões simbólicas, a maneira, a visão do mundo. A imitação é a única maneira de assimilar profundamente. Se é impossível você aprender inglês ou espanhol só de ouvir, sem nunca tentar falar, por que seria diferente com o estilo dos escritores?

O fetichismo atual da "originalidade" e da "criatividade" inibe a prática da imitação. Quer que os aprendizes criem valendo-se do nada ou da pura linguagem da mídia. O máximo que eles conseguem é produzir criativamente banalidades padronizadas.

Ninguém chega à originalidade sem ter dominado a técnica da imitação. Imitar não vai torná-lo um idiota servil, primeiro porque nenhum idiota servil se eleva à altura de poder imitar os grandes, segundo porque, imitando um, depois outro e outro e outro mais, você não ficará parecido com nenhum deles, mas, compondo com o que aprendeu deles o seu arsenal pessoal de modos de dizer, acabará no fim das contas sendo você mesmo, apenas potencializado e enobrecido pelas armas que adquiriu.

    É nesse e só nesse sentido que, lendo, se aprende a escrever. É um ler que supõe a busca seletiva da unidade por trás da variedade, o aprendizado pela imitação ativa e a constituição do repertório pessoal em permanente acréscimo e desenvolvimento. Muitos que hoje posam de escritores não apenas jamais passaram por esse aprendizado como nem sequer imaginam que ele exista. Mas, fora dele, tudo é barbárie e incultura industrializada.

O Globo, 3 de fevereiro de 2001.

6. A ARTE DE ESCREVER,

Lição I: Esqueça o Manual de Redação

Como alguns leitores têm me pedido conselhos sobre a arte de escrever, decidi tirar da gaveta estas observações que redigi seis anos atrás para um curso que tinha o título, precisamente, de "Ler e Escrever", e às quais nada tenho a acrescentar.

I

A circular da redação de *Veja*, reproduzida no número de julho de 1992 do *Unidade*, jornal do Sindicato dos Jornalistas de São Paulo, constitui uma amostra do estado de inconsciência quase hipnótica em que vão mergulhando a cada dia, impelidos pela mecânica do ofício, os nossos melhores profissionais de imprensa.

O documento, uma lista de 27 regrinhas baixadas pela chefia com o propósito de "combater vícios de linguagem", é apresentado pelo jornal do Sindicato como um sinal de saúde: uma prova de que *Veja*, no auge da fama, não perdeu a cabeça e ainda é capaz de autocrítica.

Encarado no seu contexto mais próximo, como sinal de recuo sensato ante a tentação da embriaguez, ele pode ser de fato coisa boa. Mas, no contexto maior da evolução do jornalismo brasileiro ao longo das últimas décadas, as 27 regrinhas mudam de figura: tornam-se o sintoma alarmante da consolidação de um conjunto de cacoetes mentais como *Lex maxima* do bom jornalismo. Cacoetes, porque não chegam sequer a ser preconceitos. Preconceitos são crenças que, furtando-se ao exame consciente, dirigem a conduta, modelam a prática. Já estas regrinhas não se destinam seriamente a entrar em prática por serem de aplicação impossível, como demostrarei adiante, e sim apenas a ser alardeadas, oralmente e por escrito, como emblemas convencionais de boa conduta jornalística.

Não somente jornalística, na verdade. Consagradas pela repetição, máximas desse tipo acabam servindo de critério para o julgamento de qualquer escrito, mesmo fora do jornalismo. Já vi muito guru de redação torcer o nariz ante Eça, Camilo, Euclides ou o Padre Vieira, porque usavam palavras vetadas no *Manual* interno: é como desprezar a Catedral de Chartres porque não cabe nas especificações do BNH.

Que baixem regras, vá lá. Mas deveriam ter ao menos o bom senso de admitir que especificações ditadas pela mera conveniência tecnoindustrial não têm nenhum valor de critério estético, não constituem, em nenhum sentido, as regras *de estilo*, a não ser que se entenda por estilo a uniformidade coletiva, isto é, a falta de estilo. Servem para medir a adequação de um texto ao perfil mercadológico de um determinado produto editorial, e não para julgar sua qualidade literária, sua expressividade, sua exatidão, sua coerência, elegância e veracidade. Não servem nem mesmo para aquilatar do seu valor jornalístico, se tomado em sentido geral e fora dos cânones daquela publicação em particular. Como julgar por elas, digamos, o jornalismo de um Mauriac, de um Ortega y Gasset, de um Alain, ou, mais próximo de nós, de um Monteiro Lobato? Estilo é a adequação da linguagem de um sujeito às suas próprias necessidades expressivas, ou às exigências do assunto, e não a qualquer molde externo prévio, seja ele folgado ou estreito. É só metaforicamente, e forçando a barra, que a palavra "estilo" pode designar o sistema uniforme de trejeitos verbais imitado por todo um corpo de redatores; mais propriamente, esse sistema seria dito uma padronização da falta de estilo.

A padronização pode ser um mal inevitável. Mas para que exagerar, vendo nela um bem absoluto, o modelo mesmo de boa escrita? Que um chefete, cioso da carreira, chegue a introjetar tão profundamente o perfil do produto que lhe encomendam, a ponto de mesmo nas horas de folga não ser capaz de formar frases fora das especificações dele sem sentir culpa e remorso, é coisa que compreendo; que ele deseje em seguida moldar a cabeça de seus subordinados segundo essas mesmas especificações, em prol da disciplina e da eficiência, é coisa que não só compreendo como também admito e até louvo. Mas que ele, enfim, num acesso de autoglorificação, se imagine transfigurado num mestre de português, literatura ou "estilo", é demais. Nenhum tecelão da R. José Paulino, ao ajustar suas máquinas para que as blusas saiam na medida, imagina estar fixando os padrões para o julgamento da elegância mundial.

Executivos de carreira metidos a teóricos de literatura são o flagelo das redações. Em nome de um perfil de produto, contingência comercial elevada a regra áurea do juízo estético, eles impõem padrões de gosto, lascam a caneta à vontade, divertem-se sadicamente brincando de Graciliano Ramos ante uma platéia de foquinhas assustados, os quais, nunca tendo lido o Graciliano de verdade, acreditam mesmo que ele seria capaz de escrever uma coisa mimosa como esta do manual de *Veja*: "Frase curta é bom e eu gosto. Com uma palavra só. Assim. Tente". Sim, tente: faça uma frescura diferente. Graciliano tinha o senso da continuidade melódica, jamais confundiria frases curtas com solavanquinhos histéricos. Nem profeririria máximas desta profundidade abissal: "Ninguém escreve direito se não ler", sentença que seria digna do Conselheiro Acácio, se não fosse, aliás, da autoria dele mesmo. Tomando normas de produção como critérios de gosto literário, essa gente está transformando o jornalismo naquilo que seus detratores desejariam que fosse: a espécie mais típica de subliteratura.

Normas de redação, se estatuídas, devem ser apresentadas, com toda a modéstia, como convenções práticas, neutras, nem melhores nem piores que quaisquer outras, e nunca como padrões de "bom gosto", "elegância", etc., que são valores de estética literária muito mais sutis do que aquilo que esse gênero de manuais está em condições de delimitar. Os manuais deveriam ater-se, o quanto possível, a aspectos exteriores e "materiais" da escrita, como ortografia, abreviaturas, padronização de nomes, evitando pontificar sobre estilo ou, pelo menos, opinando nisto com extremo cuidado e tão somente em nome da conveniência utilitária, não da estética. Nos casos em que fosse absolutamente indispensável opinar sobre estilo, o melhor seria permanecer num nível genérico e abstrato, sem descer a particularidades duvidosas, como a de vetar, individualizadamente, tais ou quais palavras ou expressões. Mesmo porque o mais elementar conhecimento da estilística mostra que não há palavras ou expressões que, em si e por si, sejam inelegantes; tudo depende do contexto, do tom, da engenhosidade maior ou menor com que sejam utilizadas. No devido lugar, até o execrado "outrossim" pode cair bem, apesar da famosa tirada de Graciliano Ramos, ao revisar um artigo da revista *Cultura Política*: "Outrossim é a p. q. p.".

A amoldagem da cabeça humana a um conjunto de normas práticas, não contrabalançada pela consciência do caráter meramente convencional dessas normas, pode produzir nela uma verdadeira mutilação intelectual, tornando-a, a longo prazo, incapaz de compreender e apreciar o que quer que esteja fora do padrão costumeiro. A quase absoluta incapacidade para a leitura de textos mais abstratos, de filosofia e ciência, por exemplo, que observo em tantos de meus colegas, não resulta de nenhuma deficiência congênita, mas do costume adquirido de lidar com uma só das dimensões da linguagem, deixando atrofiar a sensibilidade para todas as demais: o hábito da escrita plana e rasa produz a leitura plana e rasa.

Um dos sinais mais patentes de uma inteligência alerta é a percepção de contradições. Aristóteles já observava que o senso lógico e o senso do ilógico são uma só e mesma coisa. Quando leio alguma coisa repleta de contradições ostensivas e sei que o autor não é imbecil nem está sofismando de propósito, só posso concluir que ao escrevê-la estava distraído, sonso ou bêbado. O documento de *Veja* certamente foi produzido num desses estados. Prometi e vou mostrar que é um amontoado de exigências impossíveis, mutuamente contraditórias. Antes, porém, desejo fazer a seguinte constatação psicológica: como não é plausível que um chefe de redação caia em sono letárgico justamente na hora de emitir ordens importantes, o autor do documento (que aliás ignoro quem seja) mais provavelmente vive nesse estado em caráter permanente. Como, de outro lado, também não é verossímil que *Veja* tenha escolhido para chefe de redação um sujeito anormalmente mais distraído que os outros, suponho que seus colegas também não repararam nas contradições que vou assinalar (como não atinou nelas o redator de *Unidade* que transcreveu e elogiou o documento). Se é assim, então a circular de *Veja* é sinal de algum entorpecimento epidêmico da inteligência, que acomete a nossa categoria profissional.

Os exemplos que dou a seguir mostram o quanto o apego à norma rotineira, sedimentado por uma prática intensa e contínua, pode tornar um bom jornalista insensível às piores contradições e transformá-lo num confiante proclamador de incongruências.

II

A circular de *Veja* é um conjunto de regras, mas é também ela mesma um texto. Essas regras, aplicadas à redação do mesmo texto, resultariam em suprimir pelo menos um terço dele. Vejam o primeiro parágrafo (regra 1):

> *Cortar todas as palavras supérfluas. Encher lingüiça é a pior praga de uma revista semanal de notícias.*

Aplicada a mesma regra à redação da mesma frase, esta ficaria assim:

> *Cortar as palavras supérfluas. Encher lingüiça é a praga de uma revista de notícias.*

Em obediência à regra, cortei as seguintes palavras supérfluas:

1ª: "todas" ~ a expressão "as palavras supérfluas" é genérica; e como um gênero abrange necessariamente a totalidade das suas espécies, o pronome é redundante;

2ª: "a pior" ~ porque praga é necessariamente coisa ruim.

3ª: "semanal" ~ porque não se entende que a proibição de encher lingüiça deva ser revogada nas revistas mensais ou nos jornais diários.

Três palavras em duas linhas já não são lingüiça que basta? No entanto, a frase não está mal escrita. A regra é que é excessiva. Já estava, aliás, infringida antes mesmo de ser escrita; porque na introdução do documento se diz:

> *Por mais que fotógrafos, ilustradores, paginadores e artistas gráficos reclamem...*

Pois então: ilustrador não é artista gráfico? Corremos o risco de logo ver o nosso adversário de lingüiças distribuindo avisos "a todos os endocrinologistas, pediatras, geriatras e médicos", "a todos os homens, mulheres e seres humanos", etc.

Na mesma introdução, o indigitado elemento verbera os vícios de linguagem que

> *...estão conspurcando as nossas páginas com a mesma voracidade das heresias medievais...*

Ô, xente! Já se viu alguém "conspurcar com voracidade"? Com voracidade come-se, devora-se, engole-se, ingere-se, agarra-se. Conspurcar é fazer mancha, é deixar cair sujeira em cima, indica ou subentende um movimento para fora, do sujeito *para* um objeto, exatamente o inverso do movimento para dentro designado pela ingestão voraz.

A imagem torna-se ainda mais chocante quando vemos que, na regra 14, seu autor, com ar de primeiro-da-classe, emite (deveria eu dizer "expele vorazmente"?) um preceito para a redação de imagens: "Ao optar por uma linha de imagens, mantenha-se nela". Sim, por exemplo: comece com uma imagem gastronômica e complete-a com alguma coisa bem proctológica.

O mais extraordinário é que o supradito ainda menciona, como exemplos de imagens bem-feitas, aquelas que ele mesmo usa na introdução. Poderia citar-se a si mesmo, aliás, como exemplo de modéstia, caso já não o tivesse feito ao admitir que não é Moisés e que suas regras não são as Tábuas da Lei, advertência que, se não lhe parecesse muito necessária, seria suprimida (de acordo com a regra 1).

Mas a infidelidade do autor a suas próprias regras não as invalida por completo, logicamente falando; só o desmoraliza. Para invalidá-las de vez, seria preciso uma contradição interna: entre regra e regra.

Eis um exemplo. A regra 5 adverte: "Cuidado com os advérbios", e recomenda suprimi-los, concluindo: "Por si só, o adjetivo qualifica". Lá adiante, porém, na regra 26, são recomendados como gurus, para o aprendizado da boa escrita, Machado de Assis e... Euclides da Cunha! Será que o chefe nunca leu Euclides? Pois este era pródigo em advérbios; a profusão deles foi um dos defeitos que os críticos de *Os Sertões* assinalaram com mais freqüência, obrigando os admiradores do autor a mobilizar-se em sua defesa.[1] Como farão os pobres aprendizes para mirar-se, ao mesmo tempo, no exemplo de Euclides e nas palavras do chefe? E o exemplo fornecido em testemunho da unanimidade dos advérbios é, no mínimo, perjuro:

> Cuidado com os advérbios. "Fulano é um animal ferrado nas quatro patas", diz irritadamente Sicrano de Tal. A citação já mostra que Sicrano estava uma arara. Se não mostrasse, não seria um advérbio que melhoraria a situação.

Parece que o elemento não enxerga a menor diferença entre dizer uma coisa *irritadamente, galhofeiramente, ironicamente, desdenhosamente*, etc.

Uma das diferenças principais entre o oral e o escrito é que, neste último, as citações geralmente *não* dizem por si sós o tom, a ênfase, o gesto, a expressão facial com que as frases foram proferidas; e os advérbios existem justamente para, nesses casos, "melhorar a situação", evitando descrições fastidiosas (a não ser que *Veja* tenha se tornado multimídia, cada declaração vindo acompanhada do vídeo respectivo).

Além das contradições, há também informações erradas. A regra 6 estabelece:

> Salvo engano, o português é uma das poucas línguas que não desdobra o tempo futuro. Aproveitem. "Collor mudará o ministério" é muito mais preciso e elegante do que "Collor vai mudar o ministério".

---

[1] Cf., por exemplo, Modesto de Abreu, *Estilo e Personalidade de Euclides da Cunha* (Rio Civilização Brasileira, 1963, esp. p. 148-152).

Aqui o chefe foi salvo pela ressalva. Pois trata-se, precisamente, de um engano. Celso Cunha, à p. 268 da sua *Gramática do Português Contemporâneo*,[2] explica que o verbo auxiliar *ir* se emprega "com o infinitivo do verbo principal, para exprimir o firme propósito de executar a ação, ou a certeza de que ela será realizada num futuro próximo"; ao passo que o futuro simples admite, numa de suas acepções, a expressão da mera probabilidade. Caso, portanto, a mudança de ministério seja uma certeza firme, "Collor vai mudar o ministério" será muito mais preciso do que "Collor mudará o ministério". É um matiz lógico e temporal da maior importância. Também em matéria de palavras, a economia pode ser, às vezes, a base da porcaria.

O exemplo dado, aliás, entra também em contradição com a regra 5, que manda não abusar do "muito". Chamar de "muito mais preciso" algo que não é nem um pouco mais preciso, é ou não é abusar do "muito"? Mas a regra mesma de preferir o futuro simples contradiz a regra 20, que manda preferir, onde possível, a linguagem coloquial. Quem é que, no coloquial, diz "farei" em vez de "vou fazer"?

Quanto à expressão "salvo engano", o autor a emprega ironicamente, pois crê não estar enganado e aliás veta, na regra 7, o uso dessa mesma expressão. Só que, como de fato ele estava enganado, a ironia se voltou contra o ironista. O humor involuntário é o resultado quase inevitável de escrever sem pensar.

Se estas regras tivessem sido calculadas maquiavelicamente com o propósito de desnortear foquinhas, para humilhá-los e torná-los dóceis, nada poderia detê-las. Vejam a regra 13:

> *Quanto mais concreta a imagem, melhor. Não misture coisas reais com abstrações. "Os tucanos alçaram vôo rumo à modernidade" mistura uma ave com um conceito.*

A regra é clara. Mas como aplicá-la? Escrevendo, por exemplo, como o chefe em sua introdução, que "algumas *fogueiras* se fazem necessárias para manter a *pureza estilística* da revista"? Pureza

---

2   Belo Horizonte, Bernardo Álvares Editor, 1970.

estilística não é conceito abstrato? Fogo não arde materialmente? Se tucanos não podem alçar vôo senão rumo a concretíssimos poleiros, as chamas também não podem consumir solecismos, apenas o papel que os exibe. Se, queimando esta malfadada circular de *Veja*, eu pudesse suprimir o ilogismo de seu conteúdo, sem dúvida teria feito isso; mas, cioso de não misturar o abstrato e o concreto, abstive-me de recorrer ao ígneo expediente, e pus-me a redigir estas longas e tediosas observações.

Se elas parecem hostis, insolentes ou malévolas, digo que desconheço quem seja o redator-chefe de *Veja* e que *nothing personal, just business*. Que a bordoada atinja o erro, não a pessoa de seu autor. Este deve ser um profissional excelente, pelo menos tão bom quanto seus colegas, e por isto mesmo o erro é significativo e merecedor de correção pública, o que não se daria no caso de mera inépcia pessoal.

Também me ocorre um episódio. Ciro Franklin de Andrade, que foi um dos meus primeiros mestres no jornalismo, tinha um hábito exemplar. Quando um foquinha escrevia despropósitos, ele o chamava a um canto e lhe dava, discretamente, paternais explicações. Mas, se a coisa era obra de um chefe, de um profissional experiente, de um figurão do jornalismo, ele simplesmente recortava o trecho e o grudava no mural, para ensinança de aprendizes e castigo de instrutores. Cruel? Inesquecível.

22 de novembro de 1998.

7. AINDA A ARTE DE ESCREVER

Como eu vinha dizendo que imitar é o melhor jeito de aprender a escrever, muitos leitores, com razão, sentiram-se no direito de me perguntar quem imitei. Ao longo da vida, fiz muitos exercícios de imitação. Não publiquei nenhum, é claro, nem os guardei. Mas ainda ressoam no que escrevo ~ aos meus próprios ouvidos, pelo menos ~ as vozes dos mestres que escolhi.

Os principais foram, entre os clássicos da língua portuguesa, Camões, Antônio Ferreira, Fernão Mendes Pinto, Camilo e Euclides. Machado foi um deleite, não um aprendizado. Nunca o imitei conscientemente, porque, malgrado a devoção que lhe tenho, as diferenças de personalidade entre nós são demasiado fundas. Não consigo me conceber tímido, recatado, elegante e, ademais, funcionário público.

Mas com facilidade me imagino um navegante e aventureiro como os nossos clássicos renascentistas, um polemista doido "doublé" de metafísico como Camilo, um misto de cientista e repórter como Euclides.

A empatia, no aprendizado por imitação, é tudo. Por isto cada um tem de escolher seus modelos.

Os meus entram aqui como simples amostras. Do Eça, para dizer a verdade, jamais gostei muito. Ele escreve tão gostoso porque seu pensamento é fácil, leviano, sem densidade ou luta interior. Não me lembro de ter voltado jamais a uma página sua. Pessoa, tanto quanto Machado, foi um amor impossível. Ele é maravilhoso, mas eu jamais desejaria ser esse sombrio professor de inglês, todo encapotado no mistério e sem ânimo de decifrá-lo.

Também nada devo literariamente a Bruno Tolentino, malgrado a amizade e a admiração sem reservas que tenho por ele. O fator que nos separa é sociológico. Brega por origem e vocação, não posso me identificar com as raízes culturais ~ portanto, nem com o tônus verbal ~ de um rapaz de família célebre, parente de meio mundo, criado entre literatos.

Fui amigo e devoto discípulo de Herberto Sales. A primeira visão que tive dele foi a de um velho mulato gorducho, sentado a um canto no lobby do Hotel Glória com um livro e um caderninho. O livro era um volume de Proust. No caderninho Herberto anotava, com uma caligrafia miúda, as soluções verbais que pudesse aproveitar. Poucos autores brasileiros, dizia Otto Maria Carpeaux, tiveram uma consciência artística tão desperta, tão aguda, tão esforçada quanto Herberto Sales.

Aprendi também com o próprio Carpeaux, do qual li praticamente tudo o que publicou em português. Ele não era um visual, mas um auditivo. Não nos fazia ver as coisas, mas adivinhá-las pela sua repercussão em épocas e almas. Ele tinha a arte camerística de, num breve artigo, introduzir sutilmente um tema, desenvolvê-lo, fazê-lo ressoar em muitas oitavas e resolvê-lo rapidamente, nas linhas finais, com uma "coda" abrupta e estonteante. Ninguém, entre nós, dominou como ele a técnica do ensaio breve, condensação poética de controvérsias científicas enormemente complexas.

A Nelson Rodrigues também devo muito. Dois títulos condensam toda a sua arte de escrever: *A vida como ela é* e *O óbvio ululante*. O segredo do seu estilo é a audácia de dizer as coisas da maneira mais direta e corriqueira, transfigurando o prosaico em símbolo. Não encontro coisa similar senão em Pío Baroja e Julien Green, embora neste sem nada do cinismo de Nelson, naquele com um cinismo diferente, mais frio e resignado.

Mas a arte de resumir todo um argumento numa frase breve, de impacto brutal – que tantos me condenam como se fosse prova de não sei que sentimentos ruins – aprendi mesmo foi com três santos: São Paulo Apóstolo, Santo Agostinho e São Bernardo. Tudo tem um preço. Ninguém pode imitar os santos, nem mesmo em literatura, sem escandalizar uma intelectualidade pó-de-arroz.

Dos autores estrangeiros do século XX, além de Baroja e Green, os que mais me ensinaram foram Ortega y Gasset e Bernanos. Ortega é de longe o maior prosador da língua espanhola, sem similares nela ou em qualquer outra pela sua força de fazer ver aquilo de que fala. Na verdade, mais que fazer ver. Ele próprio comparava a força aliciante do seu estilo a um punho que saltasse da página e agarrasse o leitor pela goela, obrigando-o a envolver-se na discussão como se fosse problema pessoal. Efeito parecido despertam as páginas de Bernanos, mas com um *pathos* de moralista encolerizado que falta por completo ao amável e gentil Ortega.

Como escritor de livros de filosofia tive de passar também pelos problemas da exposição filosófica, mais complexos, do ponto de vista técnico-literário, do que em geral se imagina. Para mim, o maior expositor filosófico de todos os tempos (não o maior filósofo, é claro) foi Éric Weil. Em seus escritos, a construção abstrata eleva-se às alturas de uma realização estética, mas de uma estética que, em vez de se superpor como um adorno ao pensamento conceitual, é encarnação direta do próprio espírito filosófico. A força do seu estilo é a beleza da razão quando alcança o plano mais alto da pura necessidade metafísica. Apenas, para apreciá-la, é preciso ter desenvolvido o senso dessa necessidade, que falta por completo às mentes grosseiras, divididas entre o caos empírico e o formalismo lógico vazio. A estas o vigor da prova pode dar a impressão de um autoritarismo dogmático, de uma imposição da vontade, quando ela vem precisamente do contrário, da total rendição da vontade ante aquilo que, simplesmente, é o que é.

Virtudes similares, em grau menor, encontro em Edmund Husserl e Louis Lavelle, com a ressalva de que este insiste demais no que já demonstrou e aquele abusa dos termos técnicos em prol da brevidade que, como já dizia Horácio, se opõe à clareza.

O grande expositor filosófico nada tem de "didático". A filosofia, sendo educação em sua mais íntima essência, é por isto mesmo metadidática, não havendo nela a possibilidade de uma seriação graduada do mais fácil para o mais difícil. Em filosofia a melhor maneira de dizer é aquela que encarne da maneira mais direta e fiel o próprio método filosófico, e o método filosófico melhor é o que mais eficazmente apreenda a coisa da qual se fala, sem nada acrescentar à sua simplicidade ou subtrair da sua complexidade. Não se pode falar legitimamente de filosofia senão desde um ponto de vista filosófico. Não há quadro de referência externo desde o qual se possa "compreender" uma filosofia, pela simples razão de que a filosofia é a arte de montar os quadros de referência de toda compreensão. Por isso, a "divulgação filosófica" acaba sendo, quase sempre, fraude; e os melhores escritos filosóficos quase nunca parecem bons a quem os julgue de fora, com critérios unilateralmente "literários".

O Globo, 19 de maio de 2001.

8. O DOGMA DA AUTONOMIA DA ARTE

O dogma da autonomia da arte cai à simples constatação de que o estético – bem como o lógico, o ético, o histórico, o social e demais aspectos da obra de arte ou de qualquer outra coisa que exista neste mundo – é apenas distinguível na mente, mas não separável *in re*.

Que tolices como a "arte pela arte" e sua irmã-inimiga, a "arte engajada", tenham podido enfrentar-se com ares de hostilidade séria no picadeiro da cultura contemporânea, mostra apenas a completa falta de espírito filosófico na maior parte dos membros da classe falante.

Não existe no universo um único fato, coisa ou ente que possua somente a dimensão estética, ou ética, ou lógica, com exclusão de todas as outras. Um teorema de geometria, um cálculo algébrico, por mais puramente matemático que pareçam, não podem se impedir de possuir uma certa forma estética, ainda que na maior parte dos usos que fazemos deles não levemos esse aspecto em consideração, ao menos conscientemente; e por uma curiosa ironia o matemático é dentre os seres humanos o mais sensível à beleza das arquiteturas demonstrativas de sua ciência, apenas omitindo-se de conscientizar o seu caráter de coisa estética e de tirar disto as conseqüências que um senso de responsabilidade filosófica, se o tivesse, lhe imporia, e fruindo o seu prazer com a ingenuidade da criança que manipula o pênis sem ter idéia de que faz coisa erótica.

Igualmente, um quadro ou uma sonata não podem se impedir de ter necessariamente uma estrutura lógico-matemática subjacente, ainda que o espectador e o ouvinte estejam a léguas de perceber que nessa estrutura repousa a condição de possibilidade de um prazer que ingenuamente supõem imediato, "visceral" talvez, e destituído de qualquer fundo intelectual ou discursivo; e que desfrutem dele com o ingênuo imediatismo da criança que se rejubila com os presentes de Papai Noel sem ter idéia do cálculo financeiro subjacente que os possibilita.

Enfim, nem a sonata, nem o teorema seriam concebíveis no ar, sem as condições histórico-sociais e psicológicas que permitiram sua descoberta num momento dado, pelo acordo mais ou menos acidental entre sua forma pura – estética ou conceptual – e a *forma mentis* de um determinado indivíduo num certo capítulo da sua evolução interior. Do mesmo modo, nem teorema nem sonata teriam ingresso no mundo histórico-cultural através de suas conseqüências técnicas e econômicas se não houvesse algum tipo de harmonia entre sua forma pura e o leito do rio histórico onde vão desaguar essas conseqüências.

Mesmo todos esses aspectos e lados permanecendo distintos e teoricamente inconfundíveis, nunca existem separadamente e só se manifestam distintos por esforço abstrativo, tal como a forma, a cor e o número que só a mente distingue nos corpos mas não podem existir por si e isoladamente compor algum ente real.

O que vale para os entes da natureza e para os objetos ideais da matemática vigora também *a fortiori* para a esfera das criações humanas e da cultura. Um artista não pode impedir que sua obra tenha uma subestrutura conceptual, lógico-discursiva ou matemática (ainda que múltipla e contraditória, o que produz a ilusão da não-discursividade ou não-conceptualidade); tampouco pode evitar que tenha um alcance ético, político ou pedagógico, ainda que todos esses aspectos estejam fora de seu propósito consciente; e ainda que o estejam, isto não impedirá que esses aspectos involuntários ou indesejados façam parte integrante da obra realizada e sejam percebidos nela como tais pelo olhar dos pósteros, por intrusivo que seja.

Mas o artista pode, ao contrário, assumir essas significações "secundárias" e incorporá-las conscientemente no tecido vivo da obra – dessa incorporação resultando precisamente aquela variedade de planos e aspectos organicamente coeridos numa síntese simbólica, que singulariza as obras grandes e imorredouras. De fato, não há uma única obra de arte de real valor que faça completa abstração de conseqüências ou intenções extra-estéticas, ou metaestéticas; e o esteticismo puro, quando não é na verdade um programa ético-político em forma disfarçada, irônica e autonegativa, é, mais do que um programa de ação destinado a ser levado à prática, um projeto idealístico, uma mera declaração verbal de intenções, ou meramente uma pose. Quer dizer: mesmo o artista professadamente esteticista aproxima-se da "arte pela arte" como de uma assíntota, sem poder alcançá-la nunca.

Podemos, portanto, descartar a teoria da autonomia da arte como irrelevante na prática, e considerá-la apenas *ex-hypothesi* para raciocinar por absurdo.

9. POESIA E FILOSOFIA

Uma opinião corrente diz que a poesia transmite as impressões em sua imediatez, enquanto a filosofia opera sobre elas uma reflexão; uma estaria para a outra como o direto está para o indireto, a experiência viva para a opinião posteriormente elaborada, a imagem vista com os olhos para o reflexo num espelho mental.

Isso para mim é rematada bobagem, inconseqüente verbalização de uma impossibilidade pura e simples. Sem poder justificar-se, explica-se, em parte, como manifestação da simpatia maior que o povo sente pelo poeta, companheiro que o ajuda a exprimir suas impressões numa linguagem que, se não é a sua própria, é embelezamento dela e sua musicalização; e como expressão da estranheza popular ante o filósofo, tipo exótico e distante, que fala em código, e que não pode abandonar completamente sua criptografia para tentar ser comunicativo sem fazer-se um pouco — ou muito — poeta, voltando as costas perigosamente às duras regras da sua confraria, ou então, mais perigosamente ainda, sem fazer-se retórico, orador e homem político.

Na verdade, a quota de atividade reflexiva que se requer não é menor em poesia do que em filosofia, pela simples razão de que o verso não é a experiência, mas a expressão verbal dela, obediente, como toda expressão, a um código de conversões; e o código não se compõe de fatos e dados — a carne da experiência —, mas de rimas e métricas e regras de gramática e estilos epocais e usos semânticos consagrados e compromissos de escola e mil e uma outras exigências que se arraigam na convenção, na ciência e no hábito, não diretamente nos fatos. Estas exigências são o molde em que se recorta a vestimenta que vai recobrir e tornar socialmente reconhecível e moeda corrente a experiência, intransmissível na nudez direta da sua carne, que é uma e a mesma que a carne do corpo, impenetrável a outro corpo.

Que sem molde não há comunicação, que a adaptação ao molde é a parte racional e reflexiva da criação literária, ninguém duvida. Que os moldes esgotam sua possibilidade de conter novas experiências e têm de ser renovados de tempos em tempos, a história das revoluções formais em literatura o confirma. Que, a cada nova revolução, a ampliação da faixa do dizível se faz ao preço de uma perda temporária da comunicabilidade até que o novo molde se consagre no uso comum, é coisa que a prática demonstra.

O que não se percebe com igual freqüência é que as coisas se passam de maneira exatamente igual em filosofia, onde as novas intuições devem se adaptar aos processos consagrados de formalização e demonstração, ou então inventar novos; que esta parte raciocinante e reflexiva, que o leigo toma como se fosse a essência mesma da filosofia, não é senão a sua vestimenta decente e o preço de sua conservação como atividade socialmente viável; e que o molde da vestimenta, exatamente como as convenções de escola em poesia, podem em certos momentos oprimir e sufocar a intuição filosófica e até mesmo, com a arrogância do ignorante togado, condená-la como inexistente ou extrafilosófica.[1]

O ponto de partida para a resolução do problema das relações entre poesia e filosofia está na seguinte observação, que é de senso comum: a participação do povo nas impressões do poeta, ou de qualquer outro artista, não é direta e física: é imaginativa. Não nos apaixonamos por Beatriz, que nunca vimos, mas por seu análogo que o poeta imaginou em palavras; nem padecemos na carne os horrores da *Casa dos mortos*, mas apenas, na mente, o pesadelo que seu relato verbal nos sugere; pesadelo que, como tal, é mais tolerável que qualquer sofrimento físico — motivo pelo qual fugimos dos horrores do cárcere, mas buscamos a leitura que os evoca e transfigura. Não faríamos isto se fossem ambos uma só e mesma coisa, ou mais ou menos a mesma coisa, hipótese doida que está subentendida na opinião corrente mencionada acima.

O poeta, o que faz é produzir, da experiência interna ou externa, um análogo moldado, com maior ou menor felicidade, pelo cruzamento de uma dupla exigência: a máxima comunicabilidade no vocabulário geral, a máxima fidelidade — ou, o que dá na

---

1   No Brasil, isto é norma.

mesma, infidelidade genial e enriquecedora — às convenções e tradições de ofício.

Digo isso com duas ressalvas.

Primeira. Vocabulário geral não quer dizer, necessariamente, o vocabulário de uso corrente, pois o poeta pode usar termos raros;[2] quer dizer apenas um vocabulário não especializado e não fixado em acepções-padrão; pois descobrir novas acepções pela combinação das palavras pode ser, embora nem sempre o seja, um dos requisitos incontornáveis para a comunicação de certas imaginações.

Segunda. Na maior parte dos casos, e quando não se pervertem em modismos ou tradicionalismos idolátricos, as regras, sempre *in fieri*, da comunidade de ofício visam justamente exigir a máxima comunicabilidade no uso do vocabulário geral, mesmo eruditíssimo.

Feitas essas duas ressalvas, a comunicabilidade máxima da experiência imaginativa no vocabulário geral é, a rigor, a definição mesma da poesia, ao menos no que tem de representativo e referido à transmissão de um conhecimento.

O poeta, em suma, cria, através da força analogante das imagens e dos símbolos, uma área de experiência imaginativa comum, em que os indivíduos e mesmo as épocas podem se encontrar, vencendo no imaginário as barreiras que separam fisicamente suas respectivas vivências reais. Assim fazendo, ele não apenas *se* comunica, mas intercomunica os outros homens. Daí a missão curativa, mágica e apaziguadora, que faz da poesia um dos pilares em que se assenta a possibilidade mesma da civilização: ela liberta os homens da noite animal, do terror primitivo que isola e paralisa. Ela reúne os membros da tribo em torno do fogo aconchegante e os faz participar de um universo comum que transcende as barreiras dos corpos e do tempo. Ela apazigua, reanima e torna possível, aos que eram animais assustados, pensar e agir.

---

2   Ou formas visuais e sonoras, etc., já que isso que digo se aplica, *mutatis mutandis*, a todas as artes.

***

Que faz, em contrapartida, o filósofo? A primeira coisa que faz é voltar as costas à comunidade, para ir perguntar, à experiência, não o que ela pode dizer ao mesmo tempo a todos os homens reunidos em torno da fogueira, mas sim apenas aquilo que ela deve acabar por dizer, se tudo der certo, àqueles poucos que continuarem a contemplá-la detidamente até que ela se abra e mostre seu conteúdo inteligível.

Seu diálogo não é com a tribo. É com o ser. Por isso mesmo, enquanto a História registra desde o início dos tempos a função de alto prestígio público que os poetas exerceram como magos, hierofantes, profetas, sacerdotes e guias de povos, os primeiros filósofos já surgiram na condição de esquisitões mais ou menos incompreensíveis ao vulgo, de aristocratas que se isolavam numa solidão altaneira, como Heráclito, ou, como Sócrates, de rebeldes que entravam em conflito aberto com as crenças populares.

A pergunta filosófica por excelência é *Quid?*, "Quê?". Que é o homem? Que é a morte? Que é o bem? Que é a felicidade? A "reflexão" não entra aí em dose maior ou menor que na poesia, ou melhor, a presença do elemento reflexivo numa e noutra é igualmente acidental e instrumental. Não há reflexão que nos possa dizer *o que* é uma coisa. As essências, ou qüididades, revelam-se no ato intuitivo que contempla a presença de um objeto, cujo conteúdo noético o filósofo não faz senão reproduzir com a máxima fidelidade e exatidão possíveis. Sua atividade é, tanto quanto a do poeta, um traslado da experiência, interior ou exterior. Todo juízo definitório, quando seu objeto é um ente e não uma simples possibilidade lógica inventada – e às vezes mesmo neste caso –, é sempre a pura formalização lógica de um conteúdo intuído, que a memória fixa e o discurso interior descreve. E a formalização lógica é, como bem viu Etienne Souriau, nada mais que estilização do discurso interior, do *verbum mentis*, tal como as artes do poeta são a estilização da linguagem corrente.[3]

É só numa fase posterior, quando se defronta na *polis* com os retóricos e sofistas, portadores de um falso conhecimento, que a

---

3   Corrente, entenda-se, num dado meio social, que pode ser mais letrado ou menos.

filosofia se torna dialética e, por meio dela, reflexão e diálogo; mas diálogo que visa a restaurar apenas, por cima da rede das ilusões do discurso corrente, a intuição primeira das essências auto-evidentes. E tanto quanto não pode revelar essências, a reflexão – exceto na acepção de rememoração descritiva – não pode levar ao conhecimento dos princípios e axiomas. Aristóteles define a dialética precisamente como o confronto das hipóteses contraditórias que, remontando através de exclusões e negações, leva a uma súbita percepção intuitiva dos princípios subjacentes às várias opiniões em disputa. A dialética é um encaminhamento e aquecimento da inteligência para o despertar da intuição.

Em seguida, trata-se de descrever o mais precisamente possível essa intuição, atendendo, de um lado, à realidade dos dados e, de outro, às convenções de vocabulário e às exigências técnicas da exposição lógica ou dialética, consagradas pelo uso na comunidade de ofício.

Essa atividade é, em tudo e por tudo, similar à do poeta. Mas então qual a diferença?

A diferença é que o poeta tem de transformar o intuído, o mais imediatamente possível, em moeda corrente; tem de lançar desde logo o conteúdo noético[4] de uma experiência que pode ser fortemente individual, na água corrente do vocabulário comum, para fazer dela uma posse de todos os homens na linguagem do seu tempo e do seu meio.

A experiência, para ele, é o momento fraco e provisório de uma atividade cujo momento forte e definitivo é a forma concreta da obra pronta.[5]

Ele não pode deter-se indefinidamente na crítica e repetição de sua experiência, para obter mais clareza, para integrá-la mais profundamente na estrutura do seu ser pessoal, para distingui-la

---

4   Conteúdo noético que já é, certamente, forma. Deve-se distinguir, na obra, só a forma interior, que é a do conteúdo noético, e a forma concreta, resultado do processo que Croce denominava "extrinsecação", processo que passa pela adequação mais ou menos feliz entre a forma interior e as exigências externas.

5   Forma concreta, seja verbal ou musical, seja pictórica ou arquitetural – porque essas considerações se aplicam, *mutatis mutandi*, às artes em geral.

nas adjacentes e circunvizinhas, para fazer dela, progressivamente, parte de experiências cada vez mais amplas, para adquirir sobre ela a certeza de que ela não revelou só um aspecto passageiro e acidental, mas a natureza mesma do seu ser — atos que são, precisamente, as ocupações precípuas do filósofo.

Pois, se ele se detiver para enriquecer a tal ponto sua experiência interior, já não poderá mais elaborá-la no vocabulário comum para torná-la imediatamente transmissível a todos os homens; será obrigado a registrá-la, se sobrar tempo, em abreviaturas criptográficas que ou o aprisionarão na total incomunicabilidade, ou então terão de conformar-se aos modos de criptografia mais ou menos padronizados da confraria dos contempladores renitentes, isto é, dos filósofos; e terá se tornado um filósofo ele mesmo. Perdendo em expressividade e comunicabilidade, terá ganho em riqueza interior dos registros que, porém, só poderão ser transmitidos a quem refaça o mesmo itinerário interior que é o treinamento e faina essencial dos filósofos, *happy few* por fatalidade constitutiva e não por acidente.

Por isso, dizer de uma poesia que é obra só para poetas e técnicos em poesia é apontar um vício redibitório, uma falha intolerável; já a filosofia é, em princípio, coisa para filósofos, e só raramente para o povo inteiro — exceto quando à vocação do filósofo se soma a do artista, ou do pedagogo, ou do orador e homem político, o que certamente é acidental e não exigível. Por isso é que Aristóteles, elíptico, abstruso e enigmático em seu modo de expressão, continua a ser maior filósofo que o cristalino Descartes ou o elegantíssimo Bergson. A comunicação, a forma concreta da obra escrita, é em filosofia o momento acidental e menor de uma atividade que consiste, fundamentalmente, em conhecer e não em transmitir.

Sendo registro e expressão de intuições profundas e valiosas, tanto a poesia quanto a filosofia têm algo a ver com a sabedoria. Mas vai aí a diferença freqüentemente intransponível que medeia entre o registro exato e a comunicação eficiente. O primeiro pode ser pessoal e incomunicável, ou comunicável só a quem possua a chave dos códigos e a recordação de similar experiência interior. Já uma expressão que não expressa, uma comunicação que não comunica, não é absolutamente nada.

A diferença, aí, é de direção. Na poesia, a sabedoria dirige-se aos homens, dizendo-lhes o quanto é possível dizer a ouvintes mesmo passivos, mal dispostos a um esforço pessoal e que nem de longe pensariam em se tornar eles mesmos poetas ou conhecedores profundos dos mistérios do ofício. É sabedoria que, corporificada em símbolos, se dirige menos à mente corrompida dos homens do que ao seu corpo, através da magia dos sons e das formas visíveis. Daí que ela possa agir mesmo sobre os homens que não a compreendem bem. Porque ela é corpo e obedece ao conselho do poeta:

deixa o teu corpo entender-se com outro corpo,
porque os corpos se entendem, mas as almas não.

A poesia é assim a sabedoria que bate à porta dos homens, e os obriga a assimilar até mesmo algo do que não desejariam compreender, passando por cima de suas mentes indiferentes e dialogando diretamente com o ouvido, com o olho, com os batimentos do coração, com os pés que, involuntariamente, marcam o compasso da música.[6]

A filosofia, em contrapartida, não busca ninguém. Ela é, por essência, a busca de uma sabedoria que se furta, que exige, e que cobra do recém-chegado um preço alto. Mas cobra-o em troca de uma revelação que já não será mais alusiva e simbólica como na poesia, mas literal e direta. Tão literal e direta que, dela, o filósofo não poderá comunicar senão uma parte pequena, e às vezes nada.

Se a filosofia é o amor à sabedoria, ocupação de amantes dispostos a pagar com a vida o preço da sua conquista, a poesia

---

6 É evidentemente essa experiência do leitor, do ouvinte, com todo o seu impacto sensível e imediato, que produz a ilusão de ótica geradora da falsa noção corrente que mencionei no início, e que consiste, em suma, numa confusão entre a experiência de receber a poesia e o trabalho de criá-la.

é, em contrapartida, o amor que a sabedoria tem até mesmo pelos homens que não a amam, e que, desatentos e dispersos, não podem escapar de receber ao menos um pouco dela, forçados a isto pelo corpo, que não escapa ao fascínio da harmonia e do ritmo.

A filosofia é a busca da sabedoria, a poesia é a sabedoria em busca dos homens. Isto é tudo, e não há mais diferença alguma. São como as duas colunas do templo, o Rigor e a Misericórdia — aquilo que a sabedoria exige, aquilo que a sabedoria concede. Por esta razão não podem nem se desentender de todo, nem identificar-se por completo. Nem pode a filosofia deixar de ser uma poesia que se recolheu ao estado de experiência interior, nem pode a poesia deixar de ser uma filosofia *in nuce*.

Pela mesma razão a filosofia, ao contrário da poesia, não está nunca totalmente na obra, e sim metade no filósofo mesmo: o portador do saber é o homem, não o livro. O livro, o tratado, a aula, nunca é senão a condensação do saber nuns quantos princípios gerais e sua exemplificação numas quantas amostras; e o saber, o verdadeiro saber, se abriga naquele núcleo vivo de inteligência que permanece no fundo da alma do autor após encerrado o livro, e que saberá dar a esses princípios outras e ilimitadas encarnações e aplicações diversas, imprevisíveis, surpreendentes ou mesmo paradoxais, conforme a variedade inabarcável das situações da existência. Só em Sto. Tomás residiu a sabedoria de Sto. Tomás. Nós outros não podemos ser senão *tomistas*, o que é um Sto. Tomás fixado e diminuído, compactado por desidratação.

Não nego totalmente, no entanto, a possibilidade de colocar em livro o essencial do que um homem sabe e vê. Apenas julgo que não se pode despejar inteiramente o conteúdo dessa visão pessoal em teses explícitas, porque elas são apenas o resíduo cristalizado de uma decantação interior que, longe de constituir a mera preparação para o seu advento, constitui antes o exercício mesmo da filosofia. Ora, esse exercício, que se dá no tempo e que tem por sujeito um indivíduo humano real (ainda que possuindo, por outro lado, o alcance universal de um símbolo), não é representável senão em forma artística.

O filósofo, se pretende ser compreendido, deve portanto levar ao papel não somente o conteúdo explícito das teses a que chegou, guarnecidas ou não de demonstrações extensivas e exemplos, mas também algo da atmosfera interior em que elas nasceram e se desenvolveram; atmosfera esta que não pode se reconstituir senão por meio da narração, do drama e da poesia. Mas não se trata, em contrapartida, de escrever romances, dramas ou poemas que traduzam alegoricamente nossas idéias, pois a arte literária, por si, não pode escapar a seu compromisso com a linguagem metafórica e declarar explicitamente as teses filosóficas a que adere – declaração que tornaria um adorno supérfluo a narrativa ou poema que a acompanha, rodeia ou antecede. Muito menos teria cabimento argumentar literariamente, substituindo à força das demonstrações o encanto das imagens, sugerindo em vez de afirmar, seduzindo em vez de provar.

O livro filosófico, em suma, tem de possuir a um tempo, articuladas e distintas numa límpida harmonia, a nitidez e a demonstrabilidade da tese científica, a sugestividade envolvente da obra poética, sem cair nem no esquematismo impessoal da primeira, nem na névoa plurissensa da segunda. Espremida entre estas exigências contrárias, a redação de um livro de filosofia — pelo menos a quem esteja consciente delas — pode apresentar dificuldades temíveis, motivo pelo qual tenho preferido antes falar do que escrever, embora o exercício da escrita não me seja nem um pouco repelente. Sublinha ainda mais esta preferência o fato de que o professor entre seus alunos tem ali a atmosfera presente e viva, sem precisar imitá-la por artifício verbal.

É praticamente impossível, aliás, que a produção escrita de um filósofo, caso deseje atender aos requisitos do bom estilo, acompanhe a rigor a evolução de sua doutrina e de seu ensinamento. Aos poetas, aos romancistas, acontece esgotarem na obra escrita o melhor de sua inspiração; acontece mesmo ultrapassarem, no tanto que escrevem, os limites dela, e começarem a se repetir, a patinar em falso, a rebuscar o efeito numa ânsia estéril e vã.

O essencial do artista vai em um ou dois livros; o resto de sua obra escrita é desnível, é queda. Isto é assim porque a inspiração poética é essencialmente a de um acordo feliz entre a intenção projetada e a forma verbal concreta, e se este acordo só se realiza em certos momentos, o restante da obra escrita é esboço, não obra. Já a inspiração filosófica é, em essência, a de uma forma eidética não associada intrinsecamente a nenhuma expressão verbal determinada. Intrinsecamente, digo eu: acidentalmente essa associação pode existir, pode ocorrer que determinadas seções de sua filosofia ocorram a um filósofo já incorporadas numa expressão verbal feliz, ou mesmo genial e excelsa; porém estas não têm de ser necessariamente as partes melhores nem as mais importantes da sua filosofia. Em nenhum momento o gênio verbal de Platão alcança o esplendor do *Fedro*; porém, que valem as concepções filosóficas do *Fedro* comparadas à profundidade insondável, à altitude quase divina de certos trechos das *Leis* ou do *Timeu*, no entanto dificilmente notáveis na expressão literária?

Mesmo quando a forma verbal é perfeita e encarna a idéia sem excedê-la nem deixar nada faltando, isto não resulta necessariamente em beleza literária, em fluidez da leitura, em clareza plástica da expressão. A mais perfeita obra-prima de análise filosófica dos últimos três séculos é provavelmente *De l'habitude*, de Félix Ravaisson: trinta páginas que vão subindo da biologia à psicologia, da psicologia à teoria do conhecimento e à metafísica sem um salto, sem uma falha, sem uma vacilação. No entanto, são tantas ali as inarmonias sonoras, as frases tortuosas, que, por critérios estritamente literários, o texto passaria por obscuro e mal feito; e sua perfeição consiste em que qualquer tentativa de retocá-lo literariamente resultaria em confundir as conexões de conceitos, em rebaixar o nível de abstração, em diminuir o valor da prova.

O único filósofo, em toda a história do pensamento, que declarou ter exaurido na obra escrita o quanto queria dizer foi Henri Bergson, e é uma obra maravilhosamente escrita, límpida e musical em tudo. Mas é que o universo filosófico de Bergson é reconhecidamente pobre, unitemático, um tema com certo número de variações, que o autor teve a sabedoria de parar quando iam atingindo o ponto de saturação. Coisa semelhante diga-se de Croce. Ademais, a limpidez literária, em Bergson (não em Croce), é conseguida às vezes à custa de uma nebulosidade conceptual, que se denuncia quando o leitor, varando a cortina verbal, acossa o filósofo em demanda de suas provas derradeiras.

Leibniz é, de modo geral, um prosador sóbrio e elegante, mesmo nos rascunhos. Mas a quase universal má interpretação de suas idéias deveu-se ao fato de que se tornaram conhecidas principalmente através de suas obras mais bem escritas — a *Teodicéia* e os *Novos ensaios sobre o conhecimento* —, sem exame das páginas menos artísticas do *Discurso de metafísica*, da *Monadologia* e dos inúmeros *Opúsculos* e *Cartas*, em que o filósofo, dirigindo-se a um círculo eleito de sábios, se permitia aquela brevidade que Horácio dizia ser oposta à clareza.

Quem escreve mais direto e eloqüente que Nietzsche? No entanto, o melhor de seus intérpretes, Eugen Fink, tentando reduzir seus textos à expressão coerente de um sistema, encontrou neles não um, mas cinco sistemas filosóficos mutuamente contraditórios.

E quem foi mais confundido e mal interpretado que o maior prosador espanhol desde Cervantes? José Ortega y Gasset, um homem a quem as palavras obedeciam como recrutas ao capitão, um artista capaz de dar às idéias mais abstratas uma clareza plástica que quase as faz saltar da página para incorporar-se em massas tridimensionais que agem e falam, um pedagogo nato para quem *la claridad es la cortesía del filósofo*. Esse é, no entanto, o pensador que menos encontrou leitores compreensivos. Resvalavam pelo declive lustroso de suas metáforas, queixava-se ele, e iam parar longe do seu pensamento.

Finalmente, é preciso considerar que, dos três pais-fundadores da filosofia ocidental, Sócrates, Platão e Aristóteles, o primeiro não escreveu nada e, quanto aos outros dois, de um se conhecem somente os escritos literariamente acabados, faltando as aulas e cursos, e do outro só as aulas e cursos, sem os escritos publicados em vida do autor.

Esta dupla e inversa lacuna tem, como a abstinência autoral de Sócrates, o valor de um símbolo: as relações entre filosofia e expressão literária serão eternamente ambíguas; jamais a clareza da intuição filosófica coincidirá plena ou permanentemente com a nitidez da sua materialização verbal; e só por uma exceção notável os melhores momentos do filósofo coincidirão em superposição perfeita com os melhores momentos do autor.

Daí que, na obra de um filósofo, dificilmente haja textos menores, merecidamente ditos tais, dispensáveis no todo para o conhecimento de sua doutrina, como na obra dos poetas; ao contrário, há sempre dois ou três cumes que brilham sozinhos sem qualquer amparo em textos secundários, e que brilhariam talvez mais se o restante da sua obra escrita se perdesse. Pois algo não se perdeu de *The Waste Land* quando se publicaram seus rascunhos com os trechos cortados pela mão de Pound? Quanto mais claro e fulgurante, no conjunto, não se tornou, no entanto, o pensamento de Aristóteles quando se redescobriu em 1548 sua *Poética* desaparecida por quase dois milênios? E quanto não se mostrou mais consistente e firme o edifício do platonismo quando revisto à luz da reconstituição do ensinamento oral do mestre, empreendido mediante cotejo de depoimentos pelo historiador Giovanni Reale?

A obra de um poeta são seus poemas; principalmente seus poemas melhores. A obra de um filósofo não são seus escritos. Eles são apenas testemunho, sinal. A obra está no que se chama o *filosofema*, o sistema ideal de intuições e pensamentos que se oculta por trás dos textos, sistema que os textos refletem de maneira irregular e desigual, por vezes com partes faltantes, e que só pode ser contemplado por quem o reconstitua.

Uma obra poética, para ser compreendida, basta que seja lida, bem lida. Ela posa inteira diante do leitor, pronta para ser contemplada em sua forma que, se é artística, é irretocável. Já uma obra filosófica tem de ser inteiramente reconstruída; executada, a bem dizer, como se executa uma composição musical com base na partitura, pois os escritos filosóficos não passam disto: partituras para executantes; e, ao executar, o artista elabora, retoca, altera e reconstrói ~ só então a obra aparece. Para servir de bases a esta reconstrução, valem tanto os trechos que o filósofo tenha deixado prontos e elaborados em seus últimos detalhes, quanto aqueles que tenham ficado no esboço, no plano ou na mera manifestação de intenções. O conjunto desses materiais permanecerá sempre incompleto, sempre retocável, estará sempre aquém do filosofema, que é interior em sua origem e interior na sua reconstituição final.

Uma das conseqüências práticas disto é que, no estudo dos filósofos, os escritos menores, cartas, rascunhos, entrevistas, transcrições de aulas mostram um interesse que vai muito além daquele estritamente biográfico que escritos semelhantes têm para o estudo dos poetas e romancistas. É que são parte intrínseca da obra, e não, como no caso destes, apenas preparação e ensaio da obra possível.

Em decorrência, também não é importante que o filósofo deixe escritas de próprio punho suas idéias ou que elas venham num estilo literário pessoal e próprio. Sócrates só é conhecido pelo que seus discípulos anotaram do que falou. A *Estética* e as *Lições sobre a História da Filosofia* de Hegel são quase que por inteiro anotações de alunos. E como conheceríamos mal o pensamento de Husserl se não fosse por obras como *Experiência e juízo*, inteiramente redigida por seu discípulo Fink em linguagem pessoal e característica!

Qualquer texto, escrito por quem quer que seja, que um filósofo aprove como expressão adequada de seu pensamento — ou que, mesmo sem essa aprovação explícita, possa ter o valor de um testemunho fidedigno — deve ser considerado parte integrante de sua Obra, na medida em que ajudam a perfazer o filosofema em que ela consiste essencialmente. Mas o filosofema, por sua vez, não se perfaz somente num sistema ideal de teses abstratas, e sim também nas atitudes pessoais concretas com que o filósofo lhes deu interpretação vivente ante as situações da existência: a altivez de Sócrates ante a morte é a exemplificação concreta da moral socrática, que entenderíamos diversamente, de maneira mais figurada e menos estrita, caso seu autor houvesse mostrado fraqueza ante os carrascos.

Estamos aqui, novamente, nos antípodas da história literária, em que os detalhes biográficos devem ser abstraídos para dar lugar a uma interpretação direta dos textos. É que é diverso o nível de responsabilidade que o artista e o filósofo (ou o místico, ou o homem de ciência) devem ter ante o que escrevem. Um poeta ou romancista, por definição, não tem de acreditar no que escreve, exceto no instante em que escreve. Findo o êxtase criador, bem pode tomar tudo aquilo por uma alucinação, um jogo, um minuto de prazer desligado da corrente da vida, e ir cuidar da "vida real" enquanto continua recebendo os aplausos e os proventos do momento que passou. Por isto é que damos ainda atenção à poesia de Rimbaud, mesmo sabendo que ele a renegou para ir se tornar contrabandista de armas, atividade das mais úteis e práticas no reino deste mundo.[7]

Mas o que seria do místico que, passado o arrebatamento da visão de Deus, negasse a sua fé, ou do filósofo que, dissipado o instante da intuição da verdade, não tratasse de lhe ser fiel em seus atos e palavras subseqüentes? Não seriam tais atitudes imediatamente alegadas pelos adversários da sua religião ou da sua filosofia como provas implícitas da falsidade destas? Seriam, no mínimo, traições.

Num filósofo ou num místico, escandaliza-nos até mesmo um pequeno deslize de conduta, um ligeiro desvio em relação à sua moral explícita, um momento de distração que o afaste da verdade proclamada. Mais ainda: o fato do desvio, devidamente encaixado pelos pósteros na seqüência evolutiva da biografia interior do filósofo, será usado como base para reinterpretações inteiras de seu pensamento: há um Heidegger anterior e um posterior à revelação de seu namoro nazista, como há um Sartre anterior e um posterior a seus vexames de maio de 68.

Isso não quer dizer, é claro, que a biografia possa ou deva ser a chave principal que nos abra a compreensão do pensamento

---

7 É justamente esse caráter cerrado e concluso da obra, do texto, que cria para o analista desatento a ilusão e autonomia do estético. Não é a dimensão estética que independe da dimensão ética e ontológica, mas apenas a obra – com suas dimensões estética, ética e ontológica todas juntas – que independe, para ter valor, do comportamento ético ou político do artista. De fato, é na obra que ele põe o melhor de si; e a obra não é vida real, mas sim, por definição, vida imaginária; o poeta não põe na obra a ética que realmente segue na vida real, mas sim aquela que desejaria seguir, que seguiria, se pudesse, no mundo imaginário que condensa mítica e lendariamente seu ideal. E a tragédia do artista é que a exigência da perfeição formal, da obra conclusa e irretocável, faz dela um mundo cerrado separado da vida.

de um filósofo. Ao contrário: onde quer que as lições orais ou escritas que nos legou o filósofo não bastem para evidenciar por si a unidade do intuito central que move o seu pensamento, é certamente porque essa unidade não existe, porque estamos diante dos rastros informes de um pensamento que se busca e não se encontra. E será vão empreendimento tentar encontrar, na biografia, a unidade que as palavras não revelam. Porque, se não se explicitou em palavras, o intuito não chegou a ser pensado em palavras, mas apenas talvez confusamente pressentido fragmentariamente em momentos esparsos, sem tomar forma na autoconsciência.

Essa unidade que permanecesse meramente potencial seria uma filosofia em potência; mas uma filosofia em potência não é uma filosofia, pela simples razão de que a potência, não possuindo ainda a forma que a convertesse em ato, conservaria em si, como tudo o que é apenas germe e promessa, a possibilidade de desenvolver-se em direções múltiplas e contraditórias, ou seja, de gerar filosofias opostas. Mais ainda, a unidade vagamente pressentida, se não pôde se manifestar na forma do conceito,[8] permaneceu condensada em símbolo. Matriz de filosofias possíveis, não é filosofia nenhuma. É, no pleno sentido da palavra, poesia. E a poesia, por mais que possa influenciar e inspirar os filósofos, não faz parte do projeto filosófico originário, que inclui por essência o intuito de explicitar o símbolo e operar, entre as possíveis intelecções que gere, a triagem do verdadeiro e do falso. Entra portanto a poesia na história da filosofia apenas como fator externo e eventual matéria da obra filosófica, matéria sem forma filosófica, sendo certo e verdadeiro que a essência está na forma e que tudo (desde a experiência religiosa e as ciências até a simples experiência da vida) pode servir de matéria à forma que, elevando-o ao nível do conceito explicitado[9] e autoconsciente, fará dele filosofia e não outra coisa.

---

8   O conceito, afinal, nada é senão a plena posse do conteúdo eidético intuído e seu registro, que permite a repetição do ato intuitivo perante a mesma essência.

9   Explicitado, entenda-se, na consciência, e não necessariamente na forma verbal de sua expressão pública.

É sumamente grave, portanto, que, não se encontrando na obra de um Nietzsche outra unidade senão biográfica e psicológica,[10]

10 "Apesar de suas contradições e autodilaceramentos, apesar dos sins e dos nãos pronunciados a respeito de uma mesma questão, Nietzsche manteve a mais estrita coerência entre o que dizia e *os momentos particularizados de sua evolução espiritual*. Essa coerência obriga o pesquisador, em sua análise, a evitar que se dissocie, por um segundo que seja, *o que exprimiu Nietzsche do momento especial* em que surgiu a expressão". Assim diz Mário Vieira de Mello no seu aliás belíssimo *Nietzsche: o Sócrates de nossos tempos* (São Paulo, Edusp, 1993 - grifos meus), aparentemente sem tirar disso a conseqüência mais incontornável: que a coerência entre uma idéia e um momento é coerência psicológica, não intelectual, caso as várias mutações não possam ser reduzidas, pela interpretação dos contextos sucessivos, à unidade de um sistema, à coerência com o todo e não apenas com os momentos.

Ora, esta unidade lógica e não psicológica, uma vez encontrada, seria perfeitamente expressável em conceito e dispensaria, a partir desse momento, a exegese biográfica; e ela é precisamente o que falta em Nietzsche. E se o próprio Nietzsche advoga a redução da exegese filosófica à compreensão psicológica e biográfica, não é porque esta redução seja um bom e indispensável método para a compreensão de todos os demais filósofos, mas porque ela é o único rentável para o seu próprio caso, justamente porque falta, em sua obra, a unidade superior da concepção filosófica, que, sobrante num Tomás de Aquino ou num Leibniz, nos permite utilizar suas biografias apenas como subsídios ocasionais e meios de verificação de detalhes, e não como depósitos privilegiados de uma chave secreta que seus textos se esquivem de nos dar por si mesmos.

Poeta filosofante, incapaz de superar as fragmentárias antevisões simbólicas e absorvê-las na unidade de um todo conceptual autoconsciente, não é de espantar que Nietzsche, numa inversão que o ressentimento explica, tentasse espremer os autênticos filósofos no molde de sua própria *forma mentis*, estatuindo como método supremo a redução do espiritual ao psicológico.

É verdade que a essência de uma filosofia não reside jamais somente num conjunto de teses explícitas; que o filosofema inclui como componente essencial um certo movimento interior - uma *démarche* característica, disse Ferdinand Alquié (v. *La signification de la philosophie*, cap. I) -, que às vezes o leitor não capta bem nos textos ou que o filósofo, por mau literato, não fixou bem nos textos, e que o conhecimento de sua biografia ajuda a vir à tona. Mas o conhecimento dessa *démarche* visa apenas esclarecer e enriquecer o sentido das teses explícitas, e não substituí-las ou lhes dar uma univocidade que por si não têm, que é precisamente o que o biógrafo e o psicólogo esperam fazer no caso de Nietzsche. Pois não é possível que se encontre mais definida forma eidética nos movimentos interiores de uma psique conjeturada de longe por um pesquisador do que nos caracteres impressos de uma obra publicada.

Ademais, quando Nietzsche, arrebatado no impulso de desmascarar o amor à verdade, sugere que talvez ele seja uma só e mesma coisa com o amor à falsidade, e

A dialética símbólica

se continue a tomá-lo como filósofo em vez de admitir que é poeta e nada mais, isto é, homem que não pretende que se tome em sentido unívoco suas palavras, pela simples razão de que ele próprio não sabe, e admite que não sabe, em qual dos múltiplos sentidos unívocos possíveis elas poderiam ser verdadeiras, e em quais falsas. É verdade que o próprio Nietzsche, aqui e ali, insiste na unidade de filosofia e biografia, mas o faz antevendo que ele próprio não poderá ser compreendido senão pela biografia, o que resulta em admitir o caráter simbólico, alusivo e plurissenso de suas próprias palavras e sua incapacidade de explicitá-las para julgá-las filosoficamente.

Não é, portanto, em sentido nietzschiano que deve ser entendido meu apelo à unidade de filosofia e biografia, pois, no sentido em que a entendo, a compreensão biográfica permanece elemento auxiliar e somente isto, na medida em que a síntese superior em que consiste a filosofia expressa é elemento de biografia espiritual que não se poderia em hipótese alguma reduzir, como o propõe Nietzsche, à biografia empírica e psicológica. O que digo é que

> anuncia que este problema só poderá ser abordado por um novo tipo de filósofos – que ele denomina "filósofos do talvez" e dos quais se autonomeia precursor (*Para além do bem e do mal*, I, §2) –, o que é que ele está fazendo senão identificar novamente sua metafísica como "uma metafísica de artista" (*Origem da tragédia*, "Tentativa de uma autocrítica", §2)? Pois é próprio da arte, da poesia, do símbolo, permanecer no talvez e não chegar jamais ao definitivamente (já me expliquei quanto a isto; v, *Aristóteles em nova perspectiva*, I). Ocorre apenas que há vários motivos que impelem um homem a abordar um tema poeticamente em vez de filosoficamente, e só um deles é legítimo e idôneo: é quando esse tema *não pode* ser abordado filosoficamente, porque é obscuro, porque é novo, porque ainda não se tem dele sequer aquele primeiro delineamento imaginativo que é condição prévia da reflexão filosófica e que só a arte, precisamente, pode nos dar. Mas muitas vezes a poesia é apenas uma tentação de dar retroativamente um ar misterioso e oracular a coisas arqui-sabidas e já dominadas pela reflexão, ou então de embaralhar propositadamente os dados para dar um ar de autêntico símbolo ao que é apenas falso conceito.
>
> Não sei se é este o caso de Nietzsche, e provavelmente não o saberei jamais, porque, confesso, não consigo me interessar senão de modo superficial pelos escritos dele, precisamente porque contêm uma quantidade excessiva de "talvezes"; quantidade bastante para nos manter ocupados em perguntas ociosas enquanto nos furtamos covardemente, preguiçosamente, a assumir a responsabilidade do que já sabemos com certeza.

o texto filosófico é necessariamente incompleto, necessitando sempre um pouco ser complementado pelos elementos biográficos, e não que a unidade e a chave de uma filosofia se encontrem sempre e só na psicologia de um indivíduo, o que seria mergulhar toda compreensão filosófica num radical imanentismo psicológico, omitindo o compromisso de universalidade que está na raiz mesma do filosofar e escondendo embaixo do tapete o fato de que quaisquer conceitos psicológicos, inclusive aqueles de que se serve Nietzsche, participam desse compromisso e se comeriam a si mesmos pelo rabo, perdendo toda validade e força explicativa, na hora em que se reduzissem a meras expressões da psique individual que os criou.

Quanto à poesia, o que digo para diferenciá-la da filosofia é que, de todas as atividades criadoras do espírito, a artística e literária é a que exige menos compromisso pessoal com o seu conteúdo: o que a arte exige do artista é a devoção à obra para criá-la, não a fidelidade a ela, depois de pronta. Daí que os sins e os nãos sucessivos numa obra poética (e na vida do poeta) não a invalidem, na medida em que às vezes podem dar até força à sugestividade e à fecundidade do símbolo.

Que se diria, em comparação, do cientista que, apresentada sua descoberta, tratasse de ignorá-la e de não responder por ela na seqüência de seus trabalhos? Ou do filósofo que, publicada sua teoria do conhecimento, nos desse em seguida uma metafísica totalmente desligada dela, e esperasse com isto obter aplausos por sua fecundidade criadora?

Não: a relação do artista com a obra pronta é de total independência; a do filósofo, do cientista, do teólogo e do místico, é de responsabilidade e continuidade. O artista, ao publicar suas criações, liberta-se delas. O homem de pensamento carrega-as como a cruz do seu destino: seja para defendê-las, seja para renegá-las, terá de tê-las sempre ante os olhos, para firmar no passado os atos do presente. A vida infame de um poeta é resgatada por seus escritos; os atos infames de um filósofo são a condenação de sua obra escrita. E bem longe do meu pensamento andará o leitor que compreenda tudo isto como um simples apelo moralístico à coerência entre atos e obras; pois não digo que essa coerência *deva* existir, mas que ela *existe necessariamente*, para o bem ou para o mal, e que por isso os atos de um filósofo devem ser incorporados à sua filosofia como interpretações operantes que o pensador deu ao seu próprio pensamento ao traduzi-los da generalidade das idéias para a particularidade das situações; que, portanto, em filosofia, os estudos biográficos não são externos e supervenientes como em literatura, mas parte integrante, ainda que auxiliar, da compreensão do filosofema; a vida do filósofo está para sua filosofia como a jurisprudência está para os códigos.

A razão profunda disso encontra-se na natureza mesma da filosofia, que, como ensinava o insigne Igino Petrone,

> *è una visione del mondo in termini d'intelligibilità ed è fondazione della possibilità dell'esperienza. È, quindi, di sua natura, una sintesi espirituale dell'esperienza, una ideale composizione e deduzione della medesima, una intuizione della natura intima delle cose e delle relazioni, ossia del loro nascimento ideale dalla virtù operosa dello spirito, una illuminazione impressa e derivata sui prodotti della consapevolezza dello spirito produttore, un ritorno dello spirito sulla sua interiorità produttiva.*[11]

Sendo o *locus* por antonomásia do reencontro entre experiência e autoconsciência, como poderia a filosofia excluir de si os atos do filósofo, precisamente aqueles que emanam do espírito mesmo que os julga filosoficamente chamando-os de volta a si? Unificação interior da experiência, a filosofia nada exclui; e, não podendo dizer tudo, muito deixa subentendido o filósofo em suas atitudes humanas, legíveis a quem as saiba ler.

---

11 "A filosofia é visão do mundo em termos de inteligibilidade e é fundação da possibilidade da experiência. É, portanto, por sua natureza, uma síntese espiritual da experiência, uma ideal composição e dedução da mesma, uma intuição da natureza íntima das coisas e das relações, ou seja, do seu nascimento ideal desde a virtude operosa do espírito, uma iluminação impressa e derivada sobre os produtos da autoconsciência do espírito produtor, um retorno do espírito sobre a sua interioridade produtiva" (Igino Petrone, *Il Diritto nel Mondo dello Spirito. Saggio Filosofico*, Milano, Libreria Editrice Milanese, 1910, p., 3).

10. PARA UMA ANTROPOLOGIA FILOSÓFICA

A condição humana mais geral e permanente, a estrutura fixa por trás de toda variação local e histórica, pode-se resumir em seis interrogações básicas, articuladas em três eixos de polaridades, cujas tentativas de resposta, estas sim temporais e variáveis, dão as coordenadas da orientação do homem na existência.

O primeiro eixo é "origem-fim". Ninguém jamais soube onde e quando o conjunto da realidade começou nem como ou quando vai terminar. Pode-se arriscar uma teoria da eternidade do mundo, um mito cosmogônico ou a imagem do *big bang*, uma teologia da criação ou um atomismo materialista, cada qual com sua respectiva explicação do fim. Nenhuma delas jamais obteve aceitação universal. O que não se pode é ignorar a questão, pois dela depende o nosso senso de orientação no tempo, a possibilidade de conceber projetos e dar forma narrativa às nossas experiências.

O segundo eixo é "natureza-sociedade". Todo homem vive entre dois campos da realidade, um anterior e independente da ação humana, o outro criado por ela. A diferença e a articulação desses campos aparecem no contraste entre o geometrismo da taba circular e o matagal informe, na oposição de Lévi-Strauss entre o cru e o cozido, no instinto de buscar a proteção do grupo contra os animais e as intempéries ou, inversamente, no sonho rousseauniano de encontrar na natureza um abrigo contra os males do convívio social. A natureza pode aparecer como um pesadelo temível ou como um seio materno acolhedor. A sociedade pode ser lar ou prisão, fraternidade ou guerra. Pode-se fazer da natureza uma espécie de ordem social, como na antiga cosmobiologia, ou naturalizar a sociedade, como na antropologia evolucionista. Mas essas tentativas só revelam a impossibilidade, seja de explicar um dos termos pelo seu contrário, seja de articulá-los numa equação definitiva, seja de compreender um deles sem referência ao outro.

O terceiro eixo é "imanência-transcendência". Cada ser humano sabe que ele próprio existe, que tem um "mundo" interior de experiências, recordações, desejos, temores. Mas sabe também que esse poço é sem fundo, que ninguém pode compreender-se ou ignorar-se totalmente, que cada alma encontra dentro de si algo de estranho e atemorizante, que cada um se conhece e se desconhece quase tanto quanto aos demais. Buscamos na nossa intimidade o abrigo contra a maldade alheia, assim como buscamos no outro, no amigo, na esposa, a proteção contra nossos fantasmas interiores. Cada um de nós é próximo e estranho a si mesmo. Por outro lado, para além de tudo o que se pode conhecer da realidade, para além de toda experiência alcançável, cada homem e cada cultura pressente um fator "x", que, desde acima ou desde o fundo do fluxo dos acontecimentos, faz que as coisas sejam o que são e não de outro modo. "Por que existe o ser e não antes o nada?": assim formulava Schelling a interrogação suprema. Podemos tentar respondê-la pela concepção de um absoluto metafísico, de uma divindade ordenadora ou de uma fantástica auto-regulação de coincidências. Podemos até expulsá-la da discussão pública, deixando-a à mercê do arbítrio privado, com a abjeta covardia intelectual do agnosticismo moderno. Mas mesmo então sabemos que não escapamos dela. Entre a imanência e a transcendência, várias articulações são possíveis, mas nenhuma satisfatória. Podemos conceber o transcendente à imagem do nosso ser íntimo, como divindade bondosa que nos compreende e nos ama – mas isso fará ressaltar ainda mais o que a vida tem de estranheza fria e hostilidade demoníaca. Podemos imaginá-lo com os traços impessoais e mecânicos de uma fórmula matemática – mas isso não nos impedirá de amaldiçoar ou bendizer o destino, subentendendo nele uma intencionalidade humana quando nos oprime ou nos reconforta.

Cada um dos pólos é uma interrogação, um misto de ignorância e conhecimento, um foco de tensões espirituais. Cada um se articula com seu oposto, num mútuo esclarecimento – ou multiplicação – de tensões. E no ponto de interseção dos três eixos, como no das três direções do espaço, fixado na estrutura da realidade como Cristo na cruz, está o ser humano.

Crenças, cosmovisões, doutrinas, diferem sobretudo pela hierarquia que estabelecem entre os seis fatores por meio de assimilações e reduções. Muitas culturas arcaicas privilegiavam o fator "origem", explicando sociedade e natureza por um mito cosmogônico, ignorando a transcendência e a imanência. A escolástica medieval remeteu-se à transcendência, sonhando poder deduzir dela uma ordem intelectual completa e definitiva. A modernidade absorveu tudo na oposição natureza-sociedade, esperando não menos utopicamente reduzir os mistérios da transcendência e da imanência, da origem e do fim, a questões de partículas subatômicas, código genético e análise lingüística. Preparou assim o advento das ideologias totalitárias que fizeram da sociedade a razão última da origem e do fim, colocando entre parênteses a natureza, sufocando a imanência e vedando o acesso à transcendência. Cada um desses arranjos, mesmo o mais limitador, é legítimo e funcional a título provisório, como experimento de sondagem numa certa direção que os interesses de um momento enfatizaram. Torna-se alienante e opressivo quando se cristaliza numa proibição de olhar para além da articulação admitida. Só a abertura da alma para a simultaneidade dos seis pólos, com suas luzes e trevas, dá acesso à experiência realista da condição humana e, portanto, à possibilidade da sabedoria. Todas as explicações que, para enfatizar uma articulação em particular, negam ou suprimem a estrutura do conjunto, são falsas ou estéreis.

Filosofias como o marxismo, o positivismo, o pragmatismo, a escola analítica, o nietzscheanismo, o freudismo, o desconstrucionismo, ~ todas aquelas, enfim, que ocupam o espaço inteiro do ensino acadêmico neste país ~ são doenças espirituais, obsessões que nos encerram hipnoticamente no fascínio de uma resposta ao mesmo tempo que apagam o quadro de referências que dá sentido à pergunta.

O Globo, 19 de julho de 2003.

11. A PERGUNTA AUSENTE

Semanas atrás, expus aos leitores minha idéia de que a posição do ser humano na estrutura da realidade se define por seis perguntas-limite, que nem encontram respostas satisfatórias nem ficam totalmente sem resposta, e que por seu conteúdo se dispõem em três pares de opostos, formando um sistema de tensões. Venho trabalhando esse tema faz tempo, usando, para lhe dar a devida articulação, alguns conceitos já bastante aprofundados pela tradição filosófica. A idéia geral de perguntas-limite é de Eric Voegelin. "Tensão" é termo que emprego no sentido definido por Mário Ferreira dos Santos na sua "Teoria Geral das Tensões", manuscrito inédito que estou preparando para publicação com notas e comentários. A disposição em cruz veio de Eugen Rosenstock-Huessy e Raymond Abellio, mas tive de modificá-la para que fosse útil ao meu esquema. A formulação de cada uma das seis perguntas também não é pura invenção: resume uma multidão de expressões diversas que lhes foram dadas pelos filósofos desde Platão.

Enfim, o esquema não é uma bela idéia que tive de repente, mas o resultado de um longo trabalho de investigação. Em todo o trajeto, bem como no esquema final obtido, a pergunta principal, que articula as outras cinco e dá a escala da sua significação, é evidentemente a pergunta pela transcendência. Sua formulação mais clássica é de Leibniz: "Por que existe o ser e não antes o nada?". Albert Einstein dizia que só a atenção contínua a essa pergunta coloca a inteligência humana na perspectiva certa. Quando abandonamos a questão do fundamento último do ser (e portanto do conhecimento), a própria ciência perde a substância da sua racionalidade e se desmantela em perguntas insensatas com respostas arbitrárias. A perda da racionalidade das ciências foi descrita brilhantemente por Edmund Husserl em *A crise das ciências européias*" (1933) e ela está na raiz das grandes catástrofes históricas do século XX. Sua origem remonta ao matematismo mecanicista da Renascença, mas não é impróprio dizer que o mal só adquire proporções alarmantes com o advento das duas grandes ideologias messiânicas do século XIX, positivismo e marxismo, esquemas em círculo fechado que proíbem perguntas sobre tudo o que esteja para além de seu quadro de referências.

Daí obtemos uma sugestão importante para o diagnóstico da miséria espiritual brasileira. O positivismo e o marxismo foram as influências predominantes na formação da nossa intelectualidade, que deve a isso o estreitamento crônico do seu horizonte de interesses. Durante anos ocupei-me de ler os principais livros brasileiros, e notei que a pergunta fundamental estava ausente em quase todos eles, em contraste com uma dedicação obsessiva a problemas epidérmicos e passageiros de ordem sociológica, psicológica, política e econômica. Com exceções que se tornavam ainda mais notáveis pela raridade (um Machado de Assis, um Jorge de Lima, um Mário Ferreira, um Bruno Tolentino, por exemplo), a inteligência brasileira se movia numa esfera local alheia ao interesse espiritual mais alto da humanidade. Mesmo a nossa vasta literatura de inspiração religiosa não ia em geral além das preocupações morais e pastorais, facilmente degeneradas, a partir da década de 60, em pura pregação política. E nos últimos anos já seria exagero chamar de "política" o que se vê neste país: restam apenas o *show business* e a propaganda.

Na minha esfera de experiência direta, posso garantir que, ao longo da vida, não conheci mais de dois ou três brasileiros para os quais a pergunta sobre o fundamento do ser, ou qualquer das outras cinco, considerada na escala dessa pergunta-matriz, tivesse a realidade de um interesse pessoal decisivo. Mesmo nos meios acadêmicos de filosofia, que deveriam lidar com elas profissionalmente, a atração que despertam é remota e indireta: uma coisa é o corpo-a-corpo com um problema essencial, outra totalmente diversa a atenção escolar a obras de filósofos da moda que, por acaso, trataram dele. Tanto que a interrogação de Leibniz só entra na nossa literatura acadêmica pelo viés de Heidegger, que, nesse ponto ao menos, é de segunda mão (na verdade de terceira, pois ele herdou a pergunta de Schelling e não diretamente de Leibniz). O interesse, no caso, é por "Heidegger", não pelo fundamento do ser. A abordagem é erudita, livresca, não filosófica. O que se chama de filósofo, nesses meios, não é o homem que luta com os enigmas nucleares da existência: é o "especialista" nas obras de fulano ou beltrano, conhecidas até os últimos detalhes de análise textual. O "texto" é tudo; os problemas e a realidade, nada. O culto da futilidade chega, aí, às proporções de um pecado contra o espírito. E ainda se esconde por trás do pretexto nobilitante de uma austeridade disciplinar, que se abstém de tratar dos problemas filosóficos diretamente por zelo de escrupulosidade filológica.

Quando olharem a sociedade brasileira e notarem o seu panorama de corrupção, de caos, de violência e de desorientação geral, por favor, lembrem-se de que esse estado de coisas pode ter causas que vão além da superfície política e econômica do dia. Lembrem-se de que uma cultura sem interesse pelo fundamento não pode, a longo prazo, criar senão uma sociedade desprovida de fundamentos, um edifício de frivolidades queridas que, ao primeiro vento mais forte, cai como um castelo de cartas.

O Globo, 18 de outubro de 2003.

II
*Os gêneros literários:
seus fundamentos metafísicos*

PREFÁCIO

De José Enrique Barreiro

Ele não integra a grande e estridente turba cultural moderna. Prefere o trabalho silencioso, muitas vezes mais profícuo. Conhece as armadilhas do sucesso engatadas pelo sistema e opta por passar ao longo de seus acenos. Não obstante a discrição e o silêncio, o filósofo Olavo de Carvalho vem produzindo há vinte anos uma obra ensurdecedora.

Crítico incessante do obscurecimento da inteligência que enegrece nossos dias, Olavo tem reduzido a pó, em seus textos e em suas aulas, a produção intelectual dominante, incapaz de lançar a mínima luz sobre ponto algum do nosso ser.

Indiferente ao reconhecimento das elites universitárias e aos aplausos do mundo do *show business* cultural, elegeu a vida intelectual plena como ambição e exercício de seus dias. Entenda-se: não a vida intelectual que vale pelo quanto produz, mas a que acossa a verdade com todas as forças e todo o desejo possível.

Nesse embate cotidiano pela verdade, descobriu que o real ator do aprendizado e da elaboração da cultura é o indivíduo humano e não as coletividades. "Mais vale um único filósofo capaz de abarcar toda a problemática da cultura e da sociedade de seu tempo, do que uma legião de doutores capazes de perceber cada qual um pedaço, sem ter meios nem linguagem, sequer, para comunicá-lo aos demais", diz ele no documento em que apresenta o seu projeto mais querido: o Instituto de Artes Liberais (IAL). Aí, em lugar de tentar resolver em todos um pequeno pedaço do problema – como faz a multidão de burocratas coletivistas –, empreende um outro tipo de esforço pedagógico, voltado para tentar resolver o problema inteiro em alguns, por poucos que sejam.

Assim, inspirado no sistema de Artes Liberais, que dominou a formação da cultural ocidental por quase dois mil anos, Olavo de Carvalho retoma, no IAL, a perspectiva humanista na tentativa de contribuir para devolver a seus alunos a consciência individual, sem a qual é impossível recompor a unidade do saber e do ser.

Este seu novo texto, *Os gêneros literários*, no qual apresenta os fundamentos metafísicos dos gêneros predominantes na história da literatura, deverá, assim como os outros, fazer barulho. Não que ele, habitante do silêncio construtivo, tenha intenção de estrondo. Mas é que o poder do conhecimento e o poder da verdade costumam dinamitar indiscriminadamente espíritos de pedra ou de nuvem, cabeças abertas ou travadas, corações armados ou indefesos.

NOTA DO AUTOR À PRIMEIRA EDIÇÃO (1991)

O texto deste livreto compõe-se de quatro aulas, proferidas, em abril de 1987, no curso *Introdução à Vida Intelectual*.
A exposição oral acrescentou-lhe comentários e desenvolvimentos, que aqui se omitem, mas dos quais se pode fazer uma idéia pelas notas que o acompanham.

Revendo agora, a quatro anos de distância, esta obrinha tão cheia de boa intenção quanto de falhas, notei duas, pelo menos, que, se não podem ser sanadas por completo, devem ao menos ser confessadas.

A primeira é o uso daquela forma de plural que uns dizem "de modéstia", e outros, "majestático", vício que larguei para sempre.

A segunda é que o conceito de "número", central para a minha exposição, ficou vago e nebuloso. Talvez ajudem a precisá-lo os seguintes esclarecimentos: o número, tal como aqui o entendo, é ao mesmo tempo *quantidade* (ou puro nexo qualitativamente indeterminado, como o definia Husserl na sua *Filosofia da Aritmética*) e também *forma*, ou número qualitativo como o entendiam os pitagóricos.[1] Neste último sentido, o número pode ser também sinônimo de "ordem" e de "relação" (ou "sistema de relações").

No texto, passo de uma a outra dentre essas acepções com a maior sem-cerimônia e sem aviso prévio. Sei que o explico, mas não o justifico, ao dizer que se assim o fiz foi porque o texto se dirigia, originariamente, a um grupo de alunos meus, que, habituados ao uso polissêmico desse termo, não era de esperar que tivessem, em cada caso, a menor dificuldade para fazer as devidas transposições.

Agradeço a Ana Maria Santos Peixoto pela inestimável ajuda prestada à edição deste livreto.

Rio de Janeiro, agosto de 1991.

---

1 Cf. Mário Ferreira dos Santos, *Pitágoras e o Tema do Número* (2a ed., São Paulo, Matese, 1965, p. 67-105).

A questão dos gêneros literários está em discussão desde há séculos. É uma das mais importantes em Teoria da Literatura. Sem narrar a evolução histórica do debate, vamos apresentar um sumário do problema e das soluções que lhe oferecemos.

Se essas soluções parecerem escandalosamente novas aos estudiosos do ramo, asseguramos que não tivemos a menor intenção de novidade. Limitamo-nos a aplicar, ao estudo de uma velha questão, os princípios de uma ontologia que é tão velha quanto o mundo.

1. COLOCAÇÃO DA QUESTÃO

A primeira razão que podemos ter para acreditar que existem gêneros literários é que muitos autores, como Aristóteles e Boileau, escreveram tratados para expor as regras que os definem.

A segunda razão é que essas regras foram seguidas por milhares de escritores durante séculos, e que, por isto, podemos encontrar obras que exemplificam de modo perfeitamente exato a concepção clássica da lírica, da tragédia, etc.

A primeira razão que podemos ter para acreditar que *não* existem gêneros literários é que há um número igualmente grande de obras, antigas e modernas, mas sobretudo modernas, que não se encaixam perfeitamente bem em nenhum dos gêneros definidos pelos tratados.

A segunda razão é que alguns autores, como por exemplo o filósofo italiano Benedetto Croce, dizem que eles não existem.[1] No entender destes autores, só o que existe são as obras individuais, que a história registra, e que o teórico pode, *a posteriori*, agrupar mal e mal por suas semelhanças e diferenças, as quais, sendo por sua vez tão numerosas e variadas quanto as obras mesmas, não chegam a perfilar-se em grupos constantes e distintos que pudessem levar o rótulo de "gêneros".

A terceira razão é que muitos escritores, conhecendo as duas razões anteriores, resolveram escrever obras que propositadamente escapassem às bitolas de todos os gêneros conhecidos. Com isto, a exceção transformou-se em regra e a regra em exceção; e a mixórdia sistemática que se seguiu pareceu dar ampla confirmação ao argumento de Croce.

A questão dos gêneros é similar à disputa do realismo e do nominalismo: os conceitos universais expressam realidades que existem por si mesmas, *extra mentis*, ou são apenas uma reunião mental das características comuns que um acaso mais ou

---

1 Benedetto Croce, *Estetica come Scienza dell'Espressione e Linguistica Generale* (IIa edizione, Bari, Laterza, 1965, I:IV, pp. 40-44).

menos feliz nos permitiu discernir em vários entes individuais? Os universais são "entes reais" ou meros "entes de razão"? Existe a cavalidade ou existem apenas cavalos? Existe a triangularidade ou existem apenas os triângulos? Do mesmo modo: os gêneros literários são estruturas universais e necessárias subjacentes a toda invenção literária possível, ou são meras convenções formais fixadas pelo hábito, pela comodidade, quando não pelo pedantismo?

2. ALGUMAS OPINIÕES MODERNAS

Alguns teóricos modernos inclinam-se pelas soluções de compromisso. Em sua obra hoje clássica, *Teoria da literatura*, René Wellek e Austin Warren afirmam que

> a espécie literária é uma 'instituição', tal como a Igreja, a universidade ou o Estado são instituições: ela existe, não como existe um animal, ou mesmo como um edifício, uma capela, biblioteca ou capitólio, mas sim como uma instituição existe. O homem pode agir e expressar-se através das instituições existentes, criar novas instituições ou apoiar-se nelas, sem compartilhar de suas regras ou rituais; também pode participar delas, mas então dar-lhes uma nova forma... A teoria dos gêneros é um princípio de ordem: ela classifica a história literária e a literatura... por tipos especificamente literários de organização ou estrutura... Os gêneros literários permanecem fixos? Provavelmente não.[2]

Isto tem o mérito de distinguir entre uma modalidade física, individual, de existência, e uma modalidade não-física, ou "institucional", catalogando os gêneros nesta última. É certamente melhor do que declarar que os gêneros não existem após ter procurado sinais da sua existência onde eles não poderiam se encontrar. Mas, no fundo, essa distinção não é outra coisa senão a mesma que há entre obras individuais e gêneros literários – entre os cavalos e a cavalidade –, mudando somente os nomes. As obras individuais existem como existem os animais e os edifícios; os gêneros, como existem os institutos de pesquisa zoológica e as faculdades de arquitetura. Isto não explica absolutamente de onde provêm os gêneros, nem se eles emanam de uma necessidade inerente à ordem real das coisas ou de um simples desejo humano de sistematização e comodidade. O problema continua: para

---

2 René Wellek e Austin Warren, *Theory of Literature* (3rd. ed. New York, Harcourt, Brace & World, 1956, pp. 226-227).

saber da origem e valor dos institutos de zoologia, não basta haver constatado que eles não são um tipo de animal.

O crítico brasileiro Massaud Moisés, que dá uma resenha bastante atualizada desse debate, chega um pouco mais perto da solução, ao dizer que os gêneros nascem "de uma espécie de imposição natural, qualquer coisa como a adequação do indivíduo ao ritmo cósmico, marcado por uma regularidade inalterável".[3] Mas, embora esclareça que "a reiteração dum módulo expressivo obedece a uma tendência inata do homem para a ordem", e embora cite em seu apoio Emil Staiger, para quem os gêneros "representam possibilidades fundamentais da existência humana em geral",[4] ele não chega a explicar em que consiste essa "qualquer coisa", nem qual a relação intrínseca dos gêneros com o ritmo cósmico. E a "coisa", sendo tão vaga e imprecisa, não oferece a mais mínima resistência a que o Prof. Moisés, linhas adiante, escreva que os gêneros "foram inventados por determinados escritores", aparentemente sem perceber que cai em contradição. De fato, se fosse como ele diz, teríamos de acreditar que, até que alguém tivesse a providencial amabilidade de inventar os gêneros, todos os escritores viviam foram fora do ritmo cósmico, o que seria bastante desastroso.

É claro, portanto, que temos que distinguir entre o "fenômeno cósmico" dos gêneros ~ a tendência inata do homem para reiterar certos módulos expressivos, em obediência a uma regularidade natural implacável ~ e o conceito formal ou definição verbal dos gêneros, que simplesmente expressa em linguagem lógica a consistência ao menos aparente desse fenômeno.

O conceito, a definição verbal, pode ter sido inventado pelos homens, mas o fenômeno mesmo, se vem da natureza, não foi "inventado" por ninguém, a não ser que a frase esteja se referindo a Deus ou então que se dê ao verbo "inventar" a acepção originária do latim *invenire* ~ "descobrir", "encontrar" ~, tirando dele toda conotação de criação e construção artificial. E

---

3   Massaud Moisés, *A criação Literária. Introdução à Problemática da Literatura*, 5a ed. São Paulo, Melhoramentos, 1973, p.37.

4   Emil Staiger, *Conceptos Fundamentales de Poética*, tr. espanhola, Madrid, Rialp, 1966, p. 213, cit. em Moisés, p. 37.

o problema que está em discussão é justamente o de saber se o conceito dos gêneros, tal como foi expresso por "determinados escritores", retrata de fato uma relação real entre os módulos expressivos humanos e a regularidade cósmica, ou se, ao contrário, os gêneros são um conjunto de regras arbitrárias, um ente de razão sem nenhum *fundamentum in re*.

Se a relação existe, os gêneros são uma necessidade, uma "constante do espírito humano"; e o fato de as pessoas escreverem eventualmente livros que não se enquadrem neste ou naquele gênero não desmente em nada a existência dos gêneros, assim como a existência de doenças não desmente as leis da fisiologia, mas antes as demonstra pela prova *a contrario*: por mais ocultos e disfarçados que venham a estar sob densas camadas de combinações inventivas ou extravagantes, os gêneros continuarão sempre a ser os princípios fundamentais de toda composição literária. Se, inversamente, a relação não existe, então os gêneros não refletem nenhuma necessidade cosmológica nem ontológica, e são apenas uma regra inventada com base nos gostos de determinada época, e que podemos seguir ou abandonar à vontade, sem nenhum risco de subverter a ordem cósmica.

Todo o problema resume-se, portanto, em saber se existem leis ontológicas ou cósmicas das quais os gêneros constituem um prolongamento, uma manifestação ou expressão ao nível do microcosmo lingüístico e literário, ou se não existem.

3. O MODO DE EXISTÊNCIA DOS GÊNEROS

No nosso entender, essas leis existem; e o modo de existência de gêneros, se não se assemelha ao dos animais, também não se parece em nada com o das "instituições", contingentes e mais ou menos convencionais, da sociedade humana. Os gêneros existem, não como existem o Rotary Club ou o orçamento municipal, mas como existem as leis da lógica. Estas leis, em si mesmas, são imutáveis, mas se prestam a um número indefinido de aplicações e combinações, algumas das quais podem levar a resultados perfeitamente ilógicos. O fato de que as pessoas façam raciocínios errados não prova que estejam pensando "sem" lógica; prova apenas que pensam mal com lógica e tudo; que não sabem manejar as leis do raciocínio, das quais, no entanto não podem escapar, pois, se o pudessem, seu raciocínio ilógico não poderia nunca ser impugnado como errôneo, já que não haveria critério de raciocínio certo; e, na verdade, o estudo dos raciocínios errados faz parte da ciência da lógica.

Os gêneros literários nem existem "em si mesmos", como substâncias no sentido escolástico do termo, nem são generalizações *a posteriori* obtidas de semelhanças mais ou menos fortuitas entre obras individuais, nem são regras ditadas pelo gosto arbitrário de uma época. São esquemas de possibilidades[5] da organização dos textos. Seu modo de existir e de agir consiste em que delimitam as possibilidades da invenção literária, diferenciando-a num certo número de direções ou orientações que, uma vez tomadas, acarretam necessariamente certas conseqüências para o desenvolvimento posterior da obra, restringindo o campo de decisão arbitrária do autor; e a capacidade que este possua de dar conta dessas conseqüências sem se afastar do seu objetivo central produz então um padrão final de coerência interna, que é o meio pelo qual poderemos vir a julgar a obra por suas próprias leis, livremente escolhidas pelo autor na gama dos gêneros possíveis e de suas combinações.

---

5 Sobre a noção de "esquemas de possibilidades", v. Mário Ferreira dos Santos, *A Sabedoria dos Princípios*, São Paulo, Matese, 1968.

Podemos dizer que os gêneros existem e diferem entre si como as direções do espaço. Se um homem vai para o Norte, ele se afasta necessariamente do Sul; e, embora ele possa ir e vir quantas vezes queira, o Norte continuará na direção oposta ao Sul, e perpendicular a Leste e Oeste. O traçado do caminho depende da liberdade de cada qual, mas é balizado necessariamente pelas direções extremas. Os gêneros são, assim, as diferenças extremas entre as várias possibilidades da estruturação literária; à medida que avançamos coerentemente numa dessas linhas de direção, fica mais difícil – porém não impossível – combiná-la com as outras: quanto mais estreitamente comprometido com as regras de um gênero em particular esteja o núcleo essencial de construção de uma obra, mais difícil ficará, na composição do restante, escapar a essas regras ou combiná-las de maneira criativa e eficiente com as de um outro gênero qualquer. É como num jogo de xadrez: uma vez definida uma direção de jogo, é preciso uma habilidade cada vez maior para conseguir revogar as conseqüências que na linha coerente das causas ameaçam seguir-se inapelavelmente a cada novo lance.[6]

A habilidade do artista consiste, seja em seguir coerentemente, até o fim, as regras da direção escolhida, seja em combiná-las inteligentemente com outras direções possíveis,[7] formando tecidos mistos. Porém, mesmo na mais rica e inventiva mistura,

---

6 Carlos Bousoño assinala: "Cada frase que o autor concebe como definitiva imprime ao movimento poemático uma direção irrevogável, que, naturalmente, exclui, por sua mera existência, muitas outras possíveis naquele momento, das quais poderiam ter nascido impulsos diferentes, já inacessíveis. O poema em seu desenvolvimento ordena em proporção cada vez maior o esquema geral do seu desdobramento, e o poeta só o que faz é particularizar esse esquema, escolher uma carta do baralho, a cada momento menos grosso, que se lhe oferece" (*Teoria de la Expresión Poética*, 4a ed., Madrid, Gredos, 1966, p. 31-32).

7 Tanto o purismo dos gêneros quanto a combinação inteligente de gêneros diversos podem dar igualmente bons resultados. As duas maiores obras literárias da Renascença portuguesa – *Castro*, de Antônio Ferreira e *Os Lusíadas*, de Camões – seguem respectivamente essas duas estratégias. Ferreira quis realizar uma tragédia que se ativesse o mais estreitamente possível à regra aristotélica, e com isto obteve a tremenda concentração dramática que faz da sua peça uma das obras de maior impacto da língua portuguesa. Já Camões, não podendo, pela natureza do assunto histórico escolhido, seguir à risca o modelo da epopéia mítica (homérica), articulou a narrativa mítica com a crônica histórica, produzindo uma obra em dois estratos paralelos, que não tem similar na literatura universal. Sobre *Os Lusíadas* como "epopéia impura", v. Antônio José Saraiva, "Os Lusíadas e o ideal da epopéia", em *Para a História da Cultura em Portugal* (5a ed. Lisboa, Bertrand, Vol.I, p. 81 ss).

as leis dos gêneros sempre permaneceriam ativas, ao menos de modo latente, como princípios articuladores e elementos mínimos de que se compõe a mistura.

Mas a ênfase de Wellek e Warren quanto à diferença entre o modo de existência das obras individuais e o dos gêneros ainda pode render alguma coisa. As obras individuais são entes, ou substâncias, produzidas pelo homem. Existem porque foram escritas, e só existem depois de escritas. Os gêneros, por sua vez, são esquemas de possibilidades, e, como tais, existem antes e independentemente de que alguém faça o que quer que seja.

Para que uma possibilidade exista, basta que não seja impossível – e ser teoricamente possível, escapar da impossibilidade absoluta ainda que por uma minguada franja de possibilidade, é seguramente mais fácil do que escrever efetivamente um livro, como o sabe quem quer que tenha tentado escrever um. Para que um esquema de possibilidades exista, basta que ele continue suficientemente distinguível de outros esquemas; porque o modo de existência de um esquema de possibilidades consiste apenas em ser um padrão suficientemente claro de diferenciação entre umas possibilidades e outras possibilidades; e, enquanto esta diferença existe, o esquema existe.

Se é assim, os gêneros são indestrutíveis, por mais obras mistas que se escrevam e por mais difícil que se torne, na prática, distingui-los no meio das misturas. Somente a absoluta impossibilidade – teórica e não apenas prática – de distingui-los é que autorizaria então a falar de "inexistência de gêneros". Mas isto, obviamente, não vai acontecer, porque os gêneros derivam de uma necessidade que ultrapassa o próprio nível "cósmico": derivam de uma necessidade ontológica, isto é, das condições que balizam e determinam o próprio cosmos físico tomado como um todo; e sua supressão, caso fosse possível, resultaria realmente num perigoso reboliço cósmico. Não é à toa que a dificuldade de definir os gêneros e a conseqüente proclamação da sua extinção chegaram ao auge numa época que cultiva toda sorte de presságios escatológicos.

4. FUNDAMENTOS ONTOLÓGICOS

A busca moderna da "interdisciplinaridade" leva por vezes a esquecer que, para os antigos, todo conhecimento era sempre interdisciplinar. Eles simplesmente não podiam conceber um conhecimento "especializado", independente de princípios universais, através dos quais cada ciência mantivesse sempre uma rede de relações necessárias com todas as demais ciências, fossem elas vizinhas, superiores ou subordinadas.

Para entender corretamente mesmo o mais mínimo e particular dos conceitos da ciência aristotélica, ou escolástica, ou chinesa, ou islâmica, é necessário remetê-lo de volta aos princípios universais, metafísicos, que o fundamentam, e dos quais ele não é nunca senão a explicação ou a ilustração num domínio especializado e restrito.[8] Em seguida, é necessário saber qual o nível, qual o lugar desse conceito ~ da coisa conceituada ~ na "grande cadeia do Ser", isto é, na escala de planos de realidade que descem desde o Absoluto até os domínios mais particulares e contingentes da experiência. A admissão de princípios metafísicos em todas as ciências e uma cosmologia que divide o universo em um número indefinido de planos ou esferas concêntricas são caracteres presentes em todas as culturas antigas, ou tradicionais.

Se não tomamos isso em conta, qualquer conceito da ciência antiga que estudemos fica boiando no espaço como um enigma gratuito e inexplicável, criação arbitrária de uma mente bárbara e primitiva que fizesse da ciência uma escrava do gosto e da fantasia. E obviamente não acreditamos que os nossos contemporâneos sejam as primeiras pessoas inteligentes que surgiram na face da Terra, ou que o fato de termos vindo depois

---

8 V. nossa "Introdução ao conceito de ciências tradicionais", em *Astrologia e Religião* (São Paulo, Nova Stella, 1987, cap. IV, p. 53: "Ciências tradicionais são o corpo de métodos e conhecimentos que, em todas as civilizações conhecidas ~ incluindo a Ocidental até o século XIV ~, se desdobram de maneira coerente em todas as direções, com base em um núcleo central de princípios metafísicos, e que se destinam a revelar, sob todas as ordens de realidades mais ou menos contingentes, a vigência eterna e imutável desses mesmos princípios".

dos antigos nos autorize a um sentimento de superioridade que nossos feitos não justificam em nada. Muito da atitude moderna quanto aos gêneros advém apenas do desconhecimento dos seus fundamentos ontológicos na ciência antiga.

O princípio metafísico por excelência é o do Absoluto, ou Infinito, ou Possibilidade Universal. O Infinito – como o chamaremos doravante – é um princípio necessariamente único (pois não se podem conceber dois infinitos), ilimitado em todas as direções, necessário por definição (pois um infinito contingente seria um infinito limitado, portanto finito). Falamos do Infinito metafísico e não de um suposto "infinito matemático", que se limita à quantidade, e que por isto mesmo não é um infinito no sentido próprio, mas apenas metafórico, ou de segundo grau: *infinitum secundum quid*, "infinito sob certo aspecto", como diziam os escolásticos.[9]

O Infinito abarca e transcende, em sua possibilidade absolutamente ilimitada, todas as dimensões e direções do finito. E os entes finitos, ao derivarem do Infinito, não podem, por isso mesmo, nem ser idênticos a ele, nem ser radicalmente diferentes dele, isto é, não ter com ele nenhum ponto de contato. Os entes não são nem idênticos nem diferentes do Infinito: são-lhe análogos. O principal elo de união entre os entes finitos e o Infinito é a noção de unidade, que é um caráter comum a ambos. Tudo que existe tem unidade, porque se não tem unidade é dois e não tem consistência, coesão. O atributo "ser" e o atributo "unidade" são, por isto, ditos mutuamente conversíveis: a tudo o que se atribui o ser, atribui-se a unidade, e vice-versa. *Ens et unum convertuntur*. Só que a unidade do Infinito é absoluta (porque inseparável) e simples (porque não composta de partes), ao passo que a dos entes finitos é composta (porque sempre constituída de partes ou aspectos) e relativa (porque separável, quando da extinção dos entes).[10]

---

9 Sobre a distinção entre "infinito" e "infinito matemático", ou "indefinido", v. René Guénon, *Les Principes du Calcul Infinitésimal* (Paris, Gallimard, 1946, cap. 1). A distinção também foi ressaltada por Descartes, no 27º dos *Princípios da Filosofia*.

10 Para uma exposição da Unidade, do ponto de vista lógico e ontológico, v. Mário Ferreira dos Santos, *A sabedoria da unidade* (São Paulo, Matese, 1968); do ponto de vista das doutrinas místicas e sapienciais, v. Titus Burckhardt, *An Introduction to Sufi Doctrines* (trad. inglesa, Wellingborough, Thorsons, 1976, Chap. VII).

Daí que todo ente finito, qualquer que seja o seu lugar na "grande cadeia do Ser", tenha, com o Infinito, dois tipos de relações simultâneas: de um lado, a continuidade essencial, isto é, a unidade última da sua essência com a essência do Infinito, pois não se poderia, sem contradição, conceber um ente cuja essência fosse totalmente separada do Infinito; de outro lado, a descontinuidade existencial, porque os entes finitos, unidos ao Infinito pela sua essência, dele se distinguem e se afastam segundo as suas condições, formas, níveis, planos e modos de existência, que, descendo desde a universalidade até a particularidade, desde a necessidade até a contingência, desde a permanência até a transitoriedade, compõem, precisamente, a "grande cadeia do Ser".[11]

Assim, desde a absoluta ilimitação da Possibilidade Universal, até os domínios mais restritos da existência contingente, escalonam-se sucessivos graus de possibilidade, ou "mundos". Cada um destes mundos é portanto definido por um conjunto de limitações, ou condições, que estatuem aquilo que, nos seus domínios próprios, é possível ou impossível.

Aquilo a que chamamos "nosso mundo", o mundo da experiência sensível humana, é definido por três condições: o tempo, o espaço e o número ou quantidade. Nada há, em toda a extensão do mundo físico, que não esteja submetido à lei imperiosa que ordena estar em algum lugar, e não em outro, durante algum tempo, e não mais, e estar limitado a uma certa quantidade, sob todos os aspectos.[12]

Essas limitações, evidentemente, não incidem apenas sobre os entes, mas também sobre todas as suas ações e manifestações. Assim, a inteligência humana, embora possa até mesmo captar de algum modo misterioso, instantâneo e inexpresso realidades que estão bem acima das condições de tempo, espaço e número (sem

---

11 Sobre os conceitos de continuidade essencial e descontinuidade existencial, v. Frithjof Schuon, *Forme et Substance dans les Réligions* (Paris, Dervy-Livres, 1975, pp. 53-86).

12 O simbolismo astronômico e astrológico tradicional é a representação integral da coexistência dessas três condições. V. Titus Burckhardt, *Clef Spirituelle de l'Astrologie Mussulmane* (Milano, Arché, 1978), e também nosso trabalho "Astrologia natural e astrologia espiritual", em *Astrologia e Religião* (op. cit., cap. II).

o que ela não poderia compreender as noções de "Infinito" ou de "essência"), terá de se submeter a essas mesmas condições para poder manifestar-se, ou expressar-se, na forma de pensamento, de fala ou de ação. Ora, as manifestações escritas da mente humana não teriam como escapar dessas condicionantes universais, não teriam como existir sem diferenciar-se em padrões delimitados segundo o tempo, o espaço e o número. Estes padrões são precisamente o princípio dos gêneros.

As três "condições da existência corporal" mencionadas pelas doutrinas tradicionais e particularmente hindus enquadram e modelam todas as estruturas de percepção e de ação humanas. Por isto mesmo, não há, entre todas as funções de percepção e de ação, nenhuma que não possa, em última instância, ser reduzida – ao menos em seu conceito lógico – a uma modalidade do número, do espaço e do tempo (por exemplo, a visão remete à simultaneidade, a audição à sucessão; a marcha à sucessão, a apreensão à simultaneidade; a geração ao número, etc.). O mesmo forçosamente se dá com a linguagem. Desde a distinção de base entre o nome (simultaneidade) e o verbo (sucessão) até os menores detalhes do sistema de flexões, tudo se reporta a combinações e complicações obtidas a partir desses três princípios. Do mesmo modo, quando o homem começou a colocar seus pensamentos por escrito, as modalidades em que podia fazê-lo tinham de diferenciar-se conforme as três condições da existência corporal.

5. O VERSO E A PROSA

Os gêneros mais gerais que existem, que abarcam todos os outros (e que, por isto mesmo, sendo "gêneros de gêneros", poderiam ser chamados propriamente categorias) são o verso e a prosa. A distinção entre o verso e a prosa reflete ao nível do microcosmo literário humano, a condição "número", ou quantidade.

O que quer que digam os teóricos empenhados desde há cem anos em intermináveis discussões, o fato é que a distinção entre verso e prosa é apenas uma distinção entre as duas formas mais gerais da quantidade: a quantidade contínua e a quantidade descontínua. São quantidades contínuas, por exemplo, a extensão e o volume; são quantidades descontínuas as séries, as periodicidades, as secções, etc. Verso é verso enquanto predomine nele algum princípio de descontinuidade ou seccionamento, seja ele rítmico ou métrico, algum tipo de reiteração sonora; e a prosa é prosa enquanto flui e não volta. Os versos são como gotas de chuva, que pingam repetidamente, e a prosa é um rio que corre sem interrupções. Daí uma certa "superioridade" do verso, porque "vem do céu", como a fala descontínua e enigmática dos anjos e dos oráculos, enquanto a prosa desliza ao rés-do-chão como a fala cotidiana dos homens.

Essa distinção reflete, portanto, os princípios da continuidade essencial e da descontinuidade existencial entre Infinito e finito.

O simbolismo tradicional do círculo pode ilustrar isso um pouco mais claro. Se representarmos o Ser, único e infinito, por um ponto, os raios que dele partam representam as suas distintas possibilidades de manifestação nas várias direções; são as qualidades, ou propriedades, que prolongam a sua essência sem separar-se dela. Se, partindo desse ponto, traçamos agora vários círculos concêntricos, estes representarão as várias gradações de proximidade e afastamento que cada ponto e cada segmento dos raios podem ter em relação ao ponto central. Os raios representam a continuidade essencial, e os círculos, a descontinuidade existencial; os raios, a unidade do real; os círculos, a multiplicidade de planos ou níveis.[13]

Esta figura aplica-se à distinção de verso e da prosa de maneira dupla, segundo a regra da simbólica tradicional que admite sempre a concomitância de um simbolismo direto e de um simbolismo inverso.[14] Podemos dizer, de um lado, que os raios expressam o fluxo contínuo da prosa, e o seu seccionamento pelos círculos concêntricos, o ritmo do verso. De outro lado, podemos encarar a figura em sentido inverso, e dizer que a prosa gira ou discorre continuamente como os astros em suas órbitas, e que os raios do verso seccionam ou escandem ritmicamente estes círculos segundo as direções do espaço.

As misturas possíveis de distintas gradações de verso e de prosa não devem fazer perder de vista a distinção essencial, porque toda mistura, por mais complexa que seja, será sempre composta de contínuo e descontínuo.

A tendência mais recente da crítica é para esquecer o papel fundamental do fator quantitativo – métrico ou rítmico – na distinção entre prosa e verso, e procurar uma distinção de tipo semântico. Isto é: tenha ou não métrica e rima, um texto é considerado "poético" ou "prosaico" conforme predomine um uso "conotativo" ou "denotativo" da palavra; o verso fala *in modo obliquo* e a prosa *in modo recto*.[15]

Esta nova distinção surgiu da necessidade de dar conta de um grande volume de obras de intenções poéticas escritas sem compromissos com a métrica. Mas, por um lado, denotação e conotação não passam dos equivalentes semânticos da continuidade e da descontinuidade, como se vê pela referência direta ou indireta, contínua ou descontínua, do significante ao significado. Por outro lado, é uma distinção derivada e segunda, e não primária.

Durante milênios, as obras poéticas tiveram métrica e rima,

---

13 Cf. Laleh Bakhtiar, *Sufi. Expressions of the Mystic Quest* (London, Thames & Hudson, 1979, pp. 10-11); e René Guénon, *Symboles de la Science Sacrée* (Paris, Gallimard, 1962, Chap. VIII-XIII).

14 René Guénon, *Le Règne de la Quantité et les Signes des Temps* (Paris, Gallimard, 1945, chap. XXX),

15 A distinção exclusivamente semântica é defendida por Massaud Moisés (*op. cit.*, cap. IV).

quer predominasse nelas o conotativo ou o denotativo (porque tratados de ciência e filosofia, que no sentido semântico diríamos prosaicos, eram vazados em formas poéticas, sem que ninguém o estranhasse).

Poderíamos admitir, para cortar a questão pela raiz, uma quádrupla classificação, segundo o cruzamento de critérios fonéticos e semânticos: assim, existe o contínuo-conotativo, e o contínuo-denotativo; o descontínuo-conotativo e o descontínuo-denotativo; e as gradações destes quatro darão conta facilmente de todas as misturas possíveis, sem ser necessário complicar mais a questão, que aliás poderia ter sido resolvida desde logo pela constatação do caráter equívoco da palavra "prosa", como oposta, por um lado, ao "verso", e, por outro, à "poesia".

Mas, a rigor, segundo a sua origem, verso e prosa não são modos de significação, e sim modos de elocução. Para evitar mais confusões, diremos que um texto intensamente "conotativo", mas sem reiteração rítmica nem métrica de espécie alguma, não é verso: é prosa poética ou coisa assim: e um texto puramente "denotativo", como por exemplo certas falas totalmente prosaicas e informativas das tragédias de Shakespeare e Racine (para não falar dos antigos tratados rimados de geometria e física), são versos.

Resumindo: o contínuo, quer conotativo, quer denotativo, é prosa; e o descontínuo, quer conotativo, quer denotativo, é verso, "poético" ou não. Se quiserem mudar isto, preferindo aplicar o critério semântico, não vai fazer a mais mínima diferença; apenas, em prol da clareza, recomendamos ter em mente que a distinção de verso e prosa se refere primariamente à elocução, e secundariamente (metaforicamente, ou *secundum quid*) à significação; e que ao passarmos da aplicação direta à aplicação metafórica de um conceito é preciso fazer ajustes e compensações, evitando a transposição rasa, mecânica e ininteligente.

Desse ponto de vista, veremos que em teoria todos os gêneros literários podem ser vazados indiferentemente em prosa ou em verso (ou em distintas gradações de mistura), e que de fato muitas vezes o foram, conforme o gosto e a preferência das épocas. Se hoje nos parece um pouco estranho escrever tratados de física com métrica e rima, aos gregos não pareceria menos estranha a prosa poética dos simbolistas.

Repetimos que a existência de graus variados de mistura, e mesmo de misturas quase indecomponíveis, não muda em nada o conceito geral: o fato de que o Nordeste não esteja nem a Norte nem a Leste não suprime a existência do Norte e do Leste, que têm de continuar onde estão para que seja possível alguém estar no Nordeste. O culto obsessivo das exceções – que em última análise poderiam sempre ser reduzidas à regra, se valesse a pena o trabalho –não deriva de outra coisa senão do gosto pelo que Ortega y Gasset chamava "filosofia dos gatos pardos".

Antes de entrarmos na discussão dos gêneros em particular, temos de esclarecer que a distinção entre os gêneros é de um tipo completamente diverso daquela que existe entre verso e prosa. Esta diferença é dupla:

1. Verso e prosa distinguem-se conforme o número – ou ordem, ou relação –, ao passo que os gêneros literários se distinguem segundo reflitam as categorias do espaço ou do tempo e as várias modalidades de espaço e de tempo. Verso e prosa são "categorias", ou gêneros de gêneros; elas abarcam todos os gêneros, do mesmo modo que o número abarca o espaço e o tempo.

2. Se os gêneros são corpos de possibilidades, e se estes corpos são distintos entre si, cada corpo se define como um princípio ou regra de estruturação da matéria tomada como um todo, ao passo que verso e prosa são princípios de estruturação das partes mínimas – sentenças e períodos – tomadas isoladamente. Uma tragédia é uma tragédia porque a totalidade dos eventos narrados concorre necessariamente para um desenlace trágico através de um encadeamento conforme à regra da tragédia, ainda que haja, aqui ou ali, ao longo da obra, elementos prazenteiros ou cômicos. Mas versos são versos porque suas frases são seccionadas e costuradas, uma a uma, segundo algum tipo de módulo reiterativo; e a prosa é prosa porque suas frases se sucedem num fluxo contínuo, sem compromisso de reiteração. Para saber se uma obra está escrita em verso ou em prosa, basta ler alguns parágrafos, ou às vezes até mesmo dar uma olhada

no formato da mancha na página, ao passo que, para saber se é comédia ou tragédia (caso isto não esteja declarado na folha de rosto), é preciso ler a obra inteira e conhecer as conexões íntimas entre seus elementos e planos de significado.

Os gêneros, como dizíamos, são corpos de possibilidades de composição da matéria literária, e estes corpos se diferenciam entre si conforme reflitam, em sua estrutura interna, as outras duas grandes dimensões da existência corporal: o tempo e o espaço. Daí a primeira grande divisão dos gêneros: o modo temporal ou sucessivo se expressa nos gêneros narrativos, e o modo espacial, ou simultâneo, nos gêneros expositivos. As subdivisões internas de cada um destes gêneros ~ ou, se quiserem, suas espécies ~ vão definir-se, portanto, segundo as várias modalidades de tempo e de espaço, modalidades estas que, por sua vez, se diferenciam pelo número: contínuo e descontínuo. Tempo contínuo (ou intérmino), tempo descontínuo (ou terminado): tal é o critério de diferenciação entre os gêneros narrativos. Espaço contínuo (ou totalidade abrangente), espaço descontínuo (ou subdividido em lugares distintos): tal é o critério de distinção dos gêneros expositivos.

6. NARRATIVA E EXPOSIÇÃO

Se, como dizíamos, os gêneros narrativos manifestam a dimensão temporal, eles podem, em princípio, ser vazados tanto em prosa quanto em verso, pelo fato mesmo de que essa dimensão comporta igualmente um aspecto de continuidade e um aspecto de descontinuidade: o tempo flui irreversível e ininterrupto, mas é escandido pela distinção quantitativa e qualitativa dos seus vários momentos.

Do mesmo modo, os gêneros expositivos também podem vir em prosa ou em verso, na medida em que isto reflita a extensão contínua ou a diferenciação em dimensões, planos, locais, linhas e pontos (o ponto, em geometria, coincide estruturalmente e simbolicamente com a noção temporal de "momento" e com a noção aritmética do "zero". É neste "zero" que as dimensões se encontram, é nele que começa a sua diferenciação segundo os padrões quantitativos de continuidade e descontinuidade).[16]

Para entender o que vamos dizer a seguir é preciso ter em mente que esses princípios dos gêneros são ontológicos, e não psicológicos; eles não precisam estar presentes na consciência do autor ao escrever a obra; eles ficam, por assim dizer, por trás do ato da criação literária, balizando o seu campo de possibilidades. O autor que esteja profundamente consciente desses princípios pode, é claro, fazer deliberado uso deles como elementos técnicos; mas, se não tiver deles a mais mínima noção, nem por isso eles deixarão de exercer sua ação delimitante. Também pode acontecer que o artista se afine com eles de modo totalmente inconsciente, bastando que seja fiel ao intuito formal que o inspira: porque fazer arte é dar forma, e o homem não pode dar forma senão segundo a sua própria forma de existir, de perceber e de fazer.

Dizemos que o gênero narrativo expressa a dimensão temporal não porque todas as narrativas transcorram num fluxo uniforme

---

16 V. nosso trabalho "Questões de simbolismo geométrico", em *Astrologia e Religião* (op. cit., cap. V), e sobretudo o estudo de Ananda K. Coomaraswamy sobre o zero, cit. mais adiante. V. tb. Wassily Kandinsky, *Point-Ligne-Plan. Contribution à l'Analyse des Élements Picturaux*, que, muito a propósito, define o ponto geométrico como "a última e única união do silêncio e da palavra" (Paris Denoël, 1970, p. 33).

de tempo, e sim porque – quer se trate de um decurso contínuo, quer de tempos psicológicos cruzados, quer de idas e vindas entre o passado e presente, quer de momentos de extensão mínima e indefinida tomados atomisticamente, e não importando, enfim, a imensa variedade de modos de tratamento do tempo nas narrativas históricas ou ficcionais – é sempre o tempo o fator estrutural mais importante da narrativa, que é narrativa justamente por isto e por mais nada.

A eventual interferência de elementos expositivos ou espaciais – como acontece, por exemplo, na descrição de cenários, nos perfis de caracteres, ou mesmo nos pequenos ensaios filosóficos que autores como Tolstói e Dostoiévski enxertam em seus romances – não tira em nada o caráter narrativo da obra; sua presença se explica, em última instância, pelo fato de que não existe para o homem outra maneira de perceber e representar o tempo senão pela referência a um quadro espacial e a um deslocamento qualquer dentro dele, como pode percebê-lo, aliás, qualquer um que seja proprietário de um relógio. A rigor, não existe "narração pura", feita unicamente de sucessividade, sem referência alguma ao espaço ou ao simultâneo. O tempo é o tempo e o espaço é o espaço, mas o homem é o homem, e nele estas duas dimensões se cruzam, articuladas pelo número ou ordem.

Do mesmo modo, os gêneros expositivos são "espaciais" na medida em que refletem a simultaneidade dos elementos de uma hierarquia lógica (ou ontológica, o que dá na mesma). O gênero expositivo é moldado pela ordem lógica, fazendo, em princípio, abstração do elemento temporal, da sucessividade cronológica. Mas, do mesmo modo que não existe nenhuma "narrativa pura", não existe "exposição pura", porque a exposição oral ou escrita de uma idéia, mesmo quando esta seja intuída em modo totalmente simultâneo, demanda o seu desdobramento sucessivo nas formas do raciocínio e da fala. Aqui também a "impureza" provém da natureza das coisas: sendo símbolos ou manifestações das dimensões cósmicas de tempo e espaço, os gêneros não poderiam possuir todas as notas que definem essas dimensões, porque então lhes seriam idênticos, e não análogos.[17]

---

17 Sobre a analogia, V. nosso trabalho "A Dialética Simbólica", nesta mesma edição.

7. ESPÉCIES DO GÊNERO NARRATIVO

Os gêneros narrativos vão então se diferenciar em espécies segundo as divisões internas ou modos da temporalidade. Estes modos expressam-se, basicamente, nos tempos verbais.

As duas grandes modalidades de tempo definem-se pelas duas formas da quantidade: contínua e descontínua. Em quase todas as línguas antigas ~ o árabe, o hebraico, o sânscrito e o grego, por exemplo ~, os tempos verbais se dividem por isto em duas formas básicas: uma delas expressa a ação verbal contínua, o transcurso em estado puro, sem referência a um momento preciso, sendo uma espécie de "presente contínuo", que fala de uma ação mais ou menos perene ou cíclica; a segunda forma expressa uma ação verbal fixada num momento do tempo. Estas duas formas manifestam, portanto, respectivamente, a continuidade e a descontinuidade.

Esta divisão é muito variada nas diversas línguas, mas obedece sempre ao mesmo padrão básico. Em grego, por exemplo, há tempos verbais primários e um tempo secundário: os tempos primários são o presente, o passado e o futuro, que localizam a ação em momentos distintos; o secundário é o *aoristo*, ou ação verbal pura. Em árabe, a divisão é mais radical e admitem-se, a rigor, somente dois tempos: o terminado (*mádi'*), "ação terminada em tempo remoto, cujo resultado manifesta-se no momento", e o interminado (*mudari*), "cuja ação não termina no presente, prosseguindo no futuro";[18] há também o imperativo (*'amr*), que é

---

18 Jamil Sáfady, *A língua árabe* (São Paulo, Sáfady, 1950, p. 120). Ver também, quanto a este ponto, Louis Gardet, "Concepções muçulmanas sobre o tempo e a história", em Paul Ricoeur et al., *As culturas e o tempo* (trad. brasileira, Petrópolis, Vozes, p. 229-262, esp. p. 232). Para uma explicação dos tempos gregos, pode-se consultar: Guida Nedda Barata Parreira Horta, *Os gregos e seu idioma* (Rio de Janeiro, di Giorgio, 1983, vol. I, p. 152-153). *Aoristos* quer dizer literalmente "indefinido", "indeterminado". Vem de *orisma*, que significa "limite", "fronteira", "termo" e "definição", termo do qual vieram também as nossas palavras "hora" e "horizonte". O estudo dos mitos gregos ligados ao horizonte enquanto limite entre o Céu e a Terra mostra a ligação

totalmente independente de tempo. O sânscrito segue uma divisão mais ou menos similar à do grego.

Para compreender essas propriedades das línguas antigas e suas conseqüências para a teoria dos gêneros é necessário estar a par da doutrina tradicional do "triplo tempo", que se encontra, tal e qual, com variações insignificantes, nos ensinamentos metafísicos da Grécia e do Oriente.

Segundo esta doutrina, as relações entre o ser e o tempo se escalonam em planos ou níveis. O mais elevado é a eternidade, total inexistência de tempo ou de qualquer transcurso, simultaneidade plena de todos os momentos. É o plano das realidades metafísicas por excelência. A Possibilidade Universal é eterna: as transformações que se dão nos planos inferiores não diminuem nem alteram no mais mínimo que seja a infinitude do possível.

No outro extremo, ao nível dos entes particulares e sensíveis, existe a temporalidade, o fluxo contínuo e irreversível dos eventos singulares que não se repetem. O passado não volta; é o reino da necessidade e do destino, o reino do *factum*.

Entre essas duas faixas estende-se a zona intermediária do tempo cíclico, um reino que, estando sujeito ao transcurso e à ruína, é, no entanto, periodicamente revigorado pela restauração das possibilidades iniciais, no instante em que o ciclo, fechando-se, também se reabre. É o reino da perenidade ou eviternidade, o mundo intermediário das imagens arquetípicas, o *mundus imaginalis*, onde habitam e se movem segundo as leis do perene retorno das figuras míticas – como os signos do Zodíaco e os personagens das epopéias mitológicas –, que expressam em formas apreensíveis pela *cognitio imaginativa* humana os arquétipos que balizam as possibilidades do mundo temporal.[19]

inseparável entre o tempo verbal "intérmino" – *aoristo* – e o tempo "eviterno" da mitologia (cf. Eudoro de Souza, *Horizonte e complementaridade*, São Paulo, Duas Cidades, 1978).

19 Sobre o "triplo tempo", v. Ananda K. Coomaraswamy, *Les Temps et l'Eternité* (trad. francesa, Paris, Dervy-Livres, 1976), esp. o apêndice: "Kha et autres mots signifiant 'zéro' dans leurs rapports avec la métaphysique de l'espace", p. 117 ss.; e René Guénon, *La Grande Triade* (Paris, Gallimard, 1957, chap. XXII). Sobre a restauração das possibilidades, v. Mircea Eliade, *Le Mythe de l'Eternel Retour. Archétypes*

A eternidade é o reino do divino por excelência, de onde descem, por intermédio do *Logos* ou Inteligência divina, as determinações que, tomando formas viventes progressivamente mais definidas no funil da eviternidade, se cristalizam finalmente como fatos irreversíveis na ordem temporal. A eternidade é o *fiat*; a temporalidade, o *factum*, e a eviternidade o perpétuo *in fieri*.

Estruturalmente, portanto, a narrativa deverá expressar – não em seu conteúdo, necessariamente, nem em sua técnica, mas sempre no princípio ou regra de constituição que possibilita essa técnica – ou a perenidade ou a temporalidade, porque o imperativo, o '*amr*', está acima da possibilidade de ser narrado, ou só pode sê-lo por sua imagem na perenidade.

Assim, como a ordem temporal é o reino dos fatos particulares e a perenidade é o reino dos mitos e símbolos que agrupam esses fatos em categorias que remetem à Possibilidade Universal, a primeira divisão dos gêneros narrativos é a que existe este narrativas fáticas e narrativas simbólicas. As narrativas fáticas expressam aquilo que já aconteceu, que já acabou e não pode voltar. As narrativas simbólicas expressam eventos que, embora possam ser colocados metaforicamente no passado (como, aliás, têm de sê-lo nas línguas modernas, destituídas de *aoristo* ou *mudari*), na verdade representam possibilidades destinadas a reatualizar-se.

Esta divisão corresponde mais ou menos àquilo que, com imprecisão, se tem como narrativa "histórica" e narrativa "ficcional". Dizemos "com imprecisão" porque o que diferencia entre si estas duas espécies não é propriamente o caráter real ou fictício dos eventos, e sim o fato de que a realidade da narrativa histórica reside em que os eventos tenham efetivamente acontecido num momento passado, ao passo que a "realidade" da narrativa ficcional consiste na possibilidade da reatualização psicológica dos seus símbolos no ato da leitura.

Quando Carlyle narra a morte de Luís XV, ele quer deixar claro que isto já aconteceu e que não voltará a acontecer. Quando,

et Répetition (Paris, Gallimard, 1969, Chaps. I e II). Sobre o *mundus imaginalis* e seus habitantes – perfeitamente reais –, v. Henry Corbin, *En Islam Iranien. Aspects Spirituels et Philosophiques* (Paris, Gallimard, 1971, t.I, pp. 167-185).

porém, o Evangelho narra a morte de Cristo, o que o evangelista tem em mente não é o fato acabado, mas sim a possibilidade da sua reatualização ritual na alma do cristão. E a morte de Desdêmona, que de fato não aconteceu nunca, tem por objetivo acontecer na alma do espectador quando este assiste à peça. Ora, a morte de Cristo foi um fato histórico tanto quanto a morte de Luís XV; a diferença é que o evangelista fala dela enquanto símbolo, enquanto arquétipo repetível, e Carlyle fala apenas de um fato passado. Assim, a narrativa evangélica e a de Carlyle são ambas históricas, enquanto que a de Desdêmona é ficcional; mas o Evangelho e *Otelo* são narrativas simbólicas, ao passo que o livro de Carlyle é uma narrativa fática.

A narrativa fática abrange, portanto, todos os fatos que, pertencendo à ordem da temporalidade e da irreversibilidade, são narrados enquanto tais. Isto inclui as obras de testemunho, de crônica e de memórias, bem como as obras de História propriamente dita. A diferença entre as memórias e as obras de História está na interferência de um fator espacial, que é o ponto de vista do narrador. O memorialista conta as coisas do seu próprio ponto de vista, e o historiador recolhe diversos testemunhos (entre os quais pode evidentemente incluir-se o dele). Podemos ainda introduzir uma diferença, igualmente espacial, entre os livros de memórias e os de testemunho ou crônica, porque os primeiros narram desde o ponto de vista do autor das ações, e os segundos desde o ponto de vista de um observador. Embora estas divisões sejam, em princípio, espaciais, elas também têm uma contrapartida temporal, na medida da diferenciação entre uma temporalidade subjetiva ou pessoal e uma cronologia social – intersubjetiva, portanto.

As espécies narrativas simbólicas dividem-se também segundo o contínuo e o descontínuo, o terminado e o interminado. A espécie interminada é o teatro, que, narrando embora uma ação metaforicamente colocada no passado, a reproduz no presente, pelo desempenho dos atores no palco.[20] A modalidade terminada é o que chamamos de épica, ou narrativa propriamente dita (mito,

---

20 É óbvio, portanto, que a narrativa cinematográfica se inclui na subespécie "narrativa simbólica interminada".

lenda, romance, etc.), que não reproduz a ação no presente, mas simplesmente a evoca ou narra como passado.[21]

O gênero teatral também se divide segundo o terminado e o interminado. A subespécie terminada reporta-se ao *factum*, ao tempo que se desenrola no sentido do encadeamento irreversível das causas e conseqüências: é a tragédia, que celebra a vitória da necessidade, do destino sobre o homem. Quando, ao contrário, a cadeia do *factum* pode ser rompida pela Providência, devolvendo ao homem possibilidades iniciais que estariam perdidas na vigência da irreversibilidade, temos então a subespécie cômica.[22]

Do mesmo modo, os gêneros narrativos terminados, ou épicos, dividem-se segundo a modalidade de tempo que os enforme:

1. A subespécie mítica expressa eventos ocorridos "naquele tempo" (*in illo tempore*), isto é, no tempo mítico da perenidade e do *mundus imaginalis*. É realmente este o tempo verbal das narrativas bíblicas e corânicas, bem como dos mitos gregos.

2. No outro extremo, temos o gênero novelesco (romance, novela e conto), que está balizado, definitivamente, pela temporalidade terrestre (não importando quão variado seja o tratamento técnico que o narrador dê ao tempo).

3. Entre ambas, podemos admitir uma espécie intermediária, que são as gestas e lendas, as quais, tratando essencialmente da divinização de um herói humano, estabelecem uma ponte entre

---

[21] Também é óbvio que os romances e contos escritos em tempo presente se inspiram numa técnica que em última análise é cinematográfica; e que, como neles o tempo presente dos verbos não dá atualidade real aos acontecimentos que na verdade estão sendo somente narrados e não mostrados, o suposto "tempo presente" é metafórico, não real como no teatro. Mas, de certo modo, o "tempo presente" do cinema também é metafórico, pois os atores não estão atuando realmente no momento em que o espectador vê o filme.

[22] Não vimos nenhuma necessidade de aprofundar a essência de cada gênero em particular, pois não é este o propósito do nosso trabalho; queremos apenas mostrar o fundamento ontológico da idéia mesma de gêneros. Talvez seja interessante para o leitor comparar o nosso esquema com o de Northrop Frye, (*Anatomia da Crítica*, trad. brasileira, São Paulo, Cultrix, 1983, cap. IV), cujo ângulo de enfoque é totalmente diferente do nosso, mas não oposto.

a temporalidade e a eviternidade. Novelas e romances de conteúdo "iniciático" podem, evidentemente, oferecer dificuldades de classificação, ocupando um lugar indeciso entre o novelesco e o lendário. O melhor, na quase totalidade dos casos, é enquadrá-los como lendas disfarçadas de novelas.

O enorme desenvolvimento de gêneros novelesco na Idade Moderna, paralelamente à retração do gênero lendário, manifesta assim a progressiva perda do sentido da eviternidade na nossa civilização. Essa perda ocorre concomitantemente à difusão das modernas línguas européias, destituídas do *aoristo*, e também à perda do sentido simbólico do universo, em favor de uma vivência mais terrestre, temporalizada e empírica, quando da passagem da cosmovisão medieval à renascentista.

8. ESPÉCIES DO GÊNERO EXPOSITIVO

Do mesmo modo que as narrativas se dividem segundo a continuidade ou descontinuidade do tempo, os gêneros expositivos também se diferenciam segundo a continuidade ou descontinuidade do todo espacial e simultâneo que representa a ordem lógica e ontológica. Se a continuidade e a descontinuidade do tempo se expressavam nos conceitos de "terminado" e "interminado" e nos tempos verbais correspondentes, os conceitos equivalentes para a ordem espacial são as noções de todo e de parte, e de inclusão e exclusão.

Não daremos aqui senão um delineamento esquemático do gênero expositivo, mas cremos que esta criteriologia mínima poderá ser aplicada indefinidamente em sucessivas divisões de espécies e subespécies, dando conta, igualmente, de todas as combinações possíveis.

As obras expositivas dividem-se então, inicialmente, naquelas que tratam do "todo" e naquelas que tratam da "parte"; e cada uma delas se subdivide conforme trate seu assunto de modo "includente" ou "excludente".

As idéias de "todo" e de "inclusão" formam o molde de todas as espécies literárias que têm natureza de rol, de elenco, de inventário, de acúmulo e de enumeração, cujo modelo por excelência é a *enciclopédia*. São obras que, em última análise, se destinam a conter "tudo", ou o máximo possível: *de omne re scibili*. Participam desta espécie todas as subespécies de obras didáticas e informativas, que vão desde a *História natural* de Plínio, o Velho, até a *Encyclopaedia Britannica*, passando pelas *Etimologias* de Santo Isidoro.

Em oposição à abrangência indiscriminada do rol, a idéia de sistema, ou de organização, também visa a um "todo", mas a um todo separado e hierarquizado em suas partes, aspectos, dimensões, portanto submetido a uma seqüência de "exclusões". Este é o gênero *tratadístico*, ou sistemático. É um tratado, por exemplo, o *Organon* de Aristóteles, e também a *Suma Teológica* de

Sto. Tomás de Aquino, ou os *Elementos* de Euclides; cada uma destas obras visa a abarcar a totalidade de um assunto, porém, sistematizando-o segundo seus aspectos e partes constitutivos e intrínsecos, e não somente segundo uma ordem casual, extrínseca e de oportunidade como nas enciclopédias.

No outro extremo, temos as obras regidas pela idéia de parte, ou aspecto. São obras que enfocam um dado fenômeno, ou grupo de fenômenos, idéia ou grupo de idéias em particular, sem o propósito de constituir um sistema total de conhecimentos. Mas esta abordagem da parte também pode ser feita segundo duas modalidades: inclusão ou exclusão.

De um lado, há as obras que, tratando de um assunto em particular, visam a inseri-lo num corpo preexistente de conhecimentos, já sistematizado. Por exemplo, quando Apolônio de Perga escreve seu tratado sobre os *Cones*, ele não pretende nem montar um sistema completo de geometria, nem simplesmente soltar algumas idéias no ar: ele pretende encaixar essas idéias num lugar preciso do corpo preexistente da ciência geométrica; e este intuito orienta e enforma o tratamento que ele dá ao seu assunto, que tem de ser um tratamento sistemático dentro dos conceitos e normas admitidos em geometria. A esse gênero de obras denominamos *tese*, que vem de um verbo que significa "colocar". O homem que faz uma tese como que coloca uma peça num quadro preexistente; e a forma da peça tem de ajustar-se ao oco determinado onde pretenda caber.

Já se a idéia a ser apresentada não tem nenhum compromisso formal e decisivo com um sistema preexistente de conhecimentos, então o que o autor faz é acrescentar livremente mais uma idéia ao amplo e vago repertório das idéias humanas. É isto precisamente o que faz o gênero *ensaio*.

A diferenciação das espécies expositivas pode assim prosseguir indefinidamente, pela simples aplicação do critério de todo e parte, inclusão e exclusão. Há também uma infinidade de misturas possíveis. Não é necessário levar a enumeração adiante, mas cremos já haver demonstrado a eficiência do critério. Só para dar uma idéia das possibilidades de prosseguimento: a espécie ensaio pode subdividir-se conforme o ensaio seja mais comprometido ou menos comprometido com uma criteriologia científica preexistente: "Ciência como Vocação", "Política com Vocação" e outros trabalhos reunidos no *Ensaios de sociologia* de Weber diferem assim dos *Ensaios* de Montaigne, porque os primeiros estão mais próximos da "exclusão", e os segundos, da "inclusão". E assim por diante. Não é necessário, no momento, levar este critério a aplicações mais detalhadas.

9. O GÊNERO LÍRICO. CONCLUSÃO

O que, sim, é necessário, é dizer uma palavra sobre o gênero lírico, que parece ter ficado misteriosamente fora do nosso esquema. O que acontece com a lírica é que ela, a rigor, não se estrutura nem segundo a simultaneidade nem segundo a sucessão, nem pelo espaço, nem pelo tempo. Ela se caracteriza justamente, ao contrário, pelo seu caráter supra-espacial e supra-temporal. Quer vazada em prosa, quer em verso, a lírica expressa justamente o único equivalente terrestre da dimensão que ultrapassa tanto a eviternidade quanto a temporalidade; ela se estrutura segundo a aspiração da eternidade, e seu módulo formal é o conceito de "momento", cujo equivalente espacial é o "ponto", expressão do que aritmeticamente é a unidade.[23] A lírica destaca um momento do tempo, um ponto do espaço, e o projeta no não-tempo e no não-espaço. Que para fazê-lo tenha de recorrer a instrumentos verbais derivados do espaço e do tempo, da continuidade e da descontinuidade, do sucessivo e do simultâneo, é o que marca justamente os limites do humanamente expressável e a mútua anulação do espaço e do tempo ao cruzar-se no "ponto" ou "momento". A lírica, portanto, é a expressão mais pura da relação, ou ordem, ou número, isto é, da dimensão que articula, abrange e contém o espaço e o tempo.

***

Os gêneros literários, a rigor, são realidades arquetípicas: enquadram e orientam a multiplicidade dos fatos da história literária, sem jamais manifestar-se em toda a sua íntegra pureza – pois a temporalidade imita a perenidade, sem poder identificar-se com ela – e também sem nunca desaparecer totalmente de cena, por mais irreconhecíveis que os torne a multidão, não raro confusa, dos fatos e variações particulares. A dificuldade que o homem

---

23 V. nota 63.

contemporâneo sente em compreender os gêneros e reconhecê-los no meio da confusão dos dados empíricos é exatamente a mesma que ele encontra para reconhecer qualquer sentido arquetípico nos fatos de uma vid a cotidiana totalmente banalizada e coisificada, cujos laços com o mundo dos arquétipos foram encobertos pela fumaça e pelo ruído do imediatismo comercial e fabril, bem como pelas distorções poluidoras que a indústria das comunicações de massas introduz criminosamente no mundo das imagens e dos símbolos. A dificuldade de ver está no sujeito, não no objeto.

QUADRO DOS GÊNEROS

CONDIÇÃO	GÊNERO	ESPÉCIES E SUBESPÉCIES		
TEMPO	NARRATIVA	Descontínuo NARRATIVA FÁTICA	Contínuo DEPOIMENTO	Subjetivo: MEMÓRIA
				Objetivo: CRÔNICA
			Descontínuo HISTÓRIA	
		Contínuo NARRATIVA SIMBÓLICA	Contínuo DRAMA	Descontínuo TRAGÉDIA
				Contínuo COMÉDIA
			Descontínuo ÉPICA	Contínuo MITO
				Transição: LENDA
				Descontínuo ROMANCE, CONTO, NOVELA
NÚMERO	LÍRICA			
ESPAÇO	EXPOSIÇÃO	Contínuo	Inclusão: DIDÁTICA	(TODO)
			Exclusão: TRATADO	
		Descontínuo	Inclusão: ENSAIO	(PARTE)
			Exclusão: TESE	ETC.

PARTE 2
Filmes: estudos críticos

I
Símbolos e mitos no filme
O silêncio dos inocentes

PREFÁCIO

De José Carlos Monteiro

Como uma esfinge, *O silêncio dos inocentes* se impôs, devorador, à multidão de críticos que se empenharam em decifrar seus enigmas. Muitos, apressados e superficiais, evitaram o desafio. Preferiram descartar o filme como se fosse apenas um *thriller* tenso e eficaz – uma adaptação criteriosa e sólida do romance homônimo de Thomas Harris, sem a transcendência que alguns exegetas insistiam em ver por trás de sua aparência "hollywoodiana". Assim, com essa atitude evasiva, poupavam-se do constrangimento de não terem encontrado respostas adequadas para os inúmeros mistérios latentes na obra-prima de Jonathan Demme. Mas outros críticos, irresistivelmente fascinados pelo simbolismo luxuriante do filme, dispuseram-se a investigá-lo mais profundamente, tentando ir além das aparências formais e do seu impacto imediato.

A revelação das qualidades imanentes e transcendentes do filme, em todas as suas latitudes, não coube, no entanto, a críticos de cinema, mas a estudiosos de mitos e símbolos. Um deles, Olavo de Carvalho, foi particularmente feliz na elucidação das metáforas, das realidades arquetípicas e das sugestões esotéricas de *The silence of the lambs*. Nas palestras proferidas na Escola Astroscientia por ocasião da apresentação do filme entre nós, seu *insight* lançou luzes novas em direção tanto da narrativa e seu significado como no tocante à representação e às imagens armadas pelo diretor norte-americano. Dessa análise, fascinante e – ouso afirmar – definitiva, emerge a visão de uma obra densa e profunda, ocultista e iniciática, sem paralelos no cinema dos Estados Unidos nos últimos tempos. Na Europa, o russo Andrei Tarkovsky (*Andrei Rublev, Solaris, Stalker*), o francês Robert Bresson (*Pickpocket, Lancelot du Lac, Le Procès de Jeanne D'Arc*), o italiano Ermanno Olmi (*A árvore dos tamancos*), o grego Theo Angelopoulos (*Paisagem na neblina, A viagem dos comediantes*) e – por que não? – o polonês Andrzej Zutawski (*A terceira parte da noite*) já de há muito vasculham em seus filmes os tormentos íntimos, os dolorosos processos de "conhecimento da dor", as vicissitudes de quem passa da queda para a redenção.

Olavo de Carvalho reúne, de um lado, o interesse pelas artes simbólicas, pelo mundo do invisível, e, de outro, demonstra especial compreensão dos recursos de que o realizador lança mão para fazer de sua obra um filme ao mesmo tempo clássico e moderno. Com extrema clareza, sem erudição livresca, mas com notável domínio das fontes em que se baseia, Olavo de Carvalho leva a níveis sofisticados sua interpretação da simbologia de *The silence of the lambs*. No seu entender, o trabalho de Jonathan Demme foi pensado e gestado de forma a retratar a trajetória iniciática das personagens (em particular os protagonistas centrais da intriga, o astucioso e canibalesco Dr. Hannibal Lecter, a perplexa detetive Clarice Starling, o misterioso chefe do FBI Jack Crawford e o alucinado serial *killer* Jame Gumb). Mais: Demme, na análise de Olavo de Carvalho, queria antes de tudo fazer de seu filme "um apólogo sobre a luta entre a inteligência humana e a astúcia diabólica" – um apólogo sobre o caminho da iniciação e do autoconhecimento.

Diderot, o escritor e enciclopedista, achava que "toda a verdadeira poesia é emblemática". Se assim for, pode-se dizer que *O silêncio dos inocentes* contém, poeticamente, em cada imagem todos os emblemas da busca da individuação, da revelação, da verdade. Através da trajetória de Clarice Starling, Jonathan Demme evoca o itinerário dos cavaleiros medievais na procura do Santo Graal, de todos os místicos em confronto com as tentações do Mundo e do Diabo. Em seu texto, como se estivesse num cosmoprocesso estético e espiritual, Olavo de Carvalho redimensiona as angústias e perplexidades da figura de Clarice Starling para melhor nos fazer compreender seus gestos, suas atitudes. E, como se estivesse com lente de aumento, (re)configura cada plano, cada seqüência de *O silêncio dos inocentes* para, ao final das contas, nos devolver um filme novo. Creio que até para seu autor.

NOTA PRÉVIA À PRIMEIRA EDIÇÃO

Este livro transcreve – sem alterações salvo em detalhes de estilo – a apostila distribuída aos ouvintes das três palestras que, sob o título "Interpretação simbólica do filme *O silêncio dos inocentes*", pronunciei na Escola Astroscientia do Rio de Janeiro, em julho de 1991, quando o filme ainda estava em cartaz.

Algumas cópias foram também distribuídas a gente de cinema e da imprensa; mas circunstâncias fortuitas, adversas, impediram que se fizesse então uma edição regular, a qual agora se empreende graças à generosa colaboração de Stella Caymmi e Ana Maria Santos Peixoto.

A premiação do filme com cinco Oscars, agora em abril de 1992, é uma boa ocasião para recolocá-lo em debate, procurando, pela segunda vez, ir um pouco além dos comentários rotineiros e banais (quando não francamente errôneos) que foram a única reação da crítica nacional quando da sua exibição por aqui.

Este livro pertence a um gênero anacrônico, e certamente suscitará alguma estranheza da parte de um público acostumado a receber, sob o rótulo de "crítica de cinema", coisa inteiramente diversa. É que, quando eu tinha dezoito anos – há duas décadas e meia, e num outro Brasil –, não era pecado escrever ensaios compridos a respeito de um filme; não era pecado pensar, investigar, tentar aprofundar o sentido de um filme. Ensaios como este eram a toda hora publicados na imprensa, e nós, jovens aficionados, tão logo terminava a sessão corríamos em busca das palavras sábias de Luís Francisco de Almeida Salles, de Paulo Emílio, de Guido Logger, de Alex Vianny; de todos quantos se dedicavam ao ofício de ajudar-nos a compreender a arte do cinema; ofício que hoje sofre o estigma da reprovação, exceto quando exercido discretamente e dentro do gueto universitário. As páginas de crítica nos jornais são para outra coisa, e pensar em público tornou-se indecente. Lamento ferir o decoro: é que, decididamente, pertenço a outra época.

Olavo de Carvalho

1. TERROR E PIEDADE

O *silêncio dos inocentes* (*The silence of the lambs*) é bem mais do que o *thriller* habilmente realizado ou do que o drama passional que a crítica brasileira enxergou nele. Se toca tão intensamente o coração da platéia, é menos pelo fascínio macabro do tema, pela destreza quase alucinante da direção ou pelas interpretações memoráveis de Anthony Hopkins e de Jodie Foster do que pelo simbolismo profundo da sua fábula. Mesmo quando passe despercebido pela consciência do espectador, esse simbolismo não pode deixar de atingi-lo no âmago da sua condição humana, pela força de uma linguagem universal. Seu alcance simbólico eleva o filme de Jonathan Demme à categoria de grande obra de arte.

Como toda grande arte, este filme desencadeia conseqüências que se prolongam para muito além do gozo estético imediato e reverberam em benefícios psicológicos de longa duração. Nunca, desde *M, o Vampiro de Düsseldorf*, de Fritz Lang, ou *Vergonha*, de Ingmar Bergman, esteve o cinema tão perto de realizar um intuito equiparável ao da tragédia grega, que, nas palavras de Aristóteles, era o de inspirar "terror e piedade", ou, mais precisamente, a piedade por meio do terror: purificar a alma do homem e incliná-lo ao bem pela visão do absurdo e do mal inerentes à ordem cósmica.

Só que, para desfrutar plenamente dos ganhos que esta obra nos traz, é necessário ultrapassar o puro impacto estético da primeira hora, e aprofundar uma consciência intelectual do seu significado. O educador que mostra e adverte, dirigindo a atenção do espectador para os pontos significativos e as estruturas profundas, prolonga assim e potencializa o trabalho do artista, abrindo os canais para o seu encontro com a alma do público.

Essa seria, a rigor, a tarefa da crítica. Não consigo conceber o crítico militante senão como uma espécie de educador, na linha proposta por Mathew Arnold. Não é de espantar, portanto, que com tanta freqüência me decepcione com a crítica nacional, seja de filmes, de livros ou de peças teatrais: ela tem se reduzido ao mero noticiário, à apreciação segundo padrões técnico-industriais ou à expressão de sentimentos pessoais do crítico. Estas três modalidades de anti-educação foram exaustivamente praticadas a propósito de *O silêncio dos inocentes*. Perdeu-se assim uma grande oportunidade pedagógica. Nas páginas seguintes, faço o que posso para remediar a perda.

2. UMA PISTA FALSA

Começo com um exemplo. Márcia Cezimbra, em seu artigo no caderno *Idéias* do *Jornal do Brasil*,[1] coloca os leitores numa pista falsa, pela qual jamais chegarão a compreender o filme. Mas o erro deve ter passado despercebido, já que muitos espectadores, a quem consultei, revelaram ter entendido a história exatamente como Cezimbra: uma fábula do desejo, o drama da paixão entre um psicopata antropófago e uma bela agente do FBI. Esta interpretação foi também endossada por quase todos os críticos.

Eu não teria a cara de me opor a toda essa respeitável unanimidade se ela não fosse contraditada, também, pelas declarações dos dois atores principais do filme, feitas em entrevistas que ou não foram lidas ou não foram levadas a sério no Brasil. Hopkins diz que o Dr. Lecter ‒ o suposto objeto dos desejos da heroína Clarice Starling ‒ é realmente o Demônio. Não *um* demônio, mas *o* Demônio, nome próprio. E Jodie Foster afirma que Clarice é uma heroína verdadeira, como nunca houve uma na história do cinema, porque, no quadro de um drama mitológico, ela tem de "lutar contra os demônios e conhecer-se a si mesma". Foi exatamente assim que entendi o filme: a luta de uma heroína socrática para desenterrar a verdade do fundo das trevas, da mentira e da loucura. Jodie tem razão ao dizer que uma heroína desse porte nunca houve na história do cinema (com a possível exceção, observo eu, da *Joanna d'Arc* de Robert Bresson). Mas garotinhas fascinadas por monstros *sexy* são uma banalidade que podemos ver toda semana em enlatados de TV, moldados em *King Kong* ou *A Bela e a Fera*. Se Jodie e Hopkins têm razão, então os críticos brasileiros se equivocaram profundamente.

O motivo de terem errado o alvo está em certos cacoetes mentais que se disseminaram como epidemia entre os intelectuais brasileiros e que os fazem enxergar tudo por um viés pré-fabricado.

---

[1] 2 de junho de 1991.

No Brasil, as palavras "desejo" e "paixão" tornaram-se nos últimos anos chaves universais, aplicáveis a torto e a direito para a explicação de tudo. É também um fenômeno local a onda de nietzscheanismo militante, que só consegue enxergar algo de bom quando sob a forma de um mal ao menos aparente e que procura, em toda afirmação explícita de valores positivos, um sintoma de hipocrisia ou de falsa consciência.

Para essa mentalidade, tudo no mundo é disfarce e auto-engano: retirados os véus do fingimento, vem à tona a única realidade verdadeira, a qual, em todos os casos e circunstâncias, consiste sempre e somente de paixão e desejo, com uns toques de maquiavelismo endossado como natural e são a título de "sinceridade" – como se toda manifestação direta de sentimentos generosos fosse uma grossa perfídia inconsciente e não pudesse haver sinceridade senão no fingimento assumido ou na maldade explícita. A hermenêutica daí resultante – e que seus cultores aplicam indistintamente à interpretação de sintomas psicopatológicos, de obras de arte, de sistemas filosóficos, de tudo, enfim, menos de suas próprias idéias – é rígida, mecânica e repetitiva até à demência.

Não é preciso dizer que a inclinação a ver as coisas por essa ótica maliciosa é um fenômeno sociológico brasileiro, facilmente explicável pela desilusão dos nossos intelectuais com a democracia tão duramente conquistada e tão rapidamente estragada. Visto por essa hermenêutica, o Sol é movido pelas sombras e, evidentemente, o polo ativo da trama de *O silêncio dos inocentes* só pode ser o Dr. Lecter. Lógico: ele é o pior, logo deve ser o melhor. O demônio inteligente exerce um fascínio sobre a intelectualidade derrotada, que, vendo a vitória dos maus no mundo, sonha em tornar-se como eles, mas, impotente para concorrer com os safados no campo da maldade prática, satisfaz-se em corromper as idéias e os signos, e, hipnotizada pelo sorriso maligno do Dr. Lecter, atribui seu próprio estado de alma a Clarice Starling, sem reparar que, com isto, não está fazendo uma interpretação e sim uma projeção.

Histórias de desmascaramento de valores, onde o bem só pode aparecer sob a forma invertida de um sincerismo do mal explícito, continuam em moda no Brasil, por exemplo nas novelas de TV. São típicas de situações de desencanto social, em que uma intelectualidade marginalizada se rói de ressentimentos: com que alívio o jovem gênio complexado não recebe a notícia de que Nietzsche valorizava o ressentimento como método hermenêutico, de que Freud via na suspeita maliciosa a atitude interior mais propícia ao investigador psicológico! Envenenar o ambiente, expelindo ressentimento e malícia por todos os poros, passa a ser então uma modalidade superior de conhecimento científico, o objetivo último de toda atividade intelectual. Este é o estado de espírito dominante na intelectualidade brasileira, pelo menos em sua parte mais barulhenta ~ e aparentemente ninguém aí se dá conta de que há uma contradição entre estimular a malícia e pregar a moralidade pública.

Mas, no cinema norte-americano, o que se vê hoje em dia é o contrário: é uma tendência para a afirmação explícita e literal de valores positivos, como se nota pelo sucesso de *Dança com lobos*, uma apologia direta e "ingênua" do bem e da honestidade. Não seria mais lógico interpretar *O silêncio dos inocentes* à luz dessa tendência dominante no seu país de origem do que espremê-lo à força na moldura das preocupações locais e momentâneas da intelectualidade brasileira?

Dito de outro modo: minha hipótese é que o diretor Jonathan Demme e o roteirista Ted Tally quiseram fazer um apólogo sobre a luta entre a inteligência humana e a astúcia diabólica, e estavam pouco se lixando para a paixão, o desejo, Freud, Nietzsche e o escambau. A onda de Freud e Nietzsche nos EUA já acabou, e lá não existiu nenhum Nelson Rodrigues. Por aqui é que estão forçando a barra para ver as coisas pelo lado do abismo, e quando se projeta essa perspectiva sobre alguma idéia ou obra que vem de fora o resultado é que se vê o que não existe e se persuade o público a acreditar que existe. É assim que, por uma cruel ironia, o debate cultural mesmo acaba por isolar este país do mundo, fechando as janelas que lhe incumbe abrir.

É claro que existem paixão e desejo na história de *O silêncio dos inocentes*, mas estão lá como elementos do assunto ~ entre outros elementos e assuntos ~ e não como determinantes da forma, da estrutura e do sentido, que, nesta como em qualquer outra narrativa, cinematográfica ou literária, são a coisa decisiva.

Também é claro que o Dr. Lecter é fascinante, principalmente por seu feitio enigmático e ambíguo. Mas, daí a dizer que esse fascínio conseguiu prender Clarice nas malhas de uma paixão abissal, a distância é grande: é a que existe entre possuir uma arma e cometer um homicídio. O Dr. Lecter é fascinante, sim, mas Clarice é um bocado esperta. Já na abertura do duelo de vontades entre os dois, o primeiro que baixa os olhos é Lecter, não Clarice (vi o filme de novo só para tirar isto a limpo); ela continua levando vantagem quando desafia o canibal a conhecer-se a si mesmo e ele pula fora, irritado; e enfim não sai do primeiro encontro sem obter ao menos uma parte do que desejava. Só no primeiro *round* ela já ganha de Lecter por três a zero. Ela nunca cede nada. A única vantagem que oferece a Lecter é só aparente: é um ardil concebido por Jack Crawford, chefe de Clarice, para induzir Lecter a colaborar na captura do assassino Jame Gumb; e a devolução dos desenhos, no fim, é um mero pretexto para obter de Lecter mais uma informação. De encontro a encontro, ela vai se tornando cada vez mais segura de si ~ e, no momento em que toda a platéia está suando de medo de que Lecter venha fazer da heroína a sua sobremesa, ela tranquilamente assegura à sua amiga Ardelia Mapp: "*Sei* que ele não vai me procurar". No fim, ficamos sabendo que Lecter, embora disfarçando e resmungando, já tinha dado a Clarice todo o serviço. Garota porreta!

3. O CÉREBRO POR TRÁS DE TUDO

O personagem Lecter é um bocado vistoso, mas isto não nos deve levar ao equívoco de hipertrofiar o poder que ele tem na história. Afinal, tudo o que acontece (excetuando uns acidentes de percurso que em nada interferem no resultado final) foi planejado de antemão pelo chefe de Clarice, Jack Crawford. Ele sabia que Lecter estava isolado no porão e ansioso por um contato com o mundo; que Lecter não via mulher há oito anos; que Lecter tinha as informações sobre "Buffalo Bill"; e que Clarice, com jeito, poderia obter do prisioneiro tudo o que quisesse. Crawford é o único que, desde o início, percebe todo o quadro das possibilidades e, com a engenhosidade de um demiurgo, coloca em movimento as rodas do destino. Lecter já o conhece de longa data, e tem razões para temê-lo, ao passo que por seus demais adversários não sente senão desprezo. Ele sabe que tudo é um plano de Crawford e, mesmo antes que alguém lhe peça (pois Clarice mesma ainda ignorava o projeto), concorda em desempenhar sua parte. Ele procura apenas obter com isto uma vantagem colateral, que não consiste em comer Clarice (em qualquer dos sentidos do termo), muito menos em oferecer resistência a Crawford, mas sim, muito mais modestamente, em arranjar uma oportunidade de dar no pé.

Crawford, como o patriarca Abraão da narrativa corânica ou o São Bernardo da lenda medieval, fez o diabo trabalhar para ele, o mal servir ao bem. Ele tem algo do mago Próspero, da *Tempestade* de Shakespeare, que manipula os elementos sombrios e, vencendo a improbabilidade, consegue levar tudo a um final feliz com a vitória do bem e da luz. Lecter, por seu lado, poderia definir-se como o Mefistófeles de Goethe:

> *Sou parte da Energia*
> *que sempre o Mal pretende*
> *e que o Bem sempre cria.*[2]

---

2   *Fausto* I, trad. Jenny Klabin Segall.

Um ditado francês diz que o diabo carrega pedras; e, afinal, alguém tem de fazer a parte suja do serviço. Considerando-se que Lecter não cria dificuldades para Crawford, que ele se abstém de atacar Clarice e que todos os que ele mata no curso da trama são seus perseguidores, e não vítimas inocentes como as de "Buffalo Bill", o preço de sua colaboração até que foi bastante módico. Lecter lia na mente dos outros, mas Crawford lia na de Lecter, onde ele mesmo não enxergava nada. Nossos críticos não se deram conta de que, por trás da luta Clarice-Lecter e Clarice-Bill, o duelo à distância entre os dois psicólogos é o verdadeiro motivo estruturador da trama, e de que ele ecoa, aliás, um antiqüíssimo motivo das narrativas iniciáticas: o "duelo dos magos".

4. O FASCINADOR FASCINADO

Se Clarice não se deixa fascinar por Lecter, ele sim cai fascinado diante dela (exatamente como fora planejado por Crawford); e, sob a aparência durona de um vasculhador de cérebros que procura desmascará-la e dominá-la, no fundo é ele quem a idealiza e a cultua, enquanto ela permanece firme e forte no chão de um realismo implacável. Sobre a mesa dele, na gaiola montada para aprisioná-lo no Fórum do Condado de Shelby, um dos seus desenhos mostra Clarice, rodeada de um halo luminoso, com um cordeirinho no colo. É um ícone. Tendo procurado sondar as profundezas da mente de Clarice, Lecter sabe perfeitamente o que encontrou lá dentro. Como poderia um demônio tarimbado deixar de reconhecer a Santa Virgem? Arrancada pelo olho suspicaz de Lecter a identidade exterior de *professional woman*, o que aparece no fundo de Clarice não é um feixe de banais desejos freudianos e sonhos de ascensão social de uma mocinha caipira, e sim o pranto da Virgem inerme ante o sacrifício do Cordeiro. É preciso estar cego pelo fanatismo anticristão para não perceber no filme uma referência evangélica tão patente.

5. BRAVA CLARICE

A "brava Clarice", como ele a chama, se é capaz de reconhecer com tanta sinceridade as fraquezas humanas que Lecter nela desvenda, ignora no entanto a secreta identidade superior que ele descobriu por trás delas. Por isso ele pode continuar brincando de desprezá-la e enganá-la pela frente, enquanto em segredo lhe devota veneração e serviço. O Diabo também é servo de Deus, ainda que a seu modo ambíguo e recalcitrante; cioso de sua fama de rebelde, o velho embrulhão procura salvar as aparências. A ambigüidade de servir ao bem com a pior das intenções é, aliás, um dos seus traços definidores, e ela o faz, tradicionalmente, antes um personagem de farsa que de tragédia. A literatura universal não deixou de explorar isso abundantemente, de Marlowe a Goethe até a nossa literatura de cordel (*Peleja de Manuel Riachão contra o Diabo*) e o teatro popular de Ariano Suassuna (*Auto da compadecida*; *A pena e a lei*). É dessa mesma ambigüidade que emana o sutil encanto que enxergamos no monstruoso Lecter; como bem observou Anthony Hopkins na sua entrevista, "o diabo tem senso de humor": quando o terrível ultrapassa uma certa medida, torna-se engraçado. É um rebuscado pedantismo ir buscar razões psicanalíticas para explicar o atrativo do Diabo, quando se trata apenas de um *topos* (um *lugar-comum* ou esquema repetível) da literatura universal, e que sempre funciona quando usado com arte.

6. ESSÊNCIA E ACIDENTE

Clarice, por seu lado, não se ilude quanto a Lecter. Quando um ascensorista lhe pergunta se ele é um vampiro, ela responde que "não há um nome para o que ele é". O que não tem um nome não tem essência, o que é um modo de dizer que não é nada. Não é uma coincidência que esta fala anteceda imediatamente a cena em que Lecter recomenda a Clarice "ater-se ao essencial, desprezando o acidental". Segundo uma antiqüíssima teodicéia, o mal não é propriamente um ser, mas algo como o efeito acidental da confluência inoportuna de bens de diferente espécie (por exemplo, é bom amar uma mulher e é bom ter um amigo; mas pode acontecer de amarmos a mulher do amigo). O mal é uma "relação", não uma "substância"; uma "sombra", não um "corpo". Estudando uma seita satanista contemporânea, um autor informado compara o mal a uma somatória de ausências, a qual dá origem a uma força de sucção que, não podendo subsistir em si e por si, se gruda e se apóia no lado obscuro ou mal conhecido das coisas.[3] Sócrates e o vedantismo iam mais longe, decretando que o único mal é a ignorância. O fascínio, a subserviência ante o mal, brota justamente daquelas zonas da alma que nos são mais desconhecidas – do "inconsciente", se quiserem, depósito, segundo o Dr. Freud, dos desejos e imagens rejeitados pelo consciente. Procurando esquivar-se do olhar malicioso que perfura as defesas conscientes, a vítima amedrontada se prosterna ante o adversário, na esperança de obter sua clemência. É precisamente este o flanco que Clarice *não* oferece a Lecter: quando ele tenta desmascará-la psicologicamente, ela não foge, não se resguarda atrás de defesas vãs, nem procura enternecer o adversário para aplacar a dureza do seu olhar penetrante; com singela franqueza, ela reconhece a veracidade dos sentimentos infantis que Lecter discerne em seu íntimo; a transparência de seus motivos e a firme aceitação da verdade acabam por transmutar o olhar suspicaz de Lecter, subjugando e pondo a seu serviço toda a malícia do

---

3 Withall N. Perry, *Gurdjieff in the Light of Tradition* (London, Perennial Books, 1984).

pérfido doutor. Pretendendo desarmá-la, Lecter encontra no fundo dela a fortaleza invencível da intenção reta. E o diabo, que despreza quem o cultua, rende-se com admiração ante a heroína que ama a verdade.

Em sua lição de Lógica sobre a essência e o acidente, Lecter cita Marco Aurélio. O imperador romano foi um dos grandes filósofos do estoicismo, escola que pregava o *abstine et sustine*: desapego e firmeza. Não é esta a única referência estóica, no filme. Logo no começo, Clarice aparece treinando num bosque aos fundos da sede do FBI em Quantico. Na entrada do bosque, três cartazes de madeira cravados nas árvores exortam o aprendiz de polícia a suportar a dor, a agonia e o sofrimento. Um quarto cartaz acrescenta à mensagem estóica o mandamento cristão: *Ame*. Duas gotas de estoicismo num só filme são o bastante para despertar curiosidade. Caso o Dr. Hannibal Lecter não seja um intelectual brasileiro, que cita sem ler, valerá a pena darmos uma espiada nesse Marco Aurélio.

7. ESTOICISMO E CRISTIANISMO

A mistura de mandamentos estóicos e cristãos não é estranha. Desde cedo os filósofos cristãos perceberam o valor da ética estóica e trataram de absorvê-la no Cristianismo. Marco Aurélio dizia, por exemplo, que o aspirante a sábio não deve fugir do mal, mas habituar-se a olhá-lo de frente para neutralizá-lo, tornando-se imune ao seu fascínio. Do alto de sua *apátheia* ("ausência de emoções"), o sábio realizado poderá então extinguir o mal pela força do seu olhar objetivo e sereno, que chama as coisas pelos seus verdadeiros nomes, sem nada acrescentar nem tirar (é a "simplicidade" intelectual, mencionada por Lecter). Mas, no fundo da *apátheia*, o sábio deve sempre conservar uma atitude de "clemência compreensiva". É uma espécie de bondade ou compaixão intelectual, não emotiva. Consiste em estar aberto à compreensão de tudo, mesmo do que é vil e repugnante, mas sem deixar-se influenciar emocionalmente.

Apátheia e "clemência compreensiva" são justamente os termos mais adequados para descrever a atitude de Clarice ante Hannibal Lecter; ela não o odeia, não o teme, não o ama, não o despreza; ela o observa e o ouve, sem se fechar a nada nem se deixar subjugar por nada do que ele diz ou faz. Ela sustenta firmemente (*sustine et abstine*) sua posição diante de Lecter, sem se afastar um só milímetro da clemência compreensiva, por um lado, e, por outro, da fidelidade ao dever. O que equilibra os dois pratos da balança estóica, no fundo, é a compaixão pelas vítimas de Buffalo Bill: os cordeiros a que ela deseja salvar. Clarice personifica, portanto, a síntese de estoicismo e cristianismo, anunciada pelos cartazes do bosque.

8. MASCULINO E FEMININO

Alguns pensadores cristãos reprovaram ao estoicismo o caráter meramente passivo e reativo de sua ética: ele enfatizaria demais a paciência, a resistência, a abstinência, e de menos o sacrifício ativo e a luta pelo bem. As virtudes estóicas seriam, em suma, "femininas" exclusivamente, sem a marca viril do Cristo-Rei. Um verdadeiro estoicismo cristão, para existir, teria de injetar alguma histamina no velho e cansado Marco Aurélio.

Mas o cristianismo não despreza, enquanto tais, as virtudes "femininas". Seu epítome, na visão crista, é justamente a Santa Virgem. Ela nada "faz", propriamente, em toda a narrativa evangélica. Só obedece, padece, espera, e chora diante do inevitável. Clarice também sofre passivamente diante da impossibilidade de salvar os cordeirinhos – de salvar mesmo que seja um só. Sofre também, atônita como os cordeiros, diante da morte do pai. É desta dor inerme, porém, que nasce a vocação da Clarice combatente, que enfrenta Lecter num duelo psicológico e abate a tiros Buffalo Bill, tal como da Virgem "passiva" nasce o Cristo, protótipo do sacrifício ativo; e tal como do pranto "inútil" da mãe aos pés da cruz nasce a multidão inumerável dos fiéis. A antiqüíssima liturgia repete o ciclo, no qual da Igreja que padece nasce a Igreja que combate, e desta a Igreja que triunfa.

9. MESTRES E DISCÍPULOS

A mesma dialética do passivo e do ativo repete-se no personagem complementar de Clarice, Jack Crawford. Intelectualmente, é ele o mais ativo, na verdade o único ativo, pois é quem planeja e dirige tudo, a tal ponto que se poderia dizer que a trama inteira dos eventos não é senão uma projeção externa de algo que se passou na mente de Jack Crawford. Mas, na prática, ele não participa diretamente da ação. Sua única tentativa de intervenção pessoal (quando invade a casa de Buffalo Bill em Calumet City) é um erro de que se arrepende: ele deveria ter deixado tudo nas mãos de Clarice, como parecia ser seu intuito inicial. Mas os gurus também falham, ao menos na narrativa iniciática, pois aí eles apenas representam o Espírito, e não o são verdadeiramente, o que aliás dá a medida das diferenças entre esse gênero narrativo e as epopéias sacras e mitológicas que constituem seu modelo.

***

Aqui devo explicar-me com mais cuidado. Epopéias sacras e mitológicas são aqueles poemas narrativos que, para toda uma civilização, têm o prestigio de verdades reveladas; no início dos tempos, eles fixam a cosmovisão, os valores, as leis e os princípios educacionais que vão orientar os homens e moldar os costumes enquanto durar essa civilização. Narrativas iniciáticas são histórias inventadas numa época mais tardia, e que, sem terem a autoridade de revelações primordiais, são admitidas, por certos grupos ou indivíduos, como uma espécie de ensinamento espiritual ou religioso. As narrativas iniciáticas versam geralmente sobre aspectos ou partes das epopéias sacras, que elas prolongam, ilustram, comentam e especificam, adaptando o fundo da mensagem espiritual à mentalidade e à linguagem de uma nova época. Elas revigoram e atualizam certas potencialidades espirituais contidas na revelação, que arriscariam enfraquecer-se à medida que a passagem dos tempos e as mudanças da linguagem vão dificultando às novas gerações a compreensão direta da epopéia sacra. São narrativas iniciáticas a *Divina comédia* de Dante, *A flauta mágica* de Mozart, o *Fausto* de Goethe, a tragédia grega em sua totalidade, *Os Lusíadas* de Camões, *A rainha das fadas* de Spenser; e, em nosso tempo, *José e seus irmãos* de Thomas Mann. São epopéias sacras os poemas de Homero, o *Baghavad-Gita*, o *Corão*, o *Antigo Testamento*, os *Evangelhos*, etc.

A diferença entre epopéia sacra e narrativa iniciática consiste fundamentalmente em que os heróis da primeira são deuses, semideuses ou, num quadro monoteísta estrito, aspectos de Deus ou forças de origem divina. Os heróis da narrativa iniciática, sem terem poderes divinos nem falarem diretamente em nome de Deus, são seres humanos de excepcional envergadura, protegidos ou guiados de perto por forças divinas, cuja presença e atuação no mundo eles representam de maneira mais ou menos sutil e indireta.

Tanto na epopéia sacra quanto na narrativa iniciática os personagens de mestres ou gurus representam sempre o Espírito divino, que conhece tudo de antemão e dirige do alto a caminhada de um discípulo, o qual personifica a Alma humana em vias de se espiritualizar ou divinizar. Uma diferença marcante entre os dois gêneros é que, na epopéia sacra, o mestre é o Espírito divino, de modo literal e integral (na *Odisséia*, Mentes é Minerva, deusa da sabedoria; no *Baghavad Gita*, Krishna é um aspecto de Brahma, etc.); ao passo que, na narrativa iniciática, o personagem do mestre é apenas um ser humano ligado mais ou menos de perto a um saber divino; é um sacerdote, um mago, um sábio, e não um ser divino; por isso, guiando "divinamente" o discípulo, não está isento de falhas humanas. Por exemplo, Merlin, no *Santo Graal*, perde temporariamente a parada para Morgana Le Fay, e Sarastro é temporariamente derrotado pela Rainha da Noite, etc.

A narrativa iniciática, embora possuindo leis estruturais que a definem, pode ser enxertada numa infinidade de gêneros narrativos diferentes, na literatura novelística, no teatro, na poesia épica ou no cinema. Sua estrutura profunda é compatível com os revestimentos mais diversos, do fantástico ao "realista". Os únicos elementos indispensáveis são o mestre, o discípulo, o adversário, e as peripécias que purificam a alma do discípulo ou lhe revelam um conhecimento. O adversário pode ser uma pessoa (como, na *Flauta mágica*, a Rainha da Noite) ou uma situação adversa e diabólica que desafia a inteligência do herói ou tenta sua alma (como no *Processo Maurizius*, de Jakob Wasserman). O mestre também pode ser um personagem de carne e osso (como Sarastro), uma alusão mitológica (Vênus em *Os Lusíadas*), ou um simples aspecto superior da alma do próprio discípulo (o mágico pressentimento que guia Etzel Andergast no romance de Wasserman). O ponto que interessa, o critério diferencial que nos certifica de estarmos em presença de uma narrativa desse gênero, não é o conteúdo material dos eventos, mas a *relação entre as forças*, em suma: a estrutura da trama.

Muitas obras de literatura, do cinema e do teatro apelam para o uso de símbolos e mitos "esotéricos", sem que isto faça delas narrativas iniciáticas. Ao contrário, os símbolos particulares contidos numa narrativa só adquirem perfeita funcionalidade estética quando a estrutura profunda da obra é a de uma narrativa iniciática; fora disto, símbolos e mitos se tornam meros adornos pedantes. A estrutura total e os simbolismos particulares têm de estar coeridos e amarrados um aos outros num arranjo orgânico, refletindo uma das principais leis da linguagem simbólica, que é a da correspondência entre a parte e o todo, o pequeno e o grande, o micro e o macrocosmo. Só artistas muito hábeis logram obter este encaixe, motivo pelo qual boa parte da arte "esotérica" em circulação é puro lixo.

Tanto pela estrutura, como pelos símbolos a que alude ou pela obediência estrita ao princípio de correspondência, *O silêncio dos inocentes* se revela uma narrativa iniciática, e das mais perfeitas que o cinema já nos deu. Nele não existe uma única referência simbólica ou mitológica que não se encaixe com extrema adequação e felicidade na estrutura total da obra, refletindo esse todo na escala do detalhe; e a estrutura global, por sua vez, tem todos os elementos requeridos: o mestre, o discípulo, o adversário diabólico, as peripécias reveladoras e purificadoras.

Desse modo, é bastante natural que encontremos, entre Clarice e Crawford, a relação Alma-Espírito, que Crawford seja inativo na aparência e ativo no fundo, que Clarice seja fiel ao intuito de Crawford mesmo quando o desobedece aparentemente, e que Crawford, enfim, cometa um engano, na hora em que este engano já está, miraculosamente, corrigido pela Providência. A Alma, na narrativa iniciática, é passiva diante do Espírito, mas ativa diante do mundo; ela luta, mas sua luta é para permanecer fiel ao Espírito num mundo onde as adversidades, tentações e enganos ameaçam arrastá-la para longe da sua vocação.

Que Jack Crawford, no filme, é o mestre ou guru de Clarice, não há dúvida. Um dos colegas dela o menciona literalmente assim ("Seu guru, no telefone"). Será Lecter, complementarmente, o guru de Buffalo Bill, o arremedo diabólico do Espírito, que com tanta freqüência também surge nas narrativas iniciáticas? Veremos adiante. Por enquanto, o que interessa é notar que Crawford, nas funções de guru, mantém uma atuação discreta de segundo plano, longe do centro da ação física (exceto por um lapso), e que, no fim, se retira modestamente, deixando para a discípula as honras da festa. Tal como o Sarastro de Mozart, que, no fim da *Flauta mágica*, após haver articulado e dirigido de longe a luta de Tamino para libertar Pamina, desaparece num halo de luz, deixando para os discípulos o gozo da vitória. É também um *topos*, um esquema repetível. Mas como funciona!

10. UM PAR DE PARES

Quanto a Jame Gumb (é este o nome de Buffalo Bill), está para Lecter como Clarice está para Crawford. É o seu oposto complementar. O paralelismo é rigoroso e vale a pena aprofundá-lo. Vejamos primeiro o par Lecter-Gumb:

1. Lecter só mata seus algozes; Gumb mata vítimas inocentes.
2. Lecter é frio e racional; Gumb é passional, arrebatado e sem controle (decide antecipar a morte de Catherine, num acesso de raiva).
3. Lecter despreza suas vítimas; Gumb tem, ante as suas, admiração e cobiça.
4. Lecter come suas vítimas, as põe para dentro; Gumb deseja entrar dentro delas, vestindo sua pele.
5. Lecter é "superior" às suas vítimas; é o demônio acusador, que julga e castiga (fazendo destarte um tipo de "justiça"). Gumb é "inferior", ele ataca justamente quem possui o que lhe falta.
6. Lecter extingue suas vítimas para continuar a existir; ele afirma sua identidade às custas da extinção dos outros. Gumb, ao contrário, nega sua própria identidade e deseja transformar-se, morrer como homem feio para renascer como moça bonita.

Da comparação salta aos olhos a figura tradicional do duplo aspecto do mal, que a Bíblia personifica em Lúcifer e Satã, o demônio "superior" que perverte a inteligência, e o demônio "de baixo" que incita às paixões abissais e à destruição do corpo. O demônio como adversário do Espírito e como inimigo da Alma. Neste sentido, Lecter é o adversário de Crawford, como Gumb é o de Clarice. Mestre contra mestre, discípulo contra discípulo.

***

O paralelismo de Lecter com Crawford é outro: não são mais dois planos diferentes de uma força de igual tendência, mas dois iguais de forças contrárias. Dito de outro modo: Lecter e Gumb são iguais quanto ao sentido (o mal), mas diferentes em força. Lecter e Crawford são forças equivalentes, mas diversas quanto ao sentido:

1. Tal como Crawford, Lecter não participa da maior parte ação exterior. Sua contribuição é meramente intelectual. Ele fica "imóvel" no fundo do seu porão, enquanto na superfície se desenrolam as investigações de Clarice e os crimes de Gumb.
2. Tal como Crawford, ele tem uma certa visão de conjunto do que está se passando (que Clarice e Gumb não têm). A diferença é que Crawford planeja a totalidade da ação, e Lecter só uma parte.
3. Se Crawford é o guru de Clarice, Lecter procura sê-lo também. Ele não se conforma ao papel passivo de mero fornecedor de informações: quer ser o analista e mestre de Clarice. Esta, sabendo que esse papel o lisonjeia, tira proveito da vaidade dele ("vim para aprender com o senhor"). Crawford, por seu lado, como ex-professor, tem por assim dizer naturalmente o papel de mestre, que exerce com modéstia. Lecter procura mostrar seu domínio sobre Clarice (quando na verdade é ele quem está sendo dirigido de longe pelo plano de Crawford), ao passo que Crawford dirige Clarice à distância, sem dar demonstração de que o faz.
4. Ambos cometem um engano, ao subestimar Clarice. Lecter, no começo, ao tomar a garota apenas como uma caipira pretensiosa; depois o desprezo se transforma em admiração, e a admiração em serviço. Crawford, no fim, ao chamar a si, indevidamente, uma parte do encargo que atribuíra a Clarice.

A dialética simbólica

5. Crawford conhece todo o passado de Clarice (sua infância, a morte do pai, a vida estudantil). Lecter conhece todo o passado de Gumb, e até conserva, no armazém de Miss Mofet, um arquivo vivente do começo da carreira de Gumb como assassino.
6. Ambos se conhecem de longa data, e se temem: Crawford sabe que Lecter é capaz de tudo; Lecter está ciente de que Crawford é "uma velha raposa".
7. Finalmente, ambos têm um fracasso parcial: Lecter quer dominar Clarice, e não consegue; Crawford quer capturar Gumb pessoalmente, e também não consegue.

O paralelismo, com as posições inversas, arma o cenário para o "duelo dos magos".

11. UMA PARCERIA INQUIETANTE

As relações entre Lecter e Gumb são o aspecto mais inquietante e enigmático da história. O filme dá a entender que se conheciam de longa data; e, tendo em vista a diferença de inteligência e de força psicológica entre os dois, é inconcebível que Lecter não dominasse Gumb. Seria neste caso o seu guru, que o iniciou na senda do crime. O episódio de Benjamin Raspail deixa uma certa ambiguidade no ar: parece que foi Gumb quem o matou, mas fica evidente que Lecter desejou ou se alegrou com esta morte; e, se não a considerasse de algum modo obra sua, por que conservaria seus troféus no sinistro museu de Miss Mofet?

De outro lado, se uma mente diabólica como a dele é capaz de induzir um criminoso ao suicídio com um simples discurso (que é o que ele faz com Miggs), por que não seria capaz também de governar a mente de "um jovem assassino em mutação"? Há um certo tom nostálgico na voz de Lecter quando ele diz estas palavras enigmáticas. Tudo dá a entender que ele teve alguma participação nos "maus tratos sistemáticos" que transformaram Gumb em criminoso. Ressalto a palavra "sistemáticos", que subentende: intencionais.

O filme é talvez propositadamente obscuro quanto a este ponto; mas isto só faz reforçar o seu tremendo impacto psicológico, pois abre à nossa imaginação a porta das especulações mais apavorantes.

Mas as referências mitológicas, de que o filme está repleto, falam em favor da hipótese acima: Lecter está para Gumb assim como Crawford está para Clarice. É seu guru, é a mente que o forma, educa e dirige. É o diabo "espiritual" que age às ocultas por trás da "alma" diabólica.

Em primeiro lugar, não há como não enxergar em Lecter, no fundo do seu porão, uma espécie de senhor do subterrâneo. De sua cela sombria ele controla intelectualmente muito do que se passa na superfície (prevê a reação da senadora, manipula Shilton, esquematiza a fuga). Se Lecter é assim um Plutão no seu trono de sombras, quem é Gumb?

As mariposas que ele cria são da espécie *Acheronita styx*. "Aqueronte" e "Estige" (o latim e o inglês conservam a forma grega original *styx*) são o nome dos dois rios que, no mito grego, separavam o mundo dos vivos do mundo dos mortos. Na religião grega não existia um "céu", um "paraíso", exceto para os raros heróis que logravam, por feitos extraordinários, levantar-se acima dos mortais e transformar-se em semideuses. Todos os demais humanos destinavam-se, após a morte, a uma existência obscura e sofredora no reino das sombras, o Hades. Uma variante da palavra "Aqueronte" é "Caron" ou "Caronte": o barqueiro servidor do inferno, que atravessa os mortos, gritando-lhes, como no poema de Dante:

> *Guai a voi, anime prave!*
> *Non isperate mai veder lo cielo:*
> *i' vegno per menarvi all'altra riva*
> *nelle tenebre eterne, in caldo e in gelo.*

> "Ai de vós, almas infames!
> Não espereis jamais por ver o céu:
> Que eu venho é conduzir-vos à outra margem,
> Ao fogo e ao gelo das eternas trevas".
> (*Inferno*, III: 84-87.)

Caronte é servidor e discípulo de Plutão, o qual, por outro lado, foi depois obviamente identificado com o demônio bíblico. O paralelismo Plutão-Lecter/Caronte-Gumb se torna inevitável quando reparamos que Gumb, após enfiar na garganta de suas vítimas o casulo de uma mariposa com os nomes dos rios do inferno, as leva de barco e as atira ao fundo de um rio. Da outra margem, do fundo do seu subterrâneo, o senhor das trevas observa com evidente satisfação os progressos do "jovem assassino em transformação".

Gumb não é um assassino qualquer. Ele trabalha com a coerência estética de quem tem algo mais em vista: ele arremata os crimes com um halo de símbolos que lhes dá a regularidade e a perfeição de um rito mágico. Se ele quisesse a pele das vítimas apenas como matéria-prima, por que haveria de inserir em suas gargantas um símbolo? E por que esse símbolo, para ele, representava, em suas próprias palavras, algo de "belo e poderoso"?

Ao aspecto meramente físico e utilitário da operação criminosa, ele acrescentava um suporte simbólico, destinado, evidentemente, a convocar o auxílio das potências tenebrosas para o sucesso da mutação desejada. Quem lhe ensinara estas coisas? Quem fez do "jovem assassino em mutação" um misto de feiticeiro e carrasco? Quem o iniciou na arte tenebrosa? E por que há em sua casa uma bandeira nazista, que evoca, na figura do costureiro de peles humanas, a dos carrascos que, também movidos por sinistros motivos "esotéricos", tiravam a pele dos prisioneiros judeus e com elas mandavam costurar artísticas cúpulas de abajur? Os crimes de Gumb afastam-se assim da motivação psicológica mais óbvia e utilitária, para adquirir uma reverberação simbólica tenebrosa, que, nas palavras de advertência do próprio Dr. Lecter, ocultam algo de "muito mais inquietante".

12. ANJOS E DEMÔNIOS

A esta altura já não há mais escapatória: este mero *"thriller* bem construído" segundo a crítica, esta vulgar "fábula do desejo", oculta nada menos que um combate dos *devas* e dos *asuras*, a guerra cósmica entre as potências luminosas e tenebrosas que disputam a alma humana e decidem o seu destino. A esta altura, o leitor já deve ser advertido que não se trata de um simples drama policial e psicológico, que se pode ver à distância na tranquilidade de simples espectador. A esta altura, o "espectador", preso à poltrona por um misto de dor e pânico, já sabe que foi mexido até a medula: *de te fabula narratur* – "a história é a respeito de ti".

***

Até mesmo os nomes dos personagens parecem significativos. *Clarice Starling*, obviamente, evoca a claridade estelar. No mito grego, as almas dos heróis se transformam em estrelas. *Lecter* é uma variante de *lector*: ele lê nos livros e nas almas. *Gumb* é uma corruptela de *gumbe*, um tipo de tambor sudanês feito... de pele. Finalmente *Crawford*, um nome banal que poderia não significar nada, compõe-se de *craw*, "garganta", e de *to ford*, "atravessar". Forma claramente a idéia de "engolir". Por que "engolir"? Pode ter sido escolhido a esmo, mas não é uma coincidência sugestiva que a pista mais importante para a solução do mistério seja encontrada precisamente na garganta das vítimas? Ademais, pode parecer maluquice, mas não me sai da cabeça que Crawford domina Clarice, que domina Lecter, que domina Gumb: um peixe engole outro peixe, que engole outro peixe, que engole outro peixe. No fim o peixe maior se retira, solitário.

Também é significativo que haja um gatinho na casa da primeira vítima de Gumb, e outro no da última. Um gatinho mia da janela de Catherine enquanto Gumb a sequestra; um gatinho mia no quarto de Frederika Bimmel enquanto Clarice o vasculha em busca de pistas. Um gato no começo, outro no fim da carreira do esfolador de moças. Como as duas pontas de uma serpente. O gato era de fato assimilado à serpente, no mito egípcio; e no Japão o *shintô* enxerga nele um ser maléfico, uma criatura das trevas, capaz de matar uma mulher e revestir-se da sua forma. Como Gumb. E este não deixava de ser ligado em coisas japonesas, como o *mobile* com borboleta que gira no seu quarto.

O que foi dito dos nomes e dos gatos aponta apenas para indícios secundários a confirmar uma hipótese que no mais, e por si mesma, se conserva perfeitamente sólida sem isso. Acontece também às vezes que, quando a estrutura da narrativa iniciática é firme, como neste caso, até mesmo detalhes simbólicos encontrados acidentalmente pelo artista adquirem uma reverberação mais profunda: quando se acerta no essencial, o acidental colabora, ou: ajuda-te, que o céu te ajudará. Quando, ao contrário, a estrutura profunda é frouxa ou falha, nem todos os símbolos esotéricos do mundo salvarão uma obra de perder-se na banalidade e na impotência. Está aí o Paulo Coelho que não me deixa mentir.

13. CARNEIROS E BODES

O que não é acidental de maneira alguma é o paralelismo entre as vítimas de Lecter e as de Gumb. As de Lecter são todas gente da polícia, ou ligadas ao aparato repressivo. Sua morte "faz sentido", sendo desta forma um aspecto da "justiça", ainda que monstruoso e torcido. As de Gumb são moças inocentes: sua única culpa é serem gordas, terem bastante pele. Sua morte é "absurda", "injusta", e por isto elas são comparadas declaradamente aos cordeiros, símbolos tradicionais da vítima sacrificial inocente. Não é então significativo que na noite de sua fuga Lecter peça para jantar costeletas de carneiro mal passadas, e que, em vez de comê-las, coma em seu lugar os guardas, isto é: que em vez do símbolo das vítimas inocentes coma as vítimas culpadas? Nesta imagem apocalíptica, separam-se, como no Juízo Final, os inocentes e os culpados: os carneiros e os bodes. Quem mata carneiros é Gumb – o irracional, o absurdo. Lecter sabe o que faz: prefere os bodes.

Gumb tornou-se assassino por obra do sofrimento. Mata os cordeiros numa tentativa desesperada de salvar-se de uma identidade odiosa que o oprime. O paralelismo mais interessante do filme talvez seja o que se forma, nesse sentido, entre ele e Catherine. É elemento estrutural, não acidental. Catherine, no fundo do desespero e do terror, apossa-se da cachorrinha *poodle* de Gumb e ameaça matá-la. A cachorrinha, branca e cacheada, é um perfeito carneirinho. O esquema maior da trama, reproduzido em escala pequena nesse detalhe, dá a ele a força e o alcance de um símbolo universal unindo o micro e o macrocosmo: perseguido e maltratado pelos demônios, o homem persegue e maltrata um animal inocente. Mas Catherine é salva, e salva junto consigo a cachorrinha: o gesto "inútil" da menina Clarice, ao tentar resgatar o cordeirinho, encontra finalmente sua resposta satisfatória. Nada foi em vão.

14. ATÉ O FIM DO MUNDO

A vitória de Clarice, que é também a de Crawford, só não fica completa, ao que parece, porque Lecter escapa. Mas não há em nenhuma tradição literária do mundo uma narrativa iniciática que termine com a extinção final de todos os demônios. A narrativa iniciática pode "anunciar" o apocalipse, mas não "realizá-lo": há sempre uma abertura para a continuação da história (no gênero épico, esta é aliás uma lei constitutiva). Lecter, simplesmente, não podia morrer. Mas sua fuga, se é uma vitória perante o mundo, é uma confissão de derrota perante Clarice. Após tê-la idealizado e servido, Lecter agora confessa que a teme: pelo telefone, pede que ela não o procure. Ela responde: "O senhor sabe que isto eu não posso prometer". Claro: seria contra todas as regras. A luta da mulher com a serpente, iniciada na criação do mundo, tem de prosseguir até o fim dos tempos. Do *Gênese* ao *Apocalipse*. Iniciada com vantagem para a serpente, no Jardim do Éden, só poderá terminar, com a vitória final da mulher, quando houver a consumação dos séculos.

15. APOCALIPSE E PARÓDIA

Há quem diga, no entanto, que quem venceu foi Lecter: que ele, além de conseguir fugir, ainda dominou psicologicamente Clarice e, para cúmulo, chegou a despertar nela, com um simples toque de dedo, algo que não seria demais chamar, literalmente, um tesão dos diabos.

É um exagero dos diabos, isto sim. O próprio Lecter já respondeu a essa gente, ao comentar: "Dirão que estamos apaixonados". Dirão, sim, porque não há limites para a burrice humana. A única tentativa de erotizar as relações entre Lecter e Clarice parte dele, e é irônica, para quem percebe. Toque de mão por toque de mão, há um muito mais prolongado entre Clarice e Crawford, no fim, e aliás acompanhado de um olhar de contida emoção. E, projeção edípica por projeção edípica, seria muito mais lógico que Clarice tivesse atração por Crawford, policial como o pai e, no fim, representante dele. Em nenhuma das recordações que Clarice tem do pai ele mostra nada que possa lembrar Lecter nem de longe. Essa gente está vendo coisas.

De outro lado, quem interpretou em sentido erótico a relação de Lecter com Clarice não enxerga o que haveria de absurdo, de ridículo e de esteticamente ineficaz na hipótese de uma mocinha doidivanas, ardente de desejos inconfessados, conseguir subjugar o diabo e pô-lo a seu serviço pela mera força de um tesão humano, demasiado humano. Isto só seria possível com Grande Otelo no papel de Clarice e Oscarito no de Lecter. Por mais desmoralizado que esteja, o diabo não é nenhum velho babão para estar se derretendo por uma sirigaita. Não combina com Lecter. Se ele cede perante Clarice, não é por desejo erótico, mas por ter encontrado dentro dela uma força superior, que ela mesma não sabe que tem. A Santa Virgem é, afinal, representada tradicionalmente com um dos pés prendendo ao solo a cabeça da serpente. Note-se: ela não mata o demônio, apenas o subjuga. Por que deveríamos esperar mais de Clarice Starling?

Ademais, sexualizar as relações de Lecter e Clarice só pode parecer reconfortante a certas mentalidades, que se pretendem *esprits forts*, mas que no fundo são tímidas. Não conseguem admitir a existência do mal em toda a plenitude da sua absurda presença, e preferem reduzir tudo a uma escala mais manobrável de paixões infantis quase inofensivas. Seria bom se o Dr. Freud explicasse tudo, mas Freud não explicava o demônio e aliás se borrava de medo dessas "coisas sombrias", como confessou a Jung. Lecter, na verdade, despreza a sexualidade física, tem nojo dela, como se vê pelo fato de matar o psicopata Miggs só para puni-lo da brincadeira obscena que fez com Clarice (o que é bem característico do tipo de "justiça diabólica", desproporcional e absurda, que alguns tomam como a justiça propriamente dita). Não, o que há entre Lecter e Clarice não é tesão. Ao contrário dos índios da famosa tirada de Noel Nutels, o diabo não come ninguém a não ser por via oral.

Mas não é de espantar que uma parte, ao menos, da platéia, temendo enxergar as terríveis verdades que este filme nos transmite, prefira amortecer a consciência, caindo de joelhos ante a atração hipnótica do mal: "entronizarão a Besta", diz o *Apocalipse*. Esta tentação, que se agita no fundo da alma do aterrorizado homem contemporâneo, vem à tona diante de uma provocação tão inquietante como a que nos é colocada pelo filme de Jonathan Demme. Certas interpretações dadas a esta história provêm de um trágico engano interior: o espectador, incapaz de admitir com serenidade uma quota de mal superior ao que imagina possível, acaba por buscar alívio numa reação invertida, trocando em fascínio a repugnância. Cai vítima de Lecter, e em seguida busca justificar-se atribuindo a mesma reação a Clarice.

O filme não fecha totalmente essa porta a quem deseja entrar por ela. Uma certa publicidade, letal para as mentes fracas, faz parte da regra constitutiva das narrativas iniciáticas: não há uma só delas que não possua, em seu fundo, um potencial de interpretação invertida, falsa e obscurecedora, à disposição de quem deseje enganar-se. O crítico canadense Northrop Frye, que é no mundo quem estudou mais profundamente esse gênero narrativo, afirma categoricamente: "Toda imagem apocalíptica tem uma paródia ou contrário demoníaco, e vice-versa".⁴ A crítica nacional, em peso, decidiu compreender desta obra tão-somente a sua paródia. Certamente não devo ser acusado de inimizade quando advirto a esses críticos que há, no fundo de sua opção ~ além de desconhecimento das leis da narrativa, coisa imperdoável num crítico ~, também uma decisão moral e psicológica das mais graves, e tanto mais grave quanto tomada com plena inconsciência de suas implicações profundas: *de te fabula narratur.*

---

4   Northrop Frye, *The Great Code. The Bible and Literature* (New York, Harcourt Brace, 1981, Chap. 7).

16. UMA DICA DE ARISTÓTELES

Ainda uma palavra, sobre o gênero. O gênero é definido pela estrutura. Neste sentido, *O silêncio dos inocentes* não tem em comum com os outros filmes e romances policiais senão o assunto. A estrutura é diversa. Também não têm cabimento as comparações com o *thriller* hitchcockiano, que afluíram à boca dos críticos ao primeiro exame. As histórias de Hitchcock obedecem sempre ao mesmo esquema, de um herói banal que se vê, por acaso, envolvido em circunstâncias complexas e adversas. A guerra de Clarice e Crawford contra Lecter e Gumb é, pelo menos, um enfrentamento entre exércitos de igual potência, com pequena mas significativa vantagem para o lado bom.

Aristóteles talvez nos ajude neste ponto. Ele concebeu uma classificação das narrativas, que nunca foi aproveitada até que Northrop Frye decidiu aplicá-la ao conjunto da literatura ocidental, com resultados impressionantes. Ele as distinguia em cinco *modalidades*, conforme o grau de poderio dos personagens:

1. Modalidade *mítica*: o herói é um deus, semideus ou aspecto de Deus.
2. Modalidade *lendária*: o herói é um simples ser humano, mas assistido de perto por potências transcendentes.
3. Modalidade *imitativa elevada*: o herói é um ser humano de excepcional envergadura, de modo que, sem o concurso explícito de forças extraterrenas (que podem estar, no entanto, subentendidas), consegue realizar ações extraordinárias.
4. Modalidade *imitativa baixa*: o herói é um ser humano comum, sem poderes superiores aos do leitor nem qualquer assistência divina.
5. Modalidade *irônica*: o herói tem *menos* poder do que o leitor; é um incapaz ou uma vítima das circunstâncias.

Da comparação entre o *thriller* hitchcockiano e *O silêncio dos inocentes* a diferença salta aos olhos: este pertence decididamente à modalidade *imitativa elevada*, aquele à *imitativa baixa*. Clarice é, como ressaltou Jodie Foster, uma verdadeira heroína.

Mas isto não resolve totalmente o problema do gênero. No início do artigo falei da tragédia grega, mas é claro que *O silêncio dos inocentes* não é uma tragédia; e, se obtém o mesmo efeito de "terror e piedade", é por meios totalmente diversos dos empregados pelo teatro grego, e não sem um toque final de alívio, de efeito verdadeiramente cômico, quando vemos Lecter de peruca ruiva espreitando para jantar Chilton.

17. UM POUCO DE TUDO

Tragédia, comédia, policial, *thriller*: o filme parece misturar um pouco de tudo. Se, porém, atentarmos para a sua estrutura, veremos que ela é similar à do *Auto da Alma*, de Gil Vicente: o Diabo e o Cristo lutam pela posse de uma alma humana (Catherine, que por sinal quer dizer "pureza"). O mesmo esquema básico está presente em muitas outras peças medievais e, se Goethe e Thomas Mann decidiram imitá-lo em seus respectivos *Faustos*, é porque o *Fausto* é uma lenda medieval. A brutalidade, a sangueira toda, também são medievais: o homem da Idade Média estava habituado a espetáculos que hoje nos pareceriam repulsivos: deleitava-se com execuções públicas, procissões de flagelantes e leprosos, e pensava continuamente em guerras, mortes e epidemias, que faziam parte do seu cotidiano. A higiene da época burguesa baniu essas imagens, que outrora eram parte do tecido da vida, e, naturalmente, cenas habituais no teatro. Uma certa brutalidade crua do teatro de Shakespeare foi repetidamente qualificada por historiadores como um elemento medieval remanescente.

Só o fato de haver introduzido esse gênero no cinema, vestindo-o com matéria policial, já teria feito de *O silêncio dos inocentes* um momento memorável. Mas, aqui, o modelo ternário dos *Autos* medievais aparece revisto e potencializado pelo acréscimo de um toque original, que o cura do seu esquematismo congênito, da sua "ingenuidade", e lhe dá uma força dramática fora do comum: é que cada um dos três arquétipos – Cristo, Diabo e Homem – não aparece simplesmente representado por um personagem, mas duplicado, desdobrado cada um em dois aspectos opostos e complementares, formando o seu encontro um cruzamento altamente explosivo de três eixos de contradições. Mais do que qualquer explicação, um diagrama pode dar conta da estrutura complexa e firmemente amarrada desta história.

Este diagrama deve ser imaginado como um disco horizontal, atravessado por um eixo vertical I e cortado horizontalmente por outros dois eixos, II e III:

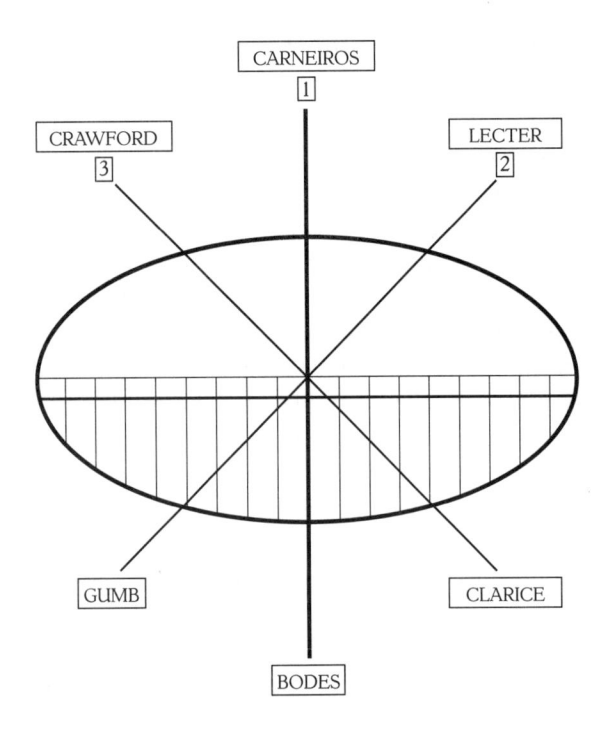

```
                CARNEIROS
                    1
  CRAWFORD                      LECTER
     3                             2


         (diagrama: elipse com eixos)


    GUMB                        CLARICE

                  BODES
```

O Eixo I é o da culpa e da inocência: em cima, as vítimas de Gumb; em baixo, as de Lecter.

O Eixo II representa o Mal, o III o Bem. Porém o disco horizontal tem também uma parte branca, que representa o Espírito, ou as forças universais, e uma parte escura, que representa o mundo da corporalidade onde se desenrolam as ações particulares. Há, portanto, um mal espiritual (Lecter) e um mal corporal (Gumb), que disputa com um bem espiritual (Crawford, ou do conhecimento) e com um bem corporal (Clarice, ou a ação moral) a posse da alma, dividida por sua vez entre a culpa (bodes) e a inocência (carneiros). O ponto central ou neutro, não é preciso dizer, é Catherine, que tem em si a potência da culpa e da inocência.

Creio que não é preciso explicar mais detalhadamente esse diagrama, que fala por si. Mas pode-se tirar dele algumas consequências, relevantes para a apreciação da obra.

1º: Enquanto no *thriller* habitual o conflito do bem e do mal é banalizado numa simples luta de polícias e bandidos, aqui, ao contrário, uma história policial é ampliada e potencializada num espelhismo dialético que, condensando dramaticamente todas as ambiguidades e contradições com que o mal se apresenta como bem e eventualmente se transforma nele, acaba por elevar o conjunto às dimensões de uma guerra entre potências cósmicas pela decisão do destino humano.

2º: A estrutura setenária do conjunto é repetida em plano pequeno nos detalhes da narrativa pelo menos três vezes: são sete as vítimas de Gumb, sete policiais rodeiam Clarice enquanto ela sobe pelo elevador para a entrevista com Crawford (vestidos de vermelho), outros sete (vestidos de preto) na delegacia de Elk River.

3º: O esquema setenário, ou cruz de seis pontas, que se usa normalmente em astronomia para a descrição da esfera celeste, é considerado em simbólica uma espécie de "símbolo dos símbolos", um instrumento hermenêutico com que se pode encontrar a chave estruturante de obras de arte, de instituições, de sistemas filosóficos, etc. A mistificação popular do número 7 é uma paródia desse símbolo. Também é evidente que o aproveitamento artístico dessa estrutura coloca problemas de grande dificuldade, que só um artista de primeira ordem consegue vencer.

4º: O mesmo diagrama pode ser descrito de várias maneiras, inclusive invertendo-se as posições e colocando em movimento os jogos e dinamismos entre os vários polos. Somente isto permitiria obter uma compreensão detalhada da estrutura narrativa, mas, evidentemente, seria um estudo demasiado extenso para se realizar aqui.

5º: Os símbolos variados de que a narrativa lança mão só obtêm sua plena eficácia porque a estrutura, no seu conjunto, é simbólica. A estrutura setenária das direções do espaço a partir de um ponto central foi, desde a antiguidade, considerada um modelo suficientemente amplo e coeso para com ele se descrever o conjunto da estrutura do homem, como se vê pela correspondência entre os sete planetas da astrologia antiga, as faculdades cognitivas humanas[5] e as sete Artes Liberais que resumiam o essencial da educação medieval.[6] A relação entre os símbolos particulares e a estrutura total é a pedra-de-toque para sabermos se estamos diante de uma autêntica narrativa iniciática ou de uma imitação grosseira com pretensões "esotéricas" descabidas.

---

5 V. Olavo de Carvalho, *Astros e Símbolos*, São Paulo, Nova Stella, 1985.
6 V. Dante, *Il Convito*, trat. II, Cap. XIII; Titus Burckhardt, *Principes et Methodes de l'Art Sacré* (Paris, Dervy-Livres, 1982). V. tb., a propósito dos gêneros: *Os gêneros literários: seus fundamentos metafísicos*, nesta mesma edição. Sobre os princípios do simbolismo, v. René Alleau, *La Science des Symboles. Contribuition à l'Étude des Principes et des Méthodes de la Symbolique Générale* (Paris, Payot, 1977).

18. A ADAPTAÇÃO DO ROMANCE

A interpretação aqui apresentada, disse eu uns parágrafos atrás, se mantém de pé independentemente de algumas das razões secundárias que aleguei para sustentá-la. Isto porém não me impede de acrescentar ainda outras, menos a título de prova que de ilustração.

É muito instrutiva, por exemplo, a comparação entre o roteiro do filme e o romance original de Thomas Harris.[7] A adaptação cinematográfica da obra literária é sempre ocasião de cortes e acréscimos que, quando se demonstram obedientes a algum padrão ou critério fixo, muito revelam sobre os princípios estéticos do cineasta, que podem ser muito diferentes daqueles do escritor. É este precisamente o caso. O diretor Jonathan Demme e o roteirista Ted Tally mudaram tanta coisa na história original, que fizeram de seu filme uma obra independente, inspirada em motivos diversos e até mesmo opostos aos de Harris. Porém, mais que isto, as modificações que introduziram seguem uma uniformidade de sentido, que nos permite facilmente discernir o espírito que as guiou. Não creio errar quando digo que tiveram por resultado principal (portanto como principal sentido) transpor a narrativa, da modalidade *imitativa baixa*, para a modalidade *imitativa elevada*.

As diferenças mais fundas estão mostradas no Quadro que vem como Apêndice III deste trabalho, de modo que não é preciso expô-las aqui. Apenas, o leitor, examinando o Quadro, verificará se não tenho razão ao tirar delas a conclusão acima. Posso acrescentar somente umas palavras de explicação.

Significativamente, o roteirista amputou da história todas as referências a motivações íntimas e a circunstâncias pessoais imediatas, que pudessem tornar mais facilmente explicáveis, em termos de psicologia (ou de psicopatologia) os atos dos personagens centrais, Clarice, Crawford, Lecter e Gumb. Apagou,

---

[7] Thomas Harris, *O silêncio dos inocentes* (trad. Antonio Gonçalves Penna, 2ª ed., Rio de Janeiro, Record, 1991).

portanto, da narrativa, seu elemento de *realismo psicológico*, que é uma das marcas registradas do imitativo baixo. Amputadas de motivações psicológicas doentes ou sãs, as ações perdem talvez em verossimilhança (segundo os cânones de probabilidade média que balizam a estética do imitativo baixo), mas ganham em alcance simbólico. Os personagens, não agindo segundo causas psicológicas redutíveis à escala da humanidade média – do homem médio são ou do psicopata médio –, tornam-se, literalmente, seres fora do comum: gigantes em luta. Do médio ou do típico, passamos ao arquétipo.

A diferença da modalidade impõe, ao crítico, uma diferença de enfoque. O imitativo baixo lida, essencialmente, com aquilo que, no ser humano, pode ser reduzido a causas gerais, estatísticas ou típicas (por exemplo, à hereditariedade, nos *Rougon-Maquart* de Zola; à luta de classes, n'*A Mãe* de Gorki, à decadência da propriedade familiar nos *Buddenbrook* de Thomas Mann, à vulgaridade do sentimentalismo pequeno-burguês em *Madame Bovary*, etc.). Com o imitativo elevado (e dele para cima, na escala de Aristóteles-Frye), escapamos dessa faixa: defrontamo-nos com aquilo que é ideal, incomum, excepcional; com aquilo que nos impressiona pela grandeza e não pela verossimilhança; com aquilo, em suma, que não pode ser reduzido a uma regra geral, a uma média ou a uma tipicidade. Pode-se, por exemplo, explicar psicológica ou sociologicamente o comportamento de Madame Bovary, sem nenhum prejuízo para a apreensão estética da obra; deve-se aliás fazê-lo, porque esta apreensão estética só se torna completa, justamente, após a compreensão psicológica e sociológica das causas em jogo, que o comportamento da personagem ilustra como exemplo de uma regra geral. Mas o mesmo procedimento interpretativo falha quando aplicado a Hamlet, a Fausto ou ao Príncipe Michkin; em face destes, quanto mais procuramos reduzi-los a expressões de leis gerais, mais nos escapa o que há neles de essencial e de significativo. Esta é a razão pela qual a abordagem psicológica é irrelevante ou falha no caso de *O silêncio dos inocentes*: perde-se em especulações marginais, deixa escapar o essencial. Madame Bovary é um tipo; e um tipo

A dialética simbólica

explica-se pela regra geral que ele tipifica. Hamlet, Michkin (ou Lecter) são símbolos; e símbolos, como bem resumiu Susanne K. Langer,[8] são *matrizes de intelecções*: destinam-se a abrir à inteligência novas possibilidades de compreensão e explicação, e não a serem por seu lado capturados na grade de alguma explicação preexistente. Explicar Lecter pela patologia ou Clarice pelo tesão escondido é reduzir o símbolo a tipo, é aplicar artificialmente à narrativa imitativa elevada um padrão de verossimilhança explicativa que só cabe no caso do imitativo baixo.

No Quadro, o leitor encontrará muitos outros indícios no mesmo sentido do que expus (por exemplo, do livro para o filme o centro de interesse passou da investigação do esconderijo de Gumb para a decifração do seu intuito secreto; isto é, da ação física para a tensão intelectual; etc. etc.). Não vejo necessidade de levar adiante por mim mesmo esta comparação, que ele poderá realizar sozinho e com grande proveito.

---

8   V. Susanne K. Langer, *Philosophy in a New Key: a Study in the Symbolism of Reason, Rite, and Art* (New York, Mentor Book, 1952 – esp. Chap. 3).

19. *IMAGO MUNDI*

Em suma: *O silêncio dos inocentes* é uma narrativa da modalidade imitativa elevada, estruturada segundo um modelo que sugere o dos *Autos* medievais (Cristo, Diabo e Alma), e que aqui se apresenta potencializado pelo recurso dialético do desdobramento dos personagens, formando uma estrutura setenária similar à das direções do espaço; é uma narrativa iniciática, realizada com plenitude de meios e extrema felicidade no emprego de símbolos tradicionais da religião e das mitologias. É uma autêntica *imago hominis*, ou *imago mundi*. É grande arte. Sua visão nos inspira o terror e a piedade, nos predispõe a uma consciência aprofundada das forças que presidem ao destino e, neste sentido, nos torna mais humanos. Sua hermenêutica, aqui apenas esboçada a título provisório, é um exercício de autoconsciência que exige de nós (além dos conhecimentos científicos necessários) uma firmeza de propósitos e uma disposição de encontrar a verdade, enfim uma atitude interior cujo símbolo a obra mesma nos fornece, na pessoa de Clarice Starling. Este exercício é também a ocasião de recordar uma coisa que anda fora de moda: o sentido moral e pedagógico de toda grande arte.

Que esse sentido possa ser perdido na banalização e no pedantismo que hoje são a tônica da vida intelectual no Brasil, é um dano lamentável, que aqui procurei compensar com os recursos de que dispunha.

APÊNDICE 1:
A APOLOGIA DO ESTADO

Uma tradição venerável da crítica brasileira ordena olhar todas as coisas por seu lado político e ideológico. Não pretendo esquivar-me a esse mandamento (cuja obediência, aliás, me foi cobrada por mais de um ouvinte das palestras), embora, com toda a evidência, a abordagem ideológica não seja a mais frutífera para a compreensão deste filme (se o fosse eu teria feito uma análise ideológica, e não simbólica, pois, segundo o velho adágio escolástico, é a natureza do objeto que deve determinar o método de estudá-lo).

Sociologicamente, a coisa mais óbvia na história é que nela só existem dois grupos sociais: criminosos de um lado, funcionários públicos de outro. Não há operários, patrões ou classe média. A luta de classes está ausente, seja da trama, seja da estrutura da consciência (ou do inconsciente) dos personagens. A história poderia passar-se indiferentemente num país capitalista ou socialista, pois uma só condição é requerida e ela se cumpre em ambos os casos: a existência de uma ordem estatal e de um banditismo capaz de ameaçá-la. O conflito resume-se na guerra entre o Estado e os bandidos, apresentada, mais genericamente, como confronto da razão com a violência, do humano com o anti-humano, da ordem com o caos: é a *polis* lutando contra a invasão das forças tenebrosas.

O Estado é aqui apresentado como símbolo e epítome da razão, a ordem estatal como protótipo de um mundo humanizado: o abrigo do homem. O banditismo, por seu lado, tem uma dupla raiz: sobrenatural (ou, mais precisamente, preternatural, para usar o termo técnico com que os teólogos distinguem o diabólico) e histórica. O preternatural surge nas alusões à magia; o histórico, na menção ~ fugaz mas significativa ~ ao nazismo. O filme é teologicamente exato ao apresentar o Demônio como inimigo, não propriamente de Deus, mas do homem (e, por extensão, da *polis*, se considerarmos, com Hegel, que o Estado é a mais característica criação da mais caracteristicamente humana faculdade). E que nazismo e diabolismo sejam no fundo uma só coisa, é algo que se pode suspeitar seriamente, sobretudo depois da leitura de dois clássicos na matéria: *The Revolution of Nihilism: Warning to the West,* de Hermann Rauschning[9] e *The Last Days of Hitler*, de Hugh R. Trevor-Roper.[10]

Quanto à identificação do Estado com a ordem humana (e, por extensão, com o Bem), já estão longe os tempos em que o mal entendido ideológico levava a rotular Hegel como apologista do totalitarismo: Hegel é antes o inventor da moderna noção do Estado de Direito. Leiam Éric Weil, *Hegel et l'État*.[11]

O silêncio dos inocentes é, ideologicamente, uma apologia do Estado de Direito hegeliano contra o "super-homem" do subsolo, que se levanta, sedento de sangue, para implantar o reinado do terror atávico e fundar uma religião de ritos mágicos, onde o sacrifício humano tenta aplacar em vão a fome de insaciáveis divindades tenebrosas. É, de certo modo, Hegel contra Nietzsche. Se querem saber minha posição, estou com o primeiro e não abro.

---

9   New York, Alliance Book, 1939.
10 London, Macmillan, 1947.
11 Paris, Vrin, 1985.

APÊNDICE 2:
RESUMO DO ENREDO

1. Clarice Starling, policial estagiária, exercita-se num bosque atrás da sede de FBI em Quantico. Chamada para uma entrevista com o chefe do Departamento de Ciências do Comportamento, ela cruza a entrada do bosque, onde três cartazes de madeira cravados nas árvores exortam o aspirante a suportar a dor, a agonia e o sofrimento. Um quarto cartaz ordena: ame.

2. Vestida com uma blusa azul-celeste, ela sobe pelo elevador, rodeada de sete aspirantes homens, de blusas vermelhas.

No escritório do chefe, ela vê pelas paredes os recortes de jornal em que o assassino conhecido como "Buffalo Bill" é apontado como autor de crimes hediondos: pela quinta vez, ele acaba de matar uma jovem e esfolar o cadáver, abandonando-o num rio.

O chefe, Jack Crawford, que fora professor de Clarice na universidade, propõe a ela um serviço que pode ajudá-la a obter uma promoção para agente especial: fazer um perfil psicológico de um outro assassino, Hannibal Lecter, que está preso no manicômio judiciário. Lecter, famoso psiquiatra, se tornara ainda mais célebre pelo caráter monstruoso de seus crimes: ele matava as pessoas a dentadas e comia partes do corpo de suas vítimas, sendo por isto apelidado "Hannibal, o Canibal" (*Hannibal the Cannibal*, o que em inglês causa assonância). Por seus conhecimentos e sua astúcia, Lecter era um tipo difícil para os psicólogos do manicômio e não colaborava com as tentativas de sondar sua mente.

Clarice topa a oferta, e Crawford lhe adverte que tome muito cuidado com Lecter, evitando especialmente contar a ele qualquer coisa de sua vida pessoal.

3. Acompanhada pelo Dr. Frederick Chilton, diretor do manicômio, um fanfarrão metido a conquistador, Clarice desce ao porão do manicômio para entrevistar-se com Lecter. Como Chilton diz que Lecter o odeia e o considera sua Nêmesis, Clarice prefere fazer a entrevista sozinha. Ela atravessa o "corredor da morte", onde loucos assassinos a espreitam de dentro das grades. Um deles,

Miggs, apelidado "Miggs Múltiplas" (subentendendo-se: "Múltiplas Ereções") lhe grita obscenidades.

No fim do corredor, ela avista o Dr. Hannibal, numa cela que, em vez de grades (por onde ele poderia enfiar as mãos), está separada do corredor por um grosso vidro blindado, com buraquinhos para a respiração.

Muito polido, mas com um sorriso maligno, Lecter procura sondar a mente de Clarice em vez de ser sondado por ela. Por um breve exame de suas roupas e pelo cheiro do perfume ele traça o seu perfil socioeconômico e daí conclui traços de sua personalidade: por trás de seu "bom-gosto adquirido" e da sua aparência de profissionalismo e maturidade, ele revela em Clarice a mocinha interiorana tímida e ambiciosa.

Clarice aceita sem objeções o perfil traçado e, reconhecendo o saber psicológico de Lecter, diz que deseja aprender com ele. Lecter diz então que Crawford, no fundo, só a enviara ali para obter informações psicológicas sobre Buffalo Bill. Apesar das amabilidades, Lecter recusa responder aos testes que Clarice lhe entrega, reage com impaciência quando ela o desafia a conhecer-se a si mesmo tão bem quanto conhecia a ela, e se despede dela num tom de arrogância desdenhosa.

Quando Clarice vai saindo pelo corredor, Miggs Múltiplas procura chamar sua atenção, dizendo que acabava de morder o próprio pulso para se suicidar. Ela chega perto para olhar e, mal acaba de reparar que Miggs está se masturbando, recebe em cheio um jato de esperma no rosto.

Lecter, do fundo do corredor, percebe o que se passa, chama Clarice de volta, pede-lhe desculpas pela grosseria de Miggs e lhe oferece algo como um prêmio de consolação pela tentativa fracassada de sondá-lo: enfatizando a frase "olhe dentro de si mesma", ele lhe fornece o nome de uma de suas ex-pacientes, Miss Mofet (dando a entender que era uma pista para pegar Buffalo Bill).

4. Ela sai da entrevista perturbada, e passam pela sua mente recordações de seu pai, um policial morto por bandidos quando ela tinha dez anos.

No dia seguinte, ela fica sabendo por Crawford que Miggs se suicidara durante a noite, induzido por Lecter.

Clarice investiga o caso Hannibal, mas como o psiquiatra destruíra seu arquivo, ela nada descobre sobre a tal Miss Mofet. Lembrando-se, entretanto, da expressão "olhe dentro de si mesma", ela tem a idéia de ir investigar um conjunto de depósitos chamado *Yourself* ("você mesma") e lá descobre um armazém alugado anos antes por uma Miss Hester Mofet, e que permanecera fechado desde então.

No depósito, ela encontra, entre velhos álbuns de fotografias e manequins vestidos com roupas femininas extravagantes, uma cabeça humana decepada, conservada num vidro de formol.

5. Ela volta ao porão para uma segunda entrevista com Lecter. Quer saber por que ele a ludibriou ao mesmo tempo que a ajudou: afinal, segundo ela descobrira, Miss Hester Mofet não existia, era apenas um anagrama de *the rest of me* ("o resto de mim"). De quem era o cadáver?

Lecter cumprimenta-a por sua argúcia, e lhe informa que a cabeça era de um seu ex-paciente, Benjamin Raspail, que fora amante de Buffalo Bill, então "um assassino principiante em mutação" (Lecter não explica o que quer dizer com isto).

Lecter, ao mesmo tempo que oferece ajuda para capturar Buffalo Bill, continua a tentar sondar a mente de Clarice. Desta vez quer saber do interesse sexual de Crawford por ela. Como sempre, ela responde com franqueza.

No fim da entrevista, Lecter diz que Buffalo Bill já está no encalço da próxima vítima.

6. Buffalo Bill seqüestra sua nova vítima. Após desacordá-la, rasga sua blusa e, extasiado, examina a pele das costas. A única testemunha do seqüestro é um gatinho.

7. Novamente Clarice interrompe um treino para atender ao chamado de Crawford. Ele a convoca para fazer a autópsia de um cadáver de moça, encontrado sem pele e boiando num rio em West Virginia.

No caminho, Clarice esboça teorias sobre a psicologia de Buffalo Bill. Crawford admite implicitamente que só a mandara entrevistar Lecter com o propósito de obter informações sobre o assassino, desculpando-se de não a haver informado sobre o intuito da missão: ele explica que, se ela estivesse consciente desse propósito, Lecter poderia ler seus pensamentos e manipulá-la.

No velório de Elk River, West Virginia, Clarice fica na sala, rodeada de sete guardas de uniforme preto, enquanto Crawford conversa com o delegado local. Num compartimento contínguo há pessoas acompanhando o velório de um morto jovem. Clarice novamente lembra-se de seu pai.

Com a ajuda de Crawford e de funcionários locais, Clarice faz a autópsia da moça encontrada. Na garganta da vítima, ela encontra um casulo de mariposa, que não teria podido ir parar lá naturalmente.

8. Num Museu de História Natural, um entomologista identifica para Clarice o casulo: pertence a um tipo de mariposa, a *Acherontia styx*, que vive na Ásia e só pode ter vindo parar em West Virginia pelas mãos de algum criador.

Enquanto isso, na casa de Buffalo Bill, ouve-se uma voz desesperada que, do fundo de um poço, clama por socorro.

9. Pela TV, Clarice fica sabendo que a moça recém-sequestrada por Buffalo Bill (a sétima vítima) ainda deve estar viva: é Catherine Martin, filha da senadora Ruth Martin, que, por uma rede nacional, emite dramáticos apelos à compaixão e generosidade de Buffalo Bill.

10. Clarice volta pela terceira vez ao porão do manicômio, onde aplica um ardil concebido por Crawford: diz a Lecter que a senadora lhe oferecia a transferência para uma prisão mais confortável se ele ajudasse a capturar Buffalo Bill. Lecter, curioso e verdadeiramente fascinado por Clarice propõe uma troca: taco a taco (*quid pro quo*, como ele diz), ele dirá tudo o que ela deseja saber sobre Buffalo Bill, se ela disser tudo o que ele deseja saber sobre ela. Contrariando as instruções de Crawford, ela aceita. Começa então a falar de sua infância, narra a morte de sua mãe e de seu pai, e sua vida infeliz de orfã em casa de parentes.

Em troca, Lecter diz que a mariposa é um símbolo de transformação. Buffalo Bill aspira à transformação e à beleza. Ele não é um assassino de nascença, mas se tornara assassino graças a "maus tratos sistemáticos" sofridos na infância. Ele odiava sua identidade e procurava mudá-la. Ele se imaginava um transexual, mas não o era. Era, no fundo, algo de inquietante e sinistro.

11. Buffalo Bill, em sua casa, está costurando alguma coisa à máquina. Do fundo do poço, os gritos soam cada vez mais angustiados. Indiferente aos gritos, Buffalo Bill joga um vidro de loção ao fundo do poço, ordenando que Catherine passe a loção nas costas. Catherine, enlouquecida de medo, obedece.

12. O Dr. Chilton, que, enciumado por ver-se excluído das investigações, gravara por um microfone escondido a última conversa de Clarice com Lecter, resolve tirar proveito da situação. Entra em contato com a senadora, denunciando o ardil em que Crawford envolvera o nome dela, e obtém dela uma oferta similar, desta vez autêntica. Prevendo o sucesso e prestígio que obterá com esta manobra, ele transmite a oferta a Lecter. Este aceita, mas exige um encontro direto com a senadora.

13. Em camisa de força e com uma máscara de hóquei à guisa de focinheira – o que lhe dá uma aparência monstruosa compatível com a sua psique –, Lecter tem um encontro com a Senadora no aeroporto de Memphis, Tennessee. Ele lhe dá informações falsas sobre a identidade e o paradeiro de Buffalo Bill e ainda faz com ela um gracejo sinistro sobre um de seus seios que, segundo ele percebe, fora extirpado logo após a amamentação de Catherine. A senadora fica profundamente abalada.

14. Lecter é transferido para uma jaula no 5º andar do Fórum do Condado de Shelby, Tennessee, enquanto aguarda remoção para a cadeia mais confortável que lhe fora prometida.

Clarice vai procurá-lo, a contragosto dos guardas, para protestar pela falsidade das informações dadas à senadora (ela percebera que o nome fornecido por Lecter era apenas um anagrama de sulfeto de ferro, a pirita ou "ouro dos tolos" — fora tudo uma piada). Ela exige a informação verdadeira. Lecter lembra o seu trato, e exige por sua vez novas informações sobre a infância de Clarice.

Angustiada pela urgência, pois sabe que em poucos minutos virão buscar Lecter, Clarice consente em responder. Ela conta então que, na fazenda onde fora morar após a morte do pai, despertara uma noite ouvindo gritos de medo. Fora então até o celeiro e verificara que os gritos vinham de cordeiros e ovelhas que estavam sendo abatidos pelo fazendeiro. Então ela abrira o portão para os cordeiros fugirem, mas, atarantados, eles não fugiram: ficaram apenas ali, gritando. Clarice pegara então um deles no colo e fugira com ele para o mato, na esperança de poder salvar pelo menos um. Mas fora inútil: a polícia acabou por pegá-la e o cordeiro, devolvido ao dono, foi abatido como os outros.

Lecter diz então que, ao tentar salvar Catherine das mãos de Buffalo Bill, Clarice está tentando repetir a utópica boa ação da infância: salvar todo o rebanho numa só ovelha. Ele adivinha que ela, ainda agora, acorda às vezes de madrugada ouvindo o grito aterrorizado das ovelhas. Clarice, como sempre, admite que ele tem razão.

Quando Clarice lhe cobra sua parte no acordo, Lecter começa a falar sobre Buffalo Bill. Ele recomenda a Clarice, citando o filósofo Marco Aurélio, que se atenha à *essência* do problema, descartando o acidental. O assassino, em Buffalo Bill, é acidental: o essencial é a *cobiça*, e "só cobiçamos o que vemos com freqüência".

Quando Clarice exige enfim o nome do assassino, é tarde demais: o Dr. Chilton já vem entrando com os guardas para retirá-la.

Puxada para fora pelos guardas, Clarice, aos gritos, cobra ainda de Lecter o nome do assassino, e ele lhe responde, com tranqüilidade enervante, que tudo já está no dossiê sobre Buffalo Bill que lhe fora entregue pela própria Clarice. Ela desvencilha-se dos guardas e volta correndo para apanhar os papéis da mão de Lecter. Este então aproveita para tocar, com o dedo indicador, a mão de Clarice.

15. Lecter é bem tratado em sua nova residência. Em sua jaula de Shelby ele tem livros, um gravador que toca as *Variações Goldberg* de Bach, e boa comida. Sobre a mesa, estão seus desenhos

(ele é artista exímio): um deles mostra Clarice, com um halo de luz em torno da cabeça e um cordeirinho no colo. Como um ícone.

Lecter pedira um segundo jantar, e os guardas vêm trazê-lo: costeletas de carneiro malpassadas. O que eles ignoram é que Lecter, sabe-se lá como, roubara uma caneta do Dr. Chilton e com a presilha fizera uma chave. Quando eles o algemam num canto da jaula para colocar a bandeja sobre a mesa, ele facilmente se liberta, algema um dos guardas nas grades de jaula e avança sobre o outro, matando-o a mordidas, sacudindo sua cabeça entre os dentes como um cão que devora um rato. Em seguida volta-se contra o outro e o mata a pauladas.

Ouvem-se tiros, soa o alarme. Um valente sargento avança pelos corredores, armado, e ao chegar à jaula vê, horrorizado, um dos guardas crucificado nas grades, com o rosto dilacerado e as tripas à mostra, enquanto o outro agoniza no chão.

Uma equipe da SWAT vasculha o prédio em busca de Lecter. Encontram no teto do elevador um corpo que julgam ser de Lecter, mas, enquanto isto, Lecter, na ambulância, retira o escalpo de um dos guardas com que cobrira o próprio rosto, e devora os paramédicos, fugindo. Fora ele quem disparara os tiros, para colocar a polícia na pista falsa, vestindo-se de guarda em seguida.

16. Clarice conversa com sua amiga Ardelia Mapp, e assegura que Lecter não virá procurá-la, pois seria "demasiado vulgar para ele". Ardelia encontra no dossiê uma anotação de Lecter sobre o mapa que mostrava os lugares onde se tinham encontrado os cadáveres das vítimas de Bill. O computador não encontra nenhum padrão de regularidade na distribuição desses locais, e Lecter escrevera: "Não parece haver uma desordem proposital na escolha dos locais?". Isto era tudo.

Trocando idéias com Ardelia, Clarice lembra-se da frase de Lecter: "Só cobiçamos o que vemos com freqüência". Ela puxa do dossiê a fotografia da primeira vítima de Bill, Frederika Bimmel. "Então ele a conhecia", exclama Ardelia.

17. Clarice dá uma busca na casa de Frederika. Um gatinho mia procurando a dona. No quarto, Clarice vê um vestido formado, nas costas, de um padrão de losangos, iguais ao formato dos

cortes feitos na pele de uma das vítimas. Frederika era costureira. De súbito, tudo se esclarece: Bill era costureiro também, conhecia Frederika de algum lugar. Ele estava fazendo um "vestido de mulher" com a pele das vítimas. Rejeitado nos centros de cirurgia para mudança de sexo por não apresentar os traços de personalidade do autêntico transexual, ele estava procurando fazer com seus próprios meios a "transformação" a que aspirava.

18. Clarice comunica o resultado das investigações a Crawford, mas este, a bordo de um avião, já estão indo para a cidade de Calumet City, Ohio, onde acredita localizar Buffalo Bill. Já tem a identidade dele: Chama-se Jame Gumb, é de fato um costureiro, e é criador de mariposas. Crawford localizara na alfândega um carregamento de ovos de mariposa *Acherontia styx*, remetido a Jame Gumb, Calumet City. Buffalo Bill só pode estar lá. Crawford agradece a Clarice por sua ajuda, e o avião começa a aterrissar.

Em Calumet City, monta-se um vasto esquema para a invasão da casa de Gumb e o resgaste de Catherine. Enquanto isso, nos arredores da casa de Frederika, Clarice continua investigando. Descobre que Frederika trabalhava para uma Sra. Lippman, e vai procurar a casa de Sra. Lippman.

Em Calumet City, a SWAT arromba a casa de Gumb, e encontra tudo vazio. Na casa da Sra. Lippman, soam os gritos de Catherine, no porão. Ela acaba de agarrar a cachorrinha de estimação de Gumb, e ameaça matá-la se Gumb não a libertar ou não lhe entregar um telefone para ela chamar a polícia. Gumb, num acesso de fúria, vai buscar seu revólver para dar cabo de Catherine. De sob uma bandeira nazista jogada entre os manequins e vestidos, ele retira um enorme *Colt* niquelado e está voltando ao poço, quando soa a campainha. É Clarice.

Gumb atende-a com tranquilidade, diz que comprara essa casa da Sra. Lippman dois anos antes, e quando, a pedido de Clarice, ele vai vasculhar uns cartões de visita para achar o endereço do filho da Sra. Lippman, Clarice vê uns carretéis de linha sobre a mesa e, esvoaçando em torno deles, uma mariposa *Acherontia styx*. Ela saca o revólver e dá voz de prisão a Gumb, mas este foge pela cozinha, apanha o *Colt* e desaparece pelo porão.

Clarice, de arma em punho, vasculha o porão sombrio, encontra numa banheira uma espécie de múmia (a Sra. Lippman), e enfim encontra Catherine, que berra por socorro enquanto a cachorrinha não pára de latir. Clarice continua procurando Gumb, e as luzes se apagam. Ela tateia no escuro enquanto Gumb a espreita por trás de binóculos militares infravermelhos. Ela treme e se encosta à parede. Gumb, na escuridão, quase toca seus cabelos. De repente ela ouve o "clic" do Colt que Gumb engatilha, e, sem ver nada, dispara nessa direção toda a carga de sua *Magnum*. Um dos tiros acerta na janela e, pela luz que entra, ela vê Gumb que agoniza no chão.

A polícia chega, e Catherine é libertada, saindo amparada pelos guardas, enrolada num cobertor, e com a cachorrinha branca de Gumb no colo. Clarice vem logo atrás.

19. No Ministério da Justiça, os novos agentes especiais do FBI, entre eles Clarice e Ardelia, recebem seus diplomas. Crawford, modesto, assiste do fundo do corredor.

Depois os colegas oferecem uma festa em homenagem a Clarice. Crawford, discreto, diz a ela que não é de festas e que tem de ir embora. Ele a cumprimenta, dizendo com emoção contida que o pai dela se orgulharia do que ela fez. Em seguida eles se despedem. Vemos suas mãos que se tocam.

Clarice é chamada ao telefone. É o Dr. Lecter. Diz que não vai procurá-la, porque "com ela o mundo é mais interessante", e pede que ela também tenha a fineza de não procurar. Ela responde: "O senhor saber que isso eu não posso prometer". Lecter se despede, dizendo que está esperando um amigo "para o jantar", e desliga. Clarice chama-o, mas o telefone está mudo.

O Dr. Lecter, disfarçado de turista, aparece em algum lugar da África ou do Haiti. De um avião desembarca, todo preocupado com a segurança, o "amigo" que ele espera "para o jantar": é o Dr. Chilton. Lecter segue-o de longe.

APÊNDICE 3:
O TOQUE DE MÃO

Uma coisa que esqueci de dizer, mas que pode ser importante, é a respeito do falado toque de mão entre Lecter e Clarice. Muitos o interpretaram como sinal de erotismo. Já demonstrei que isto ele não poderia ser; mas o que é, então?

Sugiro ao leitor que reveja o filme e repare bem na forma dos gestos. Lecter estende o dedo indicador e toca de leve a mão de Clarice. A tela parece brilhar, o breve instante reverbera para fora do tempo.

Procure agora uma cópia da *Criação do mundo* de Michelangelo (teto da Capela Sistina), e observe o detalhe em que a mão de Deus toca a de Adão, insuflando no homem recém-criado a vida do Espírito.

Não é parecido?

O dedo índice corresponde, na quirologia simbólica, a Júpiter, o astro da autoridade sacerdotal. Seu toque assinala a benção, a marca de uma eleição, a descida de uma influência espiritual iluminante. Tem o mesmo sentido do raio de Zeus, a revelação que fulmina quem foge da verdade e ilumina quem a busca.

O toque de mão por entre as grades da cela, no condado de Shelby, precede, justamente, a explosão intuitiva com que Clarice, até então perdida na trama obscura dos indícios falsos, percebe o primeiro clarão da verdade, que a põe na pista certa do criminoso (refiro-me ao momento em que ela examina o mapa, com o auxílio ~ vejam só! ~ da Srta. *Mapp*).

Deus cria o homem das trevas do nada e insufla-lhe em seguida, com um toque do dedo índice, a luz da inteligência. Isto o Demônio não pode fazer. Mas ele pode criar um simulacro, uma cópia em miniatura, montando artificialmente uma trama de obscuridades enigmáticas e deixando o homem debater-se nela, para em seguida retirá-lo de lá com um toque de mão que de repente esclarece tudo. A intuição ordenadora é, *mutatis mutandis*, uma recriação do mundo. Lecter brinca de Deus, fazendo brotar das trevas a luz na mente de Clarice. O toque do dedo índice é a bênção ritual que coroa o processo iniciático. A heroína não se dá conta do que acaba de acontecer; retirada pelos guardas, ela protesta, diz que Lecter ficou lhe devendo algo. Mas ele sorri, porque sabe que já lhe deu o toque final: logo mais as brumas começarão a se dissipar.

Ele macaqueia, é claro. Mas com que classe!

APÊNDICE 4:
A MULHER COMO
SÍMBOLO DA INTELIGÊNCIA

Caged Heat, um filme anterior de Jonathan Demme, que eu desconhecia na época em que redigi a primeira edição deste texto, dá uma plena confirmação às interpretações que nele ofereci. É um filme francamente ruim, com alguns momentos notáveis. Mas o que interessa, no caso, não é a realização, e sim a proposta temática. No todo e nos detalhes ela é a mesma da história de Clarice Starling: a luta da inteligência humana contra um princípio hostil, diabolicamente racional na consecução de fins irracionais. Aqui também a inteligência é simbolizada por uma mulher, ou melhor, por um grupo de mulheres, as detentas que procuram escapar do tratamento de reprogramação cerebral praticado na prisão por um psiquiatra maldoso – uma antecipação tímida e canhestra, mas significativa, do Dr. Lecter. Mas se a classe dos psiquiatras parece encarnar para Jonathan Demme a figura mesma da astúcia mal intencionada, os diretores de prisões personificam a estupidez vaidosa que a devoção a uma moralidade de aparências coloca, de maneira mais ou menos involuntária, a serviço do mal: a diretora do presídio de mulheres é o Dr. Chilton *avant la lettre*. Nela como nele, a fraqueza básica que abre o flanco à ação do demônio é a devassidão oculta sob um véu de honorabilidade. Apenas as proporções são invertidas: em Chilton o véu é tão transparente que torna cômicos os esforços do personagem para se fazer de respeitável; ao passo que na diretora a autocensura repressiva é um muro de chumbo, cujo peso chega a torná-la paralítica fisicamente, e por trás do qual os desejos não podem se expressar senão na linguagem velada dos sonhos. Acrescido ao fato de que a personagem é uma mulher bela e frágil, isso termina por fazer dela menos uma caricatura como Chilton do que a ampliação expressionista de uma trágica impotência de humanizar-se. Ela nos inspira raiva e pena – não desprezo.

Uma significativa analogia inversa é que, aparecendo aqui como forças em luta exatamente as mesmas classes sociais de *O silêncio dos inocentes* – delinqüentes *versus* funcionários públicos –, as funções morais estão invertidas, cabendo aos marginais a personificação da normalidade humana e aos servidores da burocracia estatal a encarnação da frieza diabólica. Isto mostra claramente que o fundo ideológico discernido em *O silêncio dos inocentes* não é um elemento essencial, e sim acidental, confirmando o que foi dito no Apêndice I, isto é, que na análise desse filme o ponto de vista ideológico não é o mais frutífero e deve estar subordinado à abordagem simbólica e moral.

Comparando os dois filmes, vemos que, se para Jonathan Demme o Estado pode representar, por um lado, a ordem e a segurança que protegem o ser humano contra os assaltos da violência demoníaca, de outro lado o cineasta está consciente de que essa ordem e segurança podem incorporar também a frieza maquinal de um engenho demoníaco votado à destruição do humano no homem. *Meno male*: quem sente a ambiguidade da noção hegeliana do Estado – matriz da liberal-democracia tanto quanto do comunismo e do fascismo – só pode respirar aliviado ao ver como a intuição certeira do artista bem intencionado é uma espécie de proteção instintiva contra a tentação de enganosos simplismos ideológicos.

O que é rigorosamente igual nos dois filmes é a apologia da inteligência humana normal e sã, que, aliada às qualidades morais básicas – lealdade, coragem, ausência de pretensões – pode vencer tanto a escorregadia dialética do Dr. Lecter quanto a parafernália policial-psiquiátrica do presídio de mulheres. Essa síntese de qualidades cognitivas e ativas recebe o nome tradicional de *frónesis*, que se traduz como "prudência" ou sabedoria prática. Em ambos os filmes, ela é representada por uma mulher (ou um grupo de mulheres) que combate e vence forças diabólicas de ordem tanto "masculina" quanto "feminina": a astúcia penetrante de Lecter está para o passionalismo macabro de Gumb exatissimamente como a frieza sádica do médico do presídio está para a inveja rancorosa da diretora.

A mulher simbolizando a sabedoria: por quê? Porque, ora bolas, ninguém precisa de uma razão especial para repetir um simbolismo universal: a *frónesis* é "grandeza da Terra" do *I Ching*, é Atena, é a "mulher forte" da Bíblia, é Beatriz e Laura, é tudo aquilo, enfim, que as intelectuaizinhas *enragées* de hoje só conseguirão ser no dia em que a diretora do presídio puder libertar-se da cadeira-de-rodas da pseudo-racionalidade arrogante, aceitar o caminho da modéstia leal e tornar-se uma Clarice Starling.

Rio de Janeiro, 23 de maio de 1995.

APÊNDICE 5: DIFERENÇAS PRINCIPAIS ENTRE O FILME E O LIVRO

O FILME de Jonathan Demme	O ROMANCE de Thomas Harris
1. QUANTO AOS CARACTERES DE CLARICE E CRAWFORD	
a) Reduz a psicologia dos dois heróis às motivações racionais mais óbvias em face das situações ligadas à trama principal;	a) Prolonga-se em detalhes sobre motivações laterais (por exemplo, a sisudez de Crawford é atribuída ao fato de sua esposa – omitida no filme – estar no leito de morte);
b) Clarice é autocontrolada e objetiva em todas as situações.	b) Clarice vive tendo acessos de raiva e uma variedade de outras emoções.
2. QUANTO AO CARÁTER DO DR. LECTER	
a) Ele fala por símbolos e anagramas, que Clerice tem de ir decifrando, como um discípulo que decifra palavras de um guru;	a) Simplesmente fala mentiras ou faz trocadilhos que, decifrados pelo FBI (e não por Clarice), revelam não ser mais que brincadeiras de mau gosto;
b) Vive totalmente isolado do mundo, como um animal no fundo de sua cela;	b) Tem amplo contato com o mundo de fora, através da correspondência com estudantes que o admiram e de artigos que envia a revistas médicas;
c) Vai revelando a solução aos poucos, de modo que só no fim Clarice descobre o intuito de Buffalo Bill;	c) Dá a solução pronta e literal ("ele está fazendo um colete de pele") antes do meio da história, que daí por diante (p. 137-319 da tradução brasileira) trata só da perseguição de um assassino cujo mistério psicológico já está decifrado.

d) Tem uma aparência física saudável e normal;	d) É um velho feio, disforme e com polidactilia (tem seis dedos na mão esquerda);
e) Só mata seus algozes;	e) Mata um homem das ruas, só para roubar seu carro;
f) Domina a humilha a senadora, provocando sua raiva impotente;	f) Limita-se a mentir para ela, e a menção ao seu seio provoca tristeza mas não raiva;

3. QUANTO AO CARÁTER DE GUMB (BUFFALO BILL)

a) Dele só se sabe o que disse Lecter.	a) Detalhes explicativos sobre sua infância (rejeição pela mãe, assassinato da avó etc.);

4. QUANTO AOS EVENTOS

a) O caso Raspail é somente um aspecto secundário da trama principal;	a) O caso Raspail, muito mais complexo, é narrado em detalhe;
b) Na confissão culminante que faz a Lecter, Clarice conta que tentou salvar as ovelhinhas;	b) Clarice conta que não tentou salvá-las, mas apenas fugiu do lugar;
c) Clarice só fica perturbada após a primeira entrevista com Lecter, depois vai-se dominando cada vez melhor;	c) Clarice fica perturbada sobretudo após a última entrevista, por causa do toque do dedo de Lecter;
d) Clarice, quando o ascensorista lhe pergunta se Lecter é um vampiro, responde que "não há nome para o que ele é";	d) Clarice, na oportunidade, não faz nenhum comentário sobre Lecter, o qual no entanto é apresentado apenas como psicopata cínico;
e) A narrativa termina logo após a libertação de Catherine e o telefonema de Lecter.	e) Tem vários capítulos suplementares após o clímax, tipo "retorno à vida normal".

II
O crime da Madre Agnes, ou: *A confusão entre espiritualidade e psiquismo*

PREFÁCIO À SEGUNDA EDIÇÃO

Pouco tenho a acrescentar ou a mudar neste meu livreto, velho de doze anos, pelo qual sinto, entre tantos que escrevi outrora, paternal estima. Entenda-se, por favor, uma estima feita menos de auto-admiração vaidosa que de compassiva benevolência por um jovem autor que já não sou eu; benevolência que ambos, eu e ele, desejaríamos ver compartilhada pelo leitor ante um trabalho que não tem outro mérito senão o da intenção que o inspirou.

Se fosse alterar alguma coisa, verteria em primeira pessoa do singular o indigesto plural majestático ou – ora, vejam – de modéstia, que na época me parecia a expressão adequada da impessoalidade austera que deve imperar nestes assuntos, mas que logo depois começou a me soar, e soa ainda hoje, como um artifício não muito elegante para dar às visões pessoais de um pobre singular humano uns ares de autoridade coletiva.

Mas não. Que fique como veio ao mundo, escoimado apenas de uns erros de grafia e de umas quantas obscuridades sintáticas, bem como acrescido de notas de rodapé que atualizam como podem a discussão. Ele é manifestação autêntica de um pensamento que, no essencial, continua a me parecer suficientemente verdadeiro, e não de todo irrelevante.

A quem tenha lido meu "Símbolos e mitos no filme *O silêncio dos inocentes*", a Madre Agnes[1] poderá fornecer alguns úteis

---

1 O título – preciso dizer? – inspira-se na semelhança flagrante entre o tema da peça de John Pielmeyer, objeto da minha análise, e o do romance de Eça de Queirós, que mais provavelmente o autor canadense não leu. Nunca entendi senão como bisbilhotice fútil a curiosidade de algumas pessoas quanto à vida sexual de padres e freiras. A suposição de tremendas orgias por trás dos muros de um convento excita-as formidavelmente, mais do que se a gandaia se realizasse num motel. Duvido que essa curiosidade malsã de adolescentes possa algum dia gerar alguma produção superior em qualquer arte. Os que se entregam a esse gênero de especulações ainda não viveram o bastante para perceber que a vida sexual da maior parte dos seres humanos é pobre e sem encantos, e que só por uma exceção francamente perversa o voto de castidade poderia torná-la mais interessante.

pontos de comparação, como um primeiro exemplo de extensão do mesmo método de análise a uma obra de índole totalmente diversa, e diverso gênero. Esse método consiste, muito simplesmente, em aplicar os critérios da hermenêutica simbólica tradicional, bem como da minha particular teoria dos gêneros[2] daí derivada, ao mesmo tempo e inseparavelmente aos símbolos individuais contidos numa obra e à sua estrutura global, e em buscar a coerência entre uma coisa e outra. A obra literária surge aí como uma mônada, um microcosmo simbólico, organizado à imagem e semelhança do universo inteiro, tal como visto por um artista segundo as convenções vigentes em sua época e os dons da sua inteligência imaginativa pessoal. Quem leia em seqüência o livro dos gêneros, o do *Inocentes* e este, há de entender melhor, espero, a unidade do pensamento que os inspira.

Talvez convenha enfatizar que essa unidade não é somente a de um método de investigação literária, mas a de uma concepção filosófica sobre a linguagem, o homem, o cosmos e o infinito, da qual o referido método não é mais que extensão e ilustração. A concepção de que falo é aqui apenas esboçada por alto, nos capítulos 10, 11 e 12, mas eles bastam para fazer deste pequeno livro, sob o rótulo de crítica teatral, também ~ e quase involuntariamente ~ um livro de metafísica.

Rio de Janeiro, outubro de 1994.

---

2   Ver "Os gêneros literários: seus fundamentos metafísicos", nesta mesma edição.

PREFÁCIO À PRIMEIRA EDIÇÃO

Escrevi este livreto para fornecer alguns pontos de referência aos meus alunos católicos que, tendo assistido à peça de John Pielmeyer, *Agnes de Deus*, se encontravam naturalmente perplexos ante a impossibilidade de situá-la na perspectiva cristã da qual, no entanto, ela se reclamava expressamente.

Desejava publicá-lo com a peça ainda em cartaz (setembro de 1982) e fazê-lo sob pseudônimo. A primeira dessas intenções explica, pela pressa, as lacunas e imperfeições do texto, bastante obscuro em certos pontos; a segunda justifica o uso do plural majestático, forma que reconheço bastante antipática e mais própria aos discursos ministeriais do que aos escritos de filosofia.

Por azar ou sorte, não foi possível realizar a primeira, fora da qual a segunda perdia todo sentido: e aqui está o livro, um ano depois, em tiragem modesta, com meu nome na capa e este prefácio na primeira pessoa.

Cabe ainda esclarecer que o intento deste trabalho não é estudar propriamente a obra de Pielmeyer, mas apenas tomá-la como ponto de partida para certas reflexões que interessam à consciência religiosa contemporânea. Sua perspectiva, pois, não é bem a do crítico teatral, mas antes a do estudioso de religiões. Isto não impedirá, no entanto, que das minhas considerações se depreenda um juízo categórico quanto ao valor da peça, pois, por alto que suba minha admiração a Benedetto Croce, não pertenço ao número dos que crêem numa completa autonomia do estético, e subscrevo antes a fórmula de Platão: a beleza é a forma da verdade.

Devo ainda informar que a atriz Walderez de Barros – a notável Dr.ª Martha do espetáculo do Teatro Paiol – leu este trabalho e teve a coragem de não somente concordar com tudo ou quase tudo, como também de se interessar por um conhecimento mais profundo das questões metafísicas nele mencionadas, e começar a estudá-las, embora este assentimento e este estudo lhe custassem o grave desafio interior de ter de continuar a representar nos meses subseqüentes, sem baixar de nível, uma personagem da qual sua compreensão poderia sofrer um giro de cento e oitenta graus. Este raro exemplo de valentia psicológica merece a minha mais sincera homenagem.

São Paulo, setembro de 1983.

1. O ENREDO

Diante de muitas obras que hoje em dia se apresentam como cristãs, há razão para fortes dúvidas quanto ao significado do que seus autores atribuem a esta palavra e mesmo quanto à intenção com que a empregam.

Ser cristão não consiste – e sobretudo não se resume – em participar de uma certa atmosfera sentimental difusa, em sentir-se imerso na "aura" de uma sensibilidade cristã, e nem mesmo em comungar de virtudes ou "valores" admitidos como cristãos, como a caridade, a castidade, etc., etc.. Mussulmanos, judeus, budistas ou ateus podem apreciar esses valores e praticar as correspondentes virtudes, que não são especificamente – muito menos exclusivamente – cristãs. Bem ao contrário, é possível ser cristão, e cristão sincero, sem possuir nenhuma virtude em grau exemplar, já que Cristo não veio buscar os santos, e sim os pecadores.

O que não se pode, o que é absolutamente impossível em todos os pontos de vista, é ser cristão sem crer na divindade de Nosso Senhor Jesus Cristo, sem crer que ele nasceu da Virgem Maria por obra do Espírito Santo, que seu suplício e morte oferecem uma oportunidade de redenção a todos os homens, que Ele ressurgiu dos mortos, subiu aos céus e voltará para o julgamento final.

Em suma, ser cristão não consiste em generalidades, mas na adesão firme a uma crença muito particular e determinada,[1] precisamente aquela que as palavras do *Credo* exprimem sem ambigüidade alguma. Fora disto, o uso do termo "cristão" é, no mínimo, inexato ou oblíquo.

O que dissemos não implica necessariamente que a religião cristã, e especificamente a sua forma católica e latina, seja a única manifestação espiritual valiosa ou o único caminho para a

---

[1] A eventual objeção de que cristãos sinceros também têm dúvidas é inteiramente despropositada. A fé não exclui momentos ou mesmo fases de dúvida: exclui apenas a negação peremptória e o espírito de contradição que leva a dúvida para além do limite de uma natural exigência de explicações.

salvação. A mera existência de outras religiões mundiais – para não falar dos testemunhos de vida espiritual autêntica no seio delas – é um fato que nenhum cristão pode ignorar. Mas duas coisas serem boas não quer dizer que sejam a mesma coisa. Que criança, com fome, se satisfaria com carinhos, com alegação de que também são bons? Do mesmo modo, seria ridículo alguém se proclamar cristão por acreditar em coisas, aliás excelentes, como as virtudes corânicas ou a sabedoria do Buda. Há mundos e mundos de riquezas espirituais diversas: elas não respondem às mesmas perguntas nem atendem aos mesmo anseios. No entanto, o público contemporâneo parece aceitar como cristã qualquer coisa que emane de "bons sentimentos", ao ponto de julgar mais cristão o ateu simpático do que o crente de maus bofes. A quem interessa confusão tão grosseira?

Essas distinções pareceriam desnecessárias, por demasiado evidentes, se não fosse a profusão de obras de literatura, teatro e cinema como as que mencionamos no início deste capítulo, e das quais a mais recente amostra é a peça *Agnes de Deus*, de John Pielmeyer, encenada em 1982 no Teatro Paiol, de São Paulo, com direção de Jorge Takla e interpretação, aliás memorável, de Cleide Yáconis, Walderez de Barros e Clarice Abujamra.

O enredo trata de um crime que pretende passar por milagre, ou de um milagre que se esconde sob a as aparências de um crime; e também de uma conversão que não passa de uma crise de nervos, ou de uma crise de nervos que acaba resultando em conversão autêntica. É um enigma, e a resposta final quanto ao que se passou é deixada por conta do espectador; o autor mesmo é ambíguo e reticente, não escondendo nem sua simpatia emocional nem sua repulsa intelectual pela versão segundo a qual tanto o milagre quanto a conversão foram autênticos, ao menos em parte. O que está em jogo é, enfim, a fé cristã contra o cinismo, a descrença e o desencanto *blasé* do racionalismo moderno; ou, caso se tenda para a solução oposta, é a honestidade, o rigor da consciência científica contra a exigência cristã de acreditarmos em coisas inverossímeis, particularmente no parto virginal de Nossa Senhora.

É forçoso resumir brevemente o enredo, para que se entenda bem o que vamos dizer depois.

Um recém-nascido é encontrado morto na lixeira de um convento. A mãe, Irmã Agnes (Clarice Abujamra), alega um surto de amnésia e não reconhece que o bebê é seu. O juiz criminal pede a uma psiquiatra, Dr.ª Martha (Walderez de Barros), um parecer quanto à sanidade mental da acusada. Se declarada saudável, Irmã Agnes será processada (e, subentende-se, condenada); doente, será internada no manicômio judiciário.

Interrogada sobre quem poderia ser o pai da criança, a superiora do convento, Madre Miriam (Cleide Yáconis), depois de muitos rodeios, declara que acredita – ou, com mais prudência, que "não exclui totalmente a hipótese de" – tratar-se de um parto virginal, miraculoso. Mulher madura, ex-mãe de família, Madre Miriam é de um sólido realismo burguês, e sabe que aquilo que acaba de dizer soa como um descomunal contra-senso. Mas, primeiro, tudo lhe indica que é impossível ter um homem entrado no convento; segundo, Irmã Agnes está, para ela, acima de qualquer suspeita, porque é de uma inocência que raia a debilidade mental e porque já deu provas de ser uma "criatura especial", dessas pelas quais "Deus parece ter especial predileção". Entre outros sinais dessa predileção, Madre Miriam destaca que Agnes, sem ter noção alguma de música, vem desde há algum tempo entoando cânticos maravilhosos, "numa voz que não é dela"; e que, bem mais significativo, suas mãos mostraram um dia os estigmas de Cristo, os quais em seguida desapareceram repentinamente sem deixar cicatrizes.[2]

Quanto ao crime, Madre Miriam diz que Agnes só pode tê-lo cometido num estado de total inconsciência, portanto, sem culpa.

---

2 O aparecimento dos estigmas de Cristo – as marcas dos cravos com que foi preso à cruz – nas palmas das mãos de um fiel é geralmente considerado, na tradição cristã, um sinal fidedigno de predileção divina, ao menos quando vem acompanhado de dons espirituais manifestos, como as virtudes morais excelentes, a palavra inspirada, a capacidade de operar curas miraculosas. Um caso mundialmente conhecido é o do Padre Pio, na Itália.

A psiquiatra recebe com ceticismo irônico essa versão dos fatos, e insiste em investigar para descobrir quem é o pai da criança. Ela não esconde também sua repugnância pela Igreja Católica, da qual – conta – se afastou desde a infância, revoltada com a morte de sua irmã, uma noviça, à qual as superioras não haviam providenciado em tempo os cuidados médicos de que necessitava. Mas admite ter simpatia por Agnes e, tendo em vista que a circunstância de o crime ter sido cometido em estado de transe psicótico poderia livrá-la da cadeia, mas não do manicômio, diz que pretende investigar uma outra hipótese que, se confirmada, provará a completa inocência da acusada: alguma outra pessoa, interessada em abafar o escândalo, teria entrado no quarto e assassinado a criança enquanto a mãe dormia.

Por meio da hipnose, a Dr.ª Martha tentará fazer com que Agnes se recorde de todos os detalhes, para obter, ao mesmo tempo, a cura psicológica, a prova da inocência, a pista do culpado. Mas, em transe hipnótico, Agnes relata que quem a fecundou foi nada menos que um anjo e que a única pessoa humana que entrou no quarto foi sua mãe. Se a primeira dessas coisas é improvável, a segunda é impossível: a mãe de Agnes está morta há muitos anos.

Após muitas discussões com a psiquiatra em torno de catolicismo *versus* bom senso científico, a madre superiora acaba aceitando que Agnes se submeta a uma nova sessão de hipnose. Agnes, em transe, revela que em criança fora seviciada pela mãe, uma alcoólatra. A malvada sofria de delírios premonitórios em que via a filha dar à luz uma criança ilegítima; e, para prevenir o risco, introduzia cigarros acessos na vagina de Agnes.

Madre Miriam acha que Agnes está sofrendo demais nas sessões de hipnose, e pede ao juiz de instrução que mande suspendê-las; mas a Dr.ª Martha recorre e obtém permissão para continuar. Antes, porém, que nova sessão se realize, a médica sofre uma mutação pessoal violenta, sob o impacto acumulado das experiências com Madre Miriam e Agnes: sua menstruação, que cessara três anos antes, volta repentinamente, durante uma noite cheia de sonhos agitados e presságios atemorizantes.

Na terceira sessão, Agnes, após relatar seu encontro direto com Deus e com Nossa Senhora, confessa, de repente, que matara a criança deliberadamente, por julgar que sua gravidez tinha sido "um erro de Deus"; aos prantos, afirma que agora odeia a Deus por isso, e que está segura de ir para o inferno. Em seguida, implora o perdão de Nossa Senhora, mas *com as mesmas palavras com que, quando criança, implorava à mãe que parasse de seviciá-la*. A cena da confissão forma o quadro de um delírio entre histérico e esquizofrênico, o que parece sugerir que a explicação de tudo se resume num banal diagnóstico psiquiátrico. Mas, quando o espectador já está quase tranquilizado por esse retorno ao bom senso materialista, algo imprevisto acontece: as mãos de Agnes começam a sangrar, nos pontos dos estigmas de Cristo.

Uma vez explicado porém o sangramento como mera somatização histérica, a Madre Superiora constata, com horror, que Agnes não era a criatura angelical que ela imaginara. Mas, concordando com o diagnóstico de insanidade homicida, ela condena a médica por ter destruído em sua alma "uma esperança que lhe era muito preciosa"; e entre muitos vaivéns, termina agradecendo à Dr.ª Martha por tê-la libertado de uma ilusão. "Precisamos de gente como a senhora", diz ela, num reconhecimento de que o "bom senso científico" pode servir de feio aos excessos da fé.

Agnes vai para o manicômio e, na cena final, a médica declara não ter realmente chegado a nenhuma conclusão sobre a verdade ou falsidade do parto virginal de Agnes, mas que isto, afinal, não importava; o que importava era que a trágica história pessoal de Agnes a havia tocado profundamente, e que por isso ela se havia reconvertido ao catolicismo. Que esta assombrosa sucessão de acontecimentos tivesse atravessado o caminho de uma agnóstica e terminado por levá-la à conversão, era o que lhe parecia já ser milagre bastante.

2. DE QUE SE TRATA

Com algumas elipses e abreviaturas, esse é o enredo. Tudo não passaria de mais uma história vulgar de crime e loucura, se não estivesse entremeado de discussões teológicas e morais que realçam o significado dos eventos; os personagens acabam por se transformar em representações alegóricas das várias opções da consciência contemporânea perante o problema religioso, e o conflito adquire afinal uma envergadura e um impacto consideráveis, pois o que ali se disputa é a alma do espectador. A discussão sobre a inocência ou a culpa, a sanidade ou a demência de Agnes transfigura-se numa dramática decisão – a cargo da consciência de cada um – quanto à possibilidade do milagre em geral, mais especificamente nas condições do mundo de hoje. Isto obriga o espectador, em última análise, a tomar posição em face do cristianismo, pois todo o dogma cristão repousa não apenas sobre um, mas sobre dois milagres: o nascimento virginal de Nosso Senhor Jesus Cristo e sua ressurreição dentre os mortos, sem contar a imaculada concepção de Maria e os milagres realizados por Jesus em sua vida terrestre.

Numa época que tende a dissolver a questão religiosa em vagas considerações sobre moralidade e direitos humanos, a peça de Pielmeyer tem o mérito de colocar o problema em termos reais: se não acreditamos em milagre, simplesmente não somos cristãos, por mais que nossos ideais ou sentimentos coincidam com certas emanações periféricas da sentimentalidade cristã; se cremos que milagres ocorreram de fato, mas num tempo pretérito e vagamente mítico, que nada tem a ver com o que consideramos a "realidade" da vida de hoje, então também não somos cristãos: desejaríamos sê-lo, mas apenas em fantasia.

Se a colocação inicial do problema coincide com os dados reais, a maneira de conduzi-lo mostra todavia que Pielmeyer não tem mais do que o espectador uma consciência clara do que está realmente em jogo; e que, por isso, sua peça somente pode contribuir para aumentar a confusão que tencionava dissipar.

Só nos decidimos a escrever sobre isto porque a questão nos parece particularmente grave, e não porque tenhamos alguma aptidão ou gosto especial pela crítica de teatro.

3. A ESTRUTURA DA PEÇA

Logo no começo da peça, Pielmeyer estrutura o conflito de um modo bastante didático, calcado no esquema trinário dos autos medievais, em que um anjo e um demônio disputam a posse de uma alma. A alma é a de Madre Miriam, o anjo é Agnes e o demônio a psiquiatra tentadora que termina, de fato, por liquidar a fé de Madre Miriam e a imagem da inocência angelical de Agnes ~ o que representa, no contexto da cena, uma vitória ao menos parcial do partido diabólico.

Tal como nos autos da Idade Média, como por exemplo o *Auto da alma*, de Gil Vicente, que, embora pertença cronologicamente a um período um tanto posterior, obedece ao esquema do teatro medieval, cada um dos personagens extremos representa uma força unívoca, coerente, em oposição radical e inconciliável com uma força adversária de potência equivalente (Agnes, a fé; Dr.ª Martha, a negação), enquanto a alma, dúbia e vacilante por natureza, oscila entre os dois pólos. De fato, Madre Miriam é boa e dedicada, mas sua fé é antes um "desejo de crer", como diria William James, do que uma certeza interior. Desejando crer na inocência de Agnes, mas ao mesmo tempo duvidando que milagres possam ocorrer "hoje em dia", ela pede a Deus que não lhe tire essa "última ilusão", da qual precisa para viver e para crer. As palavras mesmas da sua prece são autocontraditórias: pedir que Deus nos iluda já é confundir Deus e diabo. Como representante da consciência cristã, Madre Miriam é de uma inépcia característica: o conteúdo de sua crença é puro ateísmo e blasfêmia, mas ela se imagina cristã porque está imersa no sentimentalismo vulgar, que é como uma secreção do ambiente religioso.

Esse sentimentalismo ~ que tantos, hoje, católicos ou ateus, tomam pela verdadeira fé, e pela simples razão de que, como Madre Miriam, jamais conheceram coisa melhor ~ é um terreno fértil para a semente do negativismo racionalista. Que pode uma aspiração sentimental contra a força convincente da "verdade dos fatos"?³ A investida racionalista vai atacar justamente este ponto fraco, fazendo a pobre alma que se imagina religiosa debater-se entre uma lei que lhe ordena o amor à verdade e a impossibilidade de negar honestamente os fatos comprovados que desmentem os fundamentos dessa mesma lei.

Quantas consciências não se estilhaçaram nos últimos cem anos buscando uma conciliação possível entre um conceito religioso de moralidade e um conceito leigo e "científico" de honestidade intelectual? Por que o dever de "renunciar a este mundo" deveria aplicar-se unilateralmente ao domínio da moralidade, dos sentimentos e dos atos, ao passo que a inteligência humana, que é justamente a "melhor parte" (Lc 10, 42), se escraviza por completo aos supostos "fatos concretos", por temor de uma ciência que se declara francamente "deste mundo" por sua constituição metodológica mesma? Não são, por exemplo, as fantasias de um Teilhard de Chardin o resultado típico desta mistura de elementos incompatíveis?

---

3   Ao atribuir, como geralmente se faz, à palavra "fé" o sentido de "crença" – dando-lhe a conotação de uma simples inclinação emocional para sustentar algo que não se pode provar e transformando-a, portanto, numa espécie de *wishfulthinking* –, o que se esquece com demasiada freqüência é o liame de parentesco, e mais que parentesco, identidade, que liga esta palavra aos termos "fiel" e "fidelidade" através da raiz comum latina *fides*. Ora, só se pode ser fiel a algo ou a alguém, a uma lei, a um compromisso, a um senhor; se este senhor fosse radicalmente desconhecido, como saberíamos se nossos atos, ou mesmo intenções, são ou não fiéis a ele? Como obedecer a uma ordem cifrada? Como ser fiel a um juramento ambíguo? A fé, ou fidelidade, pressupõe o conhecimento daquilo a que se é fiel: um simples "desejo de acreditar", como o de Madre Miriam, é uma fidelidade no condicional e, portanto, não é fé de maneira alguma. A fé é a fidelidade, a constância, a obediência a uma vocação, a um chamado interior, mas para isso é preciso que esta vocação tenha já eclodido, que este chamado já tenha sido proferido. A fé consiste em não esquecê-lo, mesmo quando as condições passageiras do mundo fenomênico parecem desmenti-lo; e é este o sentido do *credo quia absurdum* de Santo Agostinho, sentença de que, no entanto, costumam servir-se os inimigos da religião para jogar sobre esta a fama de anti-racional. Logicamente, a fidelidade renova e revigora o conhecimento que temos deste chamado, e este conhecimento por sua vez justifica e fortalece a fidelidade: *Crede ut intelligas, intellige ut credas* – "Crê, para entenderes; entende, para que creias". A confusão entre a fé e o *whishfulthinking* é talvez um dos mais amargos frutos do sentimentalismo "cristão" de nossos dias.

Madre Miriam, na verdade, tendo apostado sua vida na religião do milagre, jamais viu milagre algum. Se visse um único, toda a sua opção estaria confirmada, sua vida justificada, suas dúvidas apaziguadas. De repente lhe aparece alguém com os estigmas de Cristo. Não era a ilusão que ela pedia? No entanto, ao desejar ver um milagre, Madre Miriam já não tinha, implicitamente, submetido sua fé ao critério "científico" do "fato concreto"? Pois bem, agora ela terá de aceitar, por bem ou pela força, um outro "fato concreto" que a psiquiatra vai-lhe atirar na cara: "os estigmas" bem podem ter uma simples causa psíquica, sem nada de milagroso. São uma somatização de conflitos histéricos.

Considerando-se a gravidez de Agnes, o assassínio do bebê e os antecedentes traumáticos relatados sob hipnose, esta explicação até que é bem razoável, e Madre Miriam vê o milagre escapar-lhe das mãos pela mesma via pelas quais entrou: pelo temor reverencial, idolátrico e ininteligente aos "fatos concretos" – compensação mecânica do desejo de iludir-se. Não é de enlouquecer um cristão? "Geração má e adúltera é aquela que pede um prodígio" (Mt 12, 39).

Mas, voltando à estrutura da peça, nos autos medievais, tal como no caso presente, o ternário dos personagens evolui para um quaternário, de vez que a alma se biparte sob o jogo das influências opostas. A situação adquire um contorno que pode ser esquematizado num diagrama em cruz:

```
              ANJO
       Tendência ascendente
              E
              I
              X
              O
SIM ———— EIXO DA ALMA ———— NÃO
              A
              S
              F
              O
              R
              Ç
              A
              S
           DEMÔNIO
      Tendência descendente
```

Para que exista um conflito, é preciso que ambas as potências tenham igual força persuasiva, que a alma fique dividida entre apelos contraditórios sustentados por evidências de peso equivalente: a evidência do "destino superior" que ela encontra no fundo de si mesma (o anjo), a evidência de sua própria tendência à dispersão e ao descaminho nos "fatos concretos" da realidade exterior (o demônio). Forma-se assim uma dinâmica que leva a alma a uma sucessão interminável de ascensões e quedas, que pode ser representado por um ritmo quaternário de rotação dos braços da cruz, no nosso diagrama:

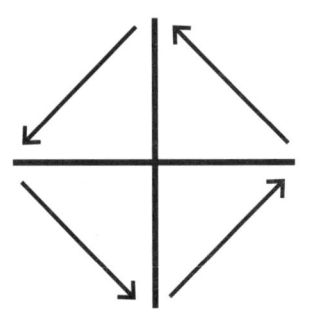

Essa estrutura em cruz não é absolutamente uma coincidência nos autos medievais, pois, tratando-se de uma forma de arte tradicional e sacra, a obediência às regras do simbolismo religioso, tanto na composição exterior dos personagens quanto na estrutura interna da obra mesma, é não só intencional como obrigatória. Também não é coincidência que o ritmo quaternário se assemelhe ao das quatro fases da Lua, pois esta, segundo um simbolismo tradicional bastante conhecido por quantos se tenham dado o trabalho de estudá-lo, representa precisamente a mente do homem, o campo das transformações cíclicas e das intermutações entre polaridades em conflito, que se espelham e se repelem sem descanso. Aliás, a nossa palavra "mente" provém (através do latim *mens*) precisamente do grego *menás*, menas, que não quer dizer outra coisa senão "Lua" – do qual provieram também muitos outros termos, como *ményma*, menuma, que tem as acepções de "significar", "representar", "simbolizar", etc., que definem justamente as funções do psiquismo.

A dialética simbólica

A mesma concepção da rotação interminável entre quatro direções é a da "roda da vida", roda da fortuna, *rota fortunæ*, tantas vezes esculpida no pórtico das catedrais góticas como símbolo do mundo psíquico (v. figura abaixo), de cujos vaivéns e oscilações o crente poderia escapar somente pelo acesso a uma dimensão espiritual, ou suprapsíquica, que o libertasse do jogo das tendências contrárias para a contemplação da imutabilidade celeste, da paz eterna. Aliás, é justamente disto que provém a representação do estado celeste como um estado de "descanso", em oposição às dores e trabalhos da condição terrestre.

O acesso ao imutável é simbolizado pelo centro da roda, pelo eixo que governa e determina os movimentos sem deles participar diretamente nem ser por eles afetado. Ora, ao cruzar o pórtico para entrar na Igreja, o fiel realizava simbolicamente esta travessia pelo meio da roda (v. figura abaixo), escapando ao movimento circular pela passagem de plano desde o mundo "exterior" e profano (a praça, a rua), para o "interior" e sacro (a nave do templo). A palavra *templo*, significativamente, provém de uma raiz hebraica que significa "corte" ou "ruptura"; raiz que se reencontra no verbo árabe *támana*, "separar", e também na nossa palavra "tamanho".[4]

---

4   Sobre o simbolismo dos templos, além, evidentemente, dos trabalhos clássicos e definitivos de René Guénon (*Le symbolisme de la croix*, 1931; *Symboles de la science sacrée*, 1962, obra póstuma), pode-se ler Jean Hani, *O simbolismo do templo cristão* (trad. portuguesa, Lisboa, Edições 70, 1981).

Quando, na simbólica cristã, Nossa Senhora é representada com os pés pousados sobre a Lua, isto indica precisamente a diferença incomensurável entre o eixo e a roda, a distinção radical de planos entre o psíquico e o espiritual, e o domínio absoluto deste sobre aquele, quer se trate do psiquismo humano, quer do psiquismo "cósmico", que hoje em dia é tantas vezes confundido com o espiritual propriamente dito.

4. A TRANSFIGURAÇÃO DO CONFLITO

Nos autos medievais, a passagem libertadora de planos é representada pela interferência de algum personagem superior, de alguém que veio do céu, o que significa uma região que está além do psiquismo. Este personagem, que geralmente é representado por Nossa Senhora, por Jesus, por um grupo de santos ou, como no *Auto da alma*, pela Igreja, vai arrebatar a alma para fora do plano psíquico, mental, em que se desenrolou o conflito até esse momento, e, alçando-a à contemplação puramente espiritual, fazê-la compreender a totalidade do esquema cosmológico que constituía a moldura e o condicionamento do seu drama individual. A alma compreende então a extensão da sua miséria existencial e, simultaneamente, sua grandeza essencial, obtendo assim o conhecimento integral da verdade que a liberta.

No simbolismo das direções do espaço, a "roda" é representada na horizontal, numa referência imediata ao horizonte, isto é, à circunferência do mundo sensível que se estende à nossa volta; e o eixo fica na vertical, pois se trata, então, do "eixo dos mundos", que entreliga os vários planos da existência, do inferno até o céu, passando pelo plano intermédio onde estamos. Tal é a figura da cruz tridimensional:

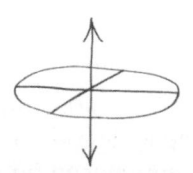

O *Chrisma* cristão tem uma relação evidente com essa figura, pois o Sagrado Coração de Jesus, sendo o centro irradiante de toda a realidade, não poderia deixar de ser representado no centro das direções do espaço, como aliás se vê na famosa inscrição no mosteiro de Saint-Denis d'Orques, recolhida pelo historiador Louis Charbonneau-Lassay, e que nos dá hoje um vislumbre da época em que os cristãos, ainda não contaminados pelo demônio da "desmitologização", sabiam ver nos símbolos algo mais do que simples alegoria:

O fato de que o anjo e o demônio não pertençam ao mesmo plano, sendo, ao contrário, personificações de tendências opostas, uma ascendente e outra descendente, é representado, no simbolismo astronômico e astrológico, pela inclinação da elíptica (órbita aparente do Sol, que simboliza o mundo das mutações, dos ciclos), em relação ao eixo dos pólos, formando uma figura assim:

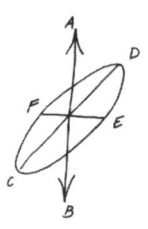

Esta figura é, aliás, mais propícia do que a anterior para representar o conflito em questão, pois inclui, além do "alto" e "baixo" estáticos, a idéia de uma "subida relativa" (no sentido C-E-D), seguida de uma "queda relativa" (no sentido D-F-C), o que expressa bem os movimentos da alma entre a exaltação mística e o desespero. Uma feliz exemplificação do caráter objetivo dos símbolos tradicionais, que os distingue de todo alegorismo, é o fato de que a inclinação da eclíptica em relação ao equador celeste é igual à da inclinação do coração em relação à vertical do corpo humano.

Como dissemos, a "salvação pelo alto" é representada por algum personagem celeste, e, no caso do *Auto da alma*, pela Igreja. Ora, é interessante observar que a palavra "igreja" provém (através do latim *ecclesia*) do grego *ekklesía*, que significa "assembléia", mas tem a mesma raiz do verbo *ekkleio*, ekkleio, que quer dizer "interditar", "separar", "excluir", e também de *ekkláo*, ekklao, que significa "separar quebrando". Tais palavras têm o mesmo sentido de separação e ruptura – entre dois mundos, o profano e o sagrado, o horizontal e o vertical – que tínhamos observado na etimologia da palavra "templo"; de modo que, através de duas evoluções semânticas, uma do hebraico, outra do grego, chegamos ao mesmo simbolismo, que é o do ângulo que separa a horizontal da vertical, o da passagem libertadora de um nível a outro, passagem em vista da qual, e para cuja realização, foram construídos todos os templos da Terra.

Não deixa de vir ao caso a etimologia comum das palavras "anjo" (*ángelos*, aggelos) e "ângulo", marcando com um simbolismo de singular eloqüência a descontinuidade entre o psíquico e o espiritual e a necessidade de uma influência superior – o comando de Deus ao anjo, a mensagem da qual o anjo é o mensageiro – para que a alma possa efetuar a passagem, o salto de níveis.

Como se vê pela comparação entre a arquitetura dos templos e a estrutura dos autos medievais, esses últimos eram, tanto quanto a construção de igrejas, uma forma de arte perfeitamente sacra e ritual, fundada num simbolismo que excluía toda divagação da sentimentalidade subjetiva e exigia, ao contrário, uma perfeita fidelidade à doutrina. Se tais espetáculos exerciam algum efeito sobre a platéia, esse efeito não deve ser confundido com os de uma "catequese" meramente propagandística, pois emanava, ao contrário, de uma legítima influência espiritual que só podia ser veiculada por um simbolismo "tecnicamente" rigoroso.[5] É isto o que dá a todas as formas de arte tradicional um valor espiritual objetivo, que a modernidade perdeu em favor da expressão de emoções subjetivas. Era o que se resumia na divisa das corporações de ofícios: *Ars sine scientia nihil*, "arte sem ciência não é nada".

Desta profunda veracidade é que emana, através da simplicidade aparente das formas, a miraculosa "luz de alhures", *allótrium fós*, o halo transfigurador em torno de certas obras da arte tradicional, como os ícones da Igreja Russa. A que distância não

---

5 Sobre os princípios da arte sacra e tradicional, ver Titus Burckhardt, *Principes et méthodes de l'art sacrée* (Paris, Dervy, 1976), e Frithjof Schuon, *Castes et races suivi de principes et critères de l'art universel* (Milano, Archè, 1979).

estamos do moderno sentimentalismo, para não dizer dos espetáculos meramente publicitários, que cortejam as emoções mais banais do espectador para obter uma adesão superficial e momentânea, ainda que ao preço de cometer os maiores disparates, que certamente não contribuem nem para a maior inteligência da doutrina nem para o aprofundamento da fé...

5. MÍSTICA E DEMÊNCIA

Se a peça de Pielmeyer coincide com os autos medievais tanto em seus objetivos declarados – suscitar, se não conversões, ao menos um despertar inicial da consciência religiosa – quanto no ternário das personagens, diverge deles na solução que dá ao conflito. Como em todo drama é o desenlace que dá o sentido último dos acontecimentos, um desenlace diferente pode levar à produção de efeitos diferentes na consciência do espectador. Se durante um milênio o teatro medieval, com sua simplicidade aparentemente ingênua, mas fundada num simbolismo de grande alcance metafísico, logrou obter conversões por toda a Europa e reacender sempre o fervor dos crentes, vejamos o que consegue Pielmeyer com os recursos supostamente mais sofisticados de que dispõe.

Em primeiro lugar, está ausente a passagem do nível psíquico para o espiritual. O drama desencadeia-se no plano do psiquismo individual e aí permanece até o fim. Todas as interferências de uma instância superior, que poderiam libertar do jogo psíquico das contradições e ao menos sugerir uma intelecção direta da verdade, são, ao contrário, vistas na escala do psiquismo individual de Agnes, e portanto relativizadas. Enquanto simples fenômenos psíquicos, sem alcance espiritual ou metafísico explícito, é impossível distinguir nelas uma "visão" de uma "alucinação", e de fato não sabemos se Agnes *viu* Nossa Senhora, como a viram as crianças perfeitamente sadias de Fátima e de Medjugorje, ou se entrou em surto psicótico, imaginando vê-la. Aliás, a confusão entre estas duas coisas só é possível no mundo moderno, pois um milênio atrás um *show* como o de Agnes seria, desde logo, e sem a menor hesitação, catalogado como possessão demoníaca ou no mínimo como esquisitice suspeita. As visões eram, então, muito mais freqüentes, e por isso era natural que as pessoas em geral – e não necessariamente só as versadas em teologia – soubessem distinguir as falsas das verdadeiras.

Durante dois milênios, a Igreja Católica ensinou a seus sacerdotes, e estes aos fiéis, a ciência do *discernimento dos espíritos*, isto é, o reconhecimento das fontes – divina, angélica, demoníaca, psíquica – das inspirações recebidas, e até uns trinta anos atrás isto ainda era matéria curricular em todos os seminários, como um tópico de Teologia Mística. Não sei se a matéria foi retirada do currículo ou se já não tem professores habilitados, mas quando a fina flor da intelectualidade católica começa a confundir aparições divinas, possessões demoníacas e surtos esquizofrênicos, daí que certamente o discernimento está em baixa.

Ora, esse fenômeno é verdadeiramente apalermante, aos olhos de quem crê nos progressos da consciência humana ao longo da História. Na Idade Média ou mesmo trezentos ou duzentos anos atrás, um caso como o de Agnes não suscitaria dúvidas, e muito menos poderia desencadear dramas de consciência em torno da autenticidade ou falsidade deste ou daquele milagre, quanto mais dos milagres em geral, para não dizer da religião como um todo. Na ótica do catolicismo tradicional, o enredo da peça de Pielmeyer pareceria uma tempestade em copo d'água.

Mais precisamente, um pretenso santo que alegasse visões beatíficas e que de repente, num surto de inconsciência, estrangulasse o próprio filho, seria tido como vítima do demônio, isto é, como alguém que fracassara num combate no qual a vitória, justamente, é que seria o único critério válido de santidade. Ninguém, desde os juízes da Inquisição até o mais humilde lavrador analfabeto – quanto mais um letrado, um escritor! – imaginaria tratar-se de um santo. De fato, os santos podem pecar, duvidar, negar, blasfemar, até matar – mas não podem ter cisões esquizofrênicas, já que a integridade da consciência pessoal é *conditio sine qua non* do arrependimento, sem o qual não há santidade nem fé nem conversão.

Tais crises, se ocorressem, os arrebatariam não somente para fora da esfera da influência espiritual superior, mas ainda, como é óbvio, do próprio âmbito da pura e simples intercomunicação humana. A vítima desses estados não só estaria fora de páreo para a santidade, como nem mesmo participaria mais da religião no sentido mais externo e social do termo, porque, em todas as religiões do mundo, os loucos não têm obrigação ritual ou moral de espécie alguma. Na Idade Média, Agnes poderia ser queimada como bruxa, atirada num cárcere como criminosa ou simplesmente largada nas ruas à mercê da caridade pública, como geralmente se fazia com os loucos; mas não suscitaria discussão teológica de espécie alguma.

O Sr. Pielmeyer pretende, no entanto, que o crime da Irmã Agnes tenha uma profunda significação para a consciência religiosa contemporânea; que ele possa abalar tanto a nossa fé (como fez com a de Madre Miriam) quanto o nosso racionalismo (ao ponto de converter a Dr.ª Martha). Não será isto um sinal alarmante sobre até que ponto a intelectualidade contemporânea perdeu todo o critério de distinção entre os fenômenos psíquicos, para não dizer dos psicopáticos, e as hierofanias autênticas ~ critério este que era tão óbvio e público um milênio atrás como hoje o é, por exemplo, eu muitas tribos indígenas? E aqueles que padecem desta perda não estariam se sujeitando a terríveis dramas de consciência por causa de uma simples confusão de planos de realidade? Além do mais, até que ponto não será a psicologia contemporânea ~ com a cumplicidade dos religiosos que julgam dever submeter a um julgamento supostamente "científico" as verdades da fé ~ diretamente responsável por esta confusão?[6]

---

6 "O homem do qual trata a psicologia não passa, ainda, de um homem exterior. O elemento psíquico não é o elemento místico. O homem interior será espiritual, e não psíquico" (Nicholas Berdiaev, *Le sens de la création: um éssai de justification de l'homme*, Paris, pág. 376). Sobre a confusão entre psiquismo e a espiritualidade ou, noutros termos, entre "imaginário" e "imaginal", ver ainda René Guénon, *Le règne de la quantité et les signes de temps* (Paris, Gallimard, 1945, cap. 34 e 35), bem como Henri Corbin, *Corps spirituel et terre céleste* (Paris, Cuchet-Chastel, 2ª ed., 1979, pág. 20-26).

6. SIMBOLISMO E VEROSSIMILHANÇA

A estrutura da peça responderá. Se, após ter montado o conflito, Pielmeyer não o soluciona por uma aparição transfiguradora que eleve o drama ao plano da universalidade, como ocorre no teatro medieval e como foi realizado entre nós nos maravilhosos "autos" de Ariano Suassuna, que desenlace dá ele então?

Aí é que acontece o mais espantoso, pois se a peça, na estruturação inicial, se modela pelo ternário medieval, na composição dos personagens individualmente considerados ela se inspira na linha do realismo psicológico ~ de Tchekhov a Albee ~, que sublinha as contradições internas da alma de cada um, fugindo a todo esquematismo em benefício da verossimilhança, mas eliminando, por isso mesmo, toda possibilidade de transfiguração simbólica e, portanto, de uma solução metafisicamente significativa.

A verdade simbólica, a única acessível à arte, tende forçosamente para a tipologia, para os modelos universais que tipificam possibilidades humanas permanentes ou forças cosmogônicas; ela é, por isso, limitada em seu potencial de verossimilhança. Mas, primeiro, a verossimilhança é apenas um efeito psicológico de tipo hipnótico, que abdica da profundidade espiritual em troca de um simples impacto emotivo; segundo, a exigência de verossimilhança psicológica de acordo com o padrão do cotidiano burguês é expressão de um contexto social transitório e historicamente determinado; ela depende do que o espectador considere verossímil, e portanto exige um "nivelamento por baixo" em razão das experiências e emoções mais vulgares de um determinado tempo histórico, a não ser que se deseje ser verossímil somente para uns poucos; terceiro: ela é intrinsecamente falsa, porque não pode abranger os aspectos superiores da realidade, os quais não teriam como ser verossímeis para quem os desconheça.

A verossimilhança, especificamente a do teatro realista, só pode, portanto, veicular uma visão provinciana e parcial das coisas. De fato, quanto mais elevada e universal uma verdade, mais ela escapa à experiência banal, e mais necessita da intermediação dos símbolos para ser transmitida. Daí que mesmo os autores expressamente fiéis aos cânones do realismo tenham de abandoná-los a toda hora, como o fazem por exemplo Balzac, Dostoiévski, Thomas Mann, Perez Galdós ou Pío Baroja, para poder dar aos personagens e situações a necessária profundidade metafísica.

Tal como ocorre com certas cenas propositadamente "irrealistas" na obra desses autores, a "descida" da influência espiritual nos autos medievais é simbólica, e somente por isso é que ela possibilita a passagem do plano psicológico para o metafísico. Pielmeyer, optando por permanecer no terreno dos "fatos concretos", limitou o alcance de sua peça à esfera psicológica. Mas se a questão que ali se discute consiste em averiguar a autenticidade de um milagre, e se esta autenticidade consiste justamente em que ele não é puramente subjetivo, correspondendo a uma realidade espiritual objetiva, como se poderia colocar seriamente esta questão sem sair do âmbito do psiquismo individual, isto é, sem romper com um "realismo" psicológico que nada enxerga além da imanência subjetiva?

Ao optar pela verossimilhança psicológica estrita, segundo os cânones de verossimilhança da plateia burguesa moderna, o autor criou artificialmente um dilema sem saída, um jogo de cartas marcadas; um jogo sem sentido que lembra, e não por coincidência, os sofrimentos artificiais impostos a si mesmo por um doente histérico; um fingimento que dói de verdade e que acaba de repente, um pesadelo tenebroso que se dissipa com tragicômica facilidade.

7. PREENCHENDO A LACUNA

No esquema em cruz com que caracterizamos a estrutura dos autos medievais, a interferência da "vertical" tinha por efeito subtrair a alma ao jogo interminável das forças contrapostas (a rotação do quaternário) e devolvê-la a um "centro" onde, após uma "descida" simbólica aos infernos (recapitulação das possibilidades inferiores, que assim eram "salvas" ou transfiguradas mediante o arrependimento e a conversão), a alma subia aos céus. Aliás, neste esquema a alma repete o trajeto de Cristo, e esta caminhada deixa de ser apenas um acontecimento histórico, datado (*sub Pontio Pilato*), para se transfigurar num paradigma supratemporal (*in illo tempore*), a ser repetido universalmente como caminho de salvação, o "caminho da cruz".

A influência celeste, portanto, unifica as várias forças contrapostas no ponto único da *coincidentia oppositorum*, que simbolicamente é representado pelo centro da cruz, pelo centro da roda, onde se reencontram todos os raios. Esta reunificação é a própria meta da religião, como aliás se vê pela conhecidíssima etimologia *re-ligare*.

Mas, partindo do ternário, passando pelo quaternário e ignorando a influência superior unificante, que saída resta ao autor da peça? A saída oposta: multiplicar. Assim, de modo coerente com sua exigência de verossimilhança, que detesta esquematismos e exige contradições internas, ele duplicará as individualidades dos personagens, fazendo surgir por trás de cada um o seu duplo, a sua "sombra" respectiva, que de início passará despercebida na disposição ternária dos papéis: Madre Miriam, uma religiosa austera, se mostrará uma cética desesperada a quem somente um milagre poderia confirmar na fé e que, na ausência de um milagre autêntico, não hesita em se apegar a um simulacro; Dr.ª Martha, a cética racionalista, surgirá como a cristã latente, que aguardava apenas um estímulo qualquer para retornar aos braços da Igreja. Agnes, por sua vez, é sucessivamente multiplicada por dois, por quatro e por seis. À sua contradição angélico-criminal vêm acrescentar-se os pares "demência e sanidade", "premeditação e inconsciência", "sinceridade e fingimento".

Como as alterações de cada personagem refletem-se na estrutura dos outros, multipliquem os aspectos de Agnes pelas contradições de Madre Miriam e Dr.ª Martha e obterão uma cifra assombrosa. Esta cifra mostra o número de ângulos que a questão vai assumindo na consciência do espectador; ela revela o "segredo" do efeito dramático que Pielmeyer vai montando, e que consiste em armar os dados iniciais aparentemente simples num quebra-cabeças crescentemente insolúvel; ele vai complicando, complicando, fechando todas as saídas, de modo a aprisionar o espectador em uma atmosfera cada vez mais opressiva e deprimente.

Como, porém, o dilema inicial é puramente artificial, este desenvolvimento, embora tecnicamente interessante, não tem nenhum significado espiritual maior, refletindo, ao contrário, apenas um progressivo obscurecimento da compreensão, o que parece de fato ser a meta do espetáculo: ele vai achatando, confundindo, comprimindo tudo para baixo, até que, no estado de confusão a que o espectador é reduzido ~ e que o autor parece oferecer como sinônimo de uma compreensão mais profunda das coisas ~, parece não haver mais diferença entre o crime e o milagre, a demência e a santidade, o inferno e o céu, a monstruosidade e a beleza.[7] Se é a *este* tipo de religião que a Dr.ª Martha se converte, só podemos concluir que ela enlouqueceu.

Para compreendermos o sentido último deste engenho infernal concebido por Pielmeyer, *soi disant* para a difusão da fé, basta lembrar as palavras de Jesus: "Quem comigo não reúne, dispersa". E se a inspiração da peça, depois disto, ainda deixar margem

---

[7] O simbolismo da montanha ilustra a contraposição entre uma tendência "ascensional" ou "unificante" e uma tendência "descendente" ou "multiplicante". De fato, o ápice da montanha é constituído de um único ponto inextenso; a base, ao contrário, é a parte onde se aglomera a maior quantidade de matéria; o cume é, portanto, "uno" e "rarefeito"; a base, "múltipla" e "compressiva". Isto ilustra a diferenciação entre essência e substância (forma e matéria, nos termos escolásticos). Ver René Guénon, *Le règne de la quantitè* (*op. cit.*, cap. I).

a dúvidas, podemos oferecer, quanto à conversão da Dr.ª Martha e aos objetivos caquéticos da peça, a definição lapidar de Simone Weil: "Estar no inferno consiste em acreditar, por engano, que se está no céu".[8]

Curiosamente, o Príncipe deste mundo, cuja participação na urdidura de acontecimentos tão escabrosos não deve ter sido das menores, não é nem uma única vez mencionado em toda a extensão dos diálogos. Por que, se a hipótese mais natural e óbvia ante o absurdo e o inumano seria justamente a de uma interferência satânica? Este personagem, justamente por ter sido omitido, exerce um efeito tão profundo no resultado último do espetáculo, que para defini-lo o melhor mesmo é recordar a tirada do saudoso Stanislaw Ponte Preta: "Sua ausência preencheu uma lacuna".

---

8 Ante uma distorção tão grande do cristianismo, como a que vemos nesta peça, e que é nitidamente influenciada pela degenerescência do *aggiornamento* pós-conciliar e pelas misturas espúrias entre a religião e a psicologia moderna, não podemos deixar de nos lembrar da constatação do Papa Paulo VI, quando dizia que somente a influência esmagadora de uma força intencional e "não humana" poderia explicar o desvio que a proposta original do Concílio Vaticano II veio a sofrer. É uma declaração papal que faz eco às palavras de René Guénon sobre a "contra-iniciação" como uma força muito específica e intencional, e não como vaga "atmosfera" sociocultural. Ou, para dizer como Norman Mailer: "Proponho que a existência do diabo seja aceita como uma hipótese científica".

8. VERDADE E "FATO"

Mas a questão não termina aí. Aliás, mal começa, porque Agnes pode servir de ponto de partida para um exame das fantasias e falsas concepções que algumas escolas da psicologia contemporânea vêm disseminando a propósito das questões espirituais e religiosas, e do cristianismo em particular. Se por um lado isto se aplica a todas as correntes mais notórias da psicologia, por outro lado esta influência penetrou tão fundo nos próprios meios religiosos que já quase ninguém dentro deles se dá conta de quanto ela é hostil a tudo o que há de mais essencial na religião. Ao contrário, todos parecem ansiosos por submeter-se às emanações daquilo que enxergam, equivocadamente, como um influxo benéfico e revivificador do pensamento moderno sobre a religião tradicional.

A peça que estamos examinando é um exemplo dessa corrupção íntima, desse acovardamento perante a ascensão do poderio supostamente científico da intelectualidade agnóstica, desse desfibramento intelectual que faz um católico elevar um critério profano de "honestidade intelectual" – compreendido como agnosticismo metódico, ou, o que dá na mesma, como metódica incompreensão – ao estatuto de um critério universalmente válido para o julgamento do sagrado. Pois é somente nesta atmosfera que poderiam germinar os desastrosos equívocos que Pielmeyer comete em *Agnes*, e que transformam esta peça num compêndio dos desvarios da consciência católica contemporânea.

A peça apresenta-se como uma discussão da religião cristã com base em um *fato*. A religião será absolvida ou condenada conforme as conclusões de uma investigação a respeito do alcance e do significado do fato. Na realidade, o que acaba sendo questionado não é apenas o cristianismo, naquilo que ele tem de específico e diverso em relação às demais religiões, mas sim a religião em geral, de vez que, por um lado, nenhuma outra religião é mencionada, e que, por outro lado, para a absoluta maioria, o cristianismo, sendo a única forma religiosa que conhecem, se identifica com a religião *tout-court*.

Mas este questionamento revela todo seu artificialismo aos olhos de qualquer espectador informado de que o conceito de "milagre", no sentido corrente do termo, é algo de especificamente cristão e ocidental, e que praticamente todas as demais religiões e tradições do mundo sempre viveram perfeitamente bem sem sentir a menor necessidade de atestar, pela investigação histórica, o caráter verídico ou inverídico de quaisquer fatos miraculosos; e, mesmo dentro do cristianismo, a "historicidade", malgrado todos os esforços da "nova teologia" para transformá-la em algo de essencial e conatural à fé mesma, jamais teve este papel antes do século XIX. E nem poderia ser de outra maneira, desde que foi somente então que se puseram em condições de uso sistemático os métodos modernos de investigação histórica e atestação documental. Desse modo, se a certeza histórica fosse tão essencial à fé, e se o miraculoso, por sua natureza mesma, não transcendesse infinitamente os conceitos de "fato positivo" e de "historicidade", todo o cristianismo anterior estaria sob suspeita.

Em todo o caso, a um taoísta ou hindu, a idéia de que o caso de Irmã Agnes pudesse servir de apoio ou desmentido a suas doutrinas pareceria, no mínimo, esdrúxula. E o conceito de religião, de divindade, de sobrenatural, nada devendo à idéia histórico-positiva de "fato", não pode ser discutido a sério com base na simples veracidade ou falsidade de um evento, milagroso ou não.

9. REVELAÇÃO E MILAGRE

Isto parece estar em contradição com o que dissemos páginas atrás: que era impossível ser cristão sem crer no milagre do nascimento virginal e da ressurreição de Nosso Senhor Jesus Cristo. Entretanto, é preciso distinguir entre o Milagre inicial que instaura uma religião e os muitos milagres que depois disto atestam a continuidade da mesma influência espiritual que o produziu.

No primeiro caso, trata-se evidentemente de algo que transcende, em escala infinita, o campo dos fatos empíricos e escapa à investigação histórica, pois nenhuma atestação documental humana poderia provar a origem divina desta Revelação inicial. É ela, ao contrário, que estabelece um campo de critérios doutrinais e simbólicos segundo os quais será julgada a ortodoxia de todos os milagres subseqüentes; e este critério de ortodoxia tem um primado sobre o critério de veracidade fática, pois a investigação histórica não será nem mesmo cogitada se o fato em questão não estiver, aos olhos da Cúria Romana, enquadrado nos moldes do simbolismo e da ortodoxia cristãs.

Por exemplo, um efeito espantoso qualquer, que possa ser obtido mediante procedimentos de magia, pelo simples fato de ter ocorrido e de ter sido atestado histórica e documentalmente, não será enquadrado na categoria de miraculoso, porque não é ortodoxo, não é doutrinariamente válido e não coincide com o simbolismo da Revelação inicial.

A investigação histórica dos fatos pretendentes a miraculosos supõe, assim, um critério de "miraculosidade" prévio e independente da veracidade dos fatos posteriores que irá julgar. A atestação documental ou científica da veracidade fática só terá valor se os fatos, além de reais, coincidirem com este critério.

Isto quer dizer, por um lado, que o número de milagres "reais" que venham a ser atestados não altera em nada o valor essencial da Revelação inicial; em princípio, poderíamos até mesmo ~ para raciocinar segundo o caso mais extremo ~ duvidar de todos os milagres realizados por todos os santos, sem deixarmos por isto de ser cristãos, ao menos essencialmente, como o prova aliás o fato de que os protestantes, que ninguém nega serem cristãos, não admitem o culto dos santos nem o caráter infalível – e portanto miraculoso – do ensinamento papal. E, neste último exemplo, estão de acordo com os ortodoxos, que também não deixam por isso de ser cristãos.

Por outro lado, somente um postulado positivista – e, portanto, anti-espiritual por definição – poderia imaginar a hipótese de julgar a verdade da religião pela veracidade histórica dos "fatos". Para o homem religioso, os fatos, quaisquer que sejam, e de qualquer que seja o seu número, não são mais que exteriorizações contingentes das possibilidades contidas na Inteligência Divina; esta é que garante a veracidade dos fatos, e não tem que ser garantida por eles. Os fatos não têm valor senão como exteriorizações ou mesmo símbolos de certas realidades eternas e "não factuais".[9] Aliás, o conceito de "fato" implica um referencial dado por determinadas condições de tempo e de espaço que definem, precisamente, este nosso mundo; se fôssemos submeter a fé ao exame dos fatos, como poderíamos crer no relato do Genesis e no Juízo Final, que forçosamente se dão "antes" e "depois" do período de vigência de um mundo balizado por estas condições? E como poderíamos crer no Paraíso da bem-aventurança, nos mundos angélicos que forçosamente se sobrepõem às condições de temporalidade e espacialidade que definem este mundo?

Para o homem religioso, o fundamento da verdade não reside no domínio dos fatos, mas no caráter hierofânico da consciência. Mas a compreensão disto requer um estado em que a consciência se entenda a si mesma como luz, como reflexo da Inteligência Divina mesma.[10] Quem se deu conta disto não necessita de mais

---

9 Foi somente a perda do conceito verdadeiro de simbolismo que levou a mente moderna a ter que optar entre "história" e "mito", incapaz de compreender que os fatos históricos são essencialmente símbolos, sem que isto retire nada de sua historicidade, e que, ao contrário, é seu caráter simbólico o fundamento desta historicidade mesma. Ver Henry Corbin (*En Islam iranien*, Paris, Gallimard, 1971, t. I, prólogo).

10 Relendo esta passagem, noto que é elíptica e obscura, dando por pressupostos os fundamentos da argumentação, certamente porque o livro se dirigia a alunos, que já os teriam ouvido em aula. O leitor da presente edição encontrará uma breve exposição desses fundamentos no Apêndice deste estudo.

"provas", pois alcançou, ao menos parcial e momentaneamente, uma condição de "objetividade pura"; e, para quem não se deu conta disto, as demais provas de nada servem, pois de que adianta a consciência deste ou daquele fato em particular a uma inteligência que não tomou consciência de si mesma? Um provérbio islâmico diz que um asno carregado de livros não é a mesma coisa que um sábio; fatos milagrosos em profusão nada significam para o homem que não se tenha dado conta do milagre dos milagres, que é o nascimento, em nós, da luz da Inteligência. Aliás, todos os milagres exteriores só têm valor, quando, pelo seu simbolismo, criam um plano de reflexão em que a alma possa apreciar este nascimento eterno da Palavra Divina em nós.

Ora, nem todos os fatos tidos por miraculosos permitem esta transposição simbólica, e por isto nem todos os eventos espantosos são milagres. Por isso mesmo a gravidez de Madre Agnes, por mais espantosa que seja, não seria nunca um milagre, e muito menos uma prova da veracidade da religião católica, mesmo que tivesse ocorrido tal e como o imagina a Madre Superiora. O monstruoso, o horrendo, não podem, em caso algum, ser transpostos simbolicamente a um plano divino, a não ser como inversões propriamente "satânicas". Claro, pode ocorrer, eventualmente, que um indivíduo seja convertido à religião por efeito do confronto com a brutalidade, o horror e o absurdo, como de fato o foi a Dr.ª Martha, e toda conversão pode ser considerada miraculosa de algum ponto de vista. Mas seria uma conversão real, caso continuasse a existir confusão entre o divino e o monstruoso? Que cristianismo é este, que confunde entre Deus e o diabo?

Ainda no que diz respeito a nascimentos virginais, a lenda céltico-cristã do Santo Graal não relata o nascimento virginal do Mago Merlin como obra de Satã? Claro que, teologicamente, um ato do demônio não poderia ocorrer sem permissão divina, mas isto não lhe daria um caráter divino por si mesmo, a não ser que desejemos confundir tudo, deliberadamente.

10. NATURAL E SOBRENATURAL (1)

Em suma, se o cristianismo depende estritamente do milagre que o inaugura, este, por definição, independe de quaisquer milagres ulteriores, aos quais, pelo contrário, é ele que confere, pelo caráter paradigmático de seu simbolismo, todo critério de legitimidade. Tais milagres serão autênticos ou não na medida em que, assentada sua veracidade fática, esta reflita, com maior ou menor fidelidade, o simbolismo de nascimento, morte e ressurreição de Nosso Senhor Jesus Cristo. Um exame desta questão desde o ponto de vista metafísico mostrará, definitivamente, a que tipo de equívoco a peça induz a consciência religiosa do espectador.

O miraculoso é, por definição, uma "descida" de realidades puramente espirituais e seu ingresso num plano inferior e natural; a diferença entre estes dois planos consiste em que o natural é mais formal, e, portanto, mais limitado e limitativo do que o sobrenatural, tal como o real é, por definição, mais restrito e limitativo do que o possível; o real, por definição, é possível, mas nem todo possível é (ou já é) realizado; o real é, por assim dizer, uma cristalização nas águas da possibilidade; é possibilidade coagulada e, portanto, irrepetível.[11]

Se denominamos "natureza" (restringindo, aliás, bastante, o sentido da palavra em grego e latim) a totalidade das possibilidades que se coagulam nas formas de corpo, energia, massa e movimento, dizemos então que o sobrenatural é o campo de possibilidades que ultrapassa o conjunto destas formas; mas como, forçosamente, o que ultrapassa abrange, não há nada na natureza que não esteja "contido" no sobrenatural. Nada, portanto, pode ser natural sem ser sobrenatural, porque aquele não é senão uma forma ou aspecto deste – em linguagem escolástica, a natureza é um atributo ou acidente de uma essência sobrenatural.

---

11 Sobre a noção de "possibilidade universal", v. Guénon, *Les États multiples de l'Être* (Paris, Vega, 1980, pp. 13-18).

Daí que (mesmo sem levarmos em conta que a ciência atual não abrange a totalidade da natureza, mas apenas alguns de seus aspectos) não possa existir lei natural que fixe limites ao sobrenatural; aliás, e bem ao contrário, os limites mesmos da natureza são determinações sobrenaturais, como se vê pela evidência de que o limite externo de um ente não poderia estar contido dentro dele mesmo. Portanto, o milagre não pode ser definido como "ruptura dos limites das leis naturas", uma vez que tais limites são eles mesmos de ordem sobrenatural, e miraculosa, portanto.

Se objetarem que aquela definição é provisória e se refere apenas aos limites conhecidos pela ciência moderna, a resposta óbvia é que a ciência moderna, declaradamente, desconhece onde estejam esses limites, e que, aliás, não haveria nem mesmo condição de fixar limites ao orbe abrangido pela própria ciência, dado o volume inabarcável de pesquisas e publicações científicas, bem como as novas teorias que diariamente corrigem ou invalidam as teorias de ontem, de modo que a ciência não poderia nem mesmo dar uma simples definição nominal e convencional do milagre, dizendo que é tudo o que está para além dos seus conhecimentos. Ademais, já se relatavam milagres muito antes que existisse a ciência moderna, e, portanto, defini-los em função desta não tem cabimento.

Para completar, todos sabem que é impossível qualquer tipo de conhecimento científico sem pressupostos de ordem metafísica, isto é, sem alguma convicção acerca dos limites da natureza (e, portanto, acerca do "sobrenatural"); inversamente, o conhecimento do sobrenatural não depende de qualquer investigação "científica".

11. NATURAL E SOBRENATURAL (2)

Não somente as fronteiras do natural pertencem à ordem do sobrenatural, como também seria inconcebível uma "natureza" que, uma vez instaurada e fixada em seus limites, não fosse, periodicamente, sustentada e realimentada pela fonte sobrenatural. Qualquer realidade que, uma vez determinada, não pudesse nunca mais ampliar as possibilidades dadas de início, e tivesse que se limitar a "gastar" as já recebidas, estaria condenada ao declínio e à morte. Seria como um organismo que, não podendo alimentar-se em nenhuma fonte externa, tivesse que comer-se a si mesmo para continuar existindo. E toda existência seria uma queda contínua, sem reversão possível.

É a teoria do Deus *otiosus*, um Deus que, após ter feito o mundo, nunca mais interferisse, deixando-o rolar em direção ao nada. Esta teoria esteve em moda logo após o Renascimento, quando a recém-nascida ciência moderna imaginou ter descoberto as "leis eternas" que governam a natureza, e em função das quais ela poderia continuar existindo indefinidamente, sem nenhuma influência externa ulterior.

As observações posteriores, por um lado, descobriram que há novidades no cosmos, isto é, que acontecem coisas imprevistas e imprevisíveis, tanto em escala microscópica quanto macroscópica, como os deslocamentos de elétrons nas órbitas ou a aparição de novas estrelas. Por outro lado, não era preciso nem isto: a idéia de que algo pudesse ser ao mesmo tempo definido (isto é, finito) e eterno, era em si mesma inconcebível, pois, se o Universo tinha limites, ao menos lógicos, era preciso haver algo fora de suas fronteiras, e este algo seria precisamente, de novo, o "sobrenatural".

As duas tendências contrapostas – de um desgaste contínuo das possibilidades iniciais e de uma contínua realimentação por novas possibilidades – receberam, em nosso tempo, os nomes respectivos de entropia e nequentropia (servimo-nos destas palavras apenas porque são conhecidas e permitem abreviar a explicação e não porque as apreciemos especialmente).

A impossibilidade de conceber uma entropia irreversível e não compensada, mostra que a natureza, definida como campo de possibilidades, seria simplesmente inviável se este campo não fosse continuamente realimentado e ampliado. Não somente a "natureza" não pode definir as fronteiras do que está para além dela, como também suas próprias fronteiras se alargam continuamente para dentro deste além, e por obra dele, para compensar o escoamento das possibilidades naturais que, uma vez realizadas e já não podendo se repetir, iam alargando a faixa do impossível.

Lamentavelmente, a ciência moderna, após ter chegado a tais conclusões, indubitavelmente certas, não conseguiu alçar-se até uma concepção *meta-física* e puramente espiritual, e insiste em dar representações "naturais" e até mesmo "corporais" desta instância supra-cósmica. Os "buracos negros" são a imagem invertida e caricatural da noite escura de que falam os místicos, como ponte para o mundo espiritual. Os místicos sabiam que este portal só seria transposto espiritualmente, e a ciência moderna parece pretender transpor-se fisicamente... para lá do mundo físico.

Esta "corporalização" de concepções metafísicas é um dos traços mais "tenebrosos" da vertiginosa queda do nível intelectual do Ocidente nos últimos séculos; a ciência universitária, neste particular, não se distingue em nada dos ocultismos e pseudo-espiritualismos, que "corporalizam" as entidades do mundo espiritual, revestindo-os de "fluidos", "energias", "vibrações magnéticas", "ectoplasmas", etc.

Em suma, a existência de uma "natureza" seria impossível sem um "sobrenatural" que a estabelecesse e realimentasse, tal como o real seria impossível se não fosse continuamente possibilitado... pelo possível! Aqui seria preciso ascender à noção da Possibilidade Universal, da Omnipossibilidade ou Onipotência, que transcende infinitamente a noção das "leis cósmicas" que balizam os limites da mentalidade científica e filosófica contemporânea.

À luz desta noção, vemos que o "milagre" como "descida" do sobrenatural ao plano natural – e, portanto, como súbita ampliação das possibilidades até então definidas neste – é não somente possível, como lógica e metafisicamente necessário. Seria inconcebível que, existindo uma natureza, não existissem milagres o tempo todo para sustentá-la; e seria pelo menos improvável que pelo menos alguns destes não fossem testemunhados por alguns dos trilhões de seres humanos que povoam esta parte do universo...

Por essa razão, a aceitação do sobrenatural e da sua presença sempre foi uma certeza inquestionável para o senso comum de todas as épocas, além de uma doutrina formalmente sustentada por todas as religiões e tradições do mundo. Somente a nossa época é que definiu o milagre como algo que fere e contradiz o senso comum. É lógico que, numa época assim, seja difícil reparar na necessidade do milagre e nos milagres que ocorrem à nossa volta; e que, para compensar a enorme depressão melancólica e o desespero ocasionados por este "desencantamento" – que tantos teólogos, ou ditos tais, encaram como peculiarmente promissor –, a busca histérica do "extraordinário" acabe por levar à fome do absurdo e do teratológico, confundidos com o excelso e o miraculoso. Vejamos mais de perto este aspecto da psicologia contemporânea, de que a peça de John Pielmeyer é um exemplo tão significativo.

12. CÉU E INFERNO

Costuma-se vulgarmente definir o sobrenatural em relação ou por oposição ao natural; ora, tal definição implica a existência de um paralelismo entre estas duas ordens, de modo que cada atributo presente numa delas esteja ausente (ou inversamente presente) na outra, e vice-versa. Isto só é possível caso ambas pertençam ao mesmo plano de realidade, ou, dito em linguagem lógica, caso sejam espécies do mesmo gênero.

Na verdade, o termo "sobrenatural", como sua própria composição o indica, designa aquilo que transcende a natureza; e, por definição, como vimos, o que transcende abrange, contém, inclui, não podendo, portanto, limitar-se ao mesmo plano daquilo que abrange, nem muito menos ter espécie alguma de paralelismo biunívoco com ele.

É verdadeiramente humilhante ter que insistir em explicações tão óbvias, mas o erro em questão, justamente por ser tão elementar, é cometido com assustadora freqüência, tanto por mentes malévolas quanto por ingênuos "intelectuais" acometidos de astenia lógica. Os efeitos deste erro na opinião pública são temíveis. Se, conforme o "senso comum" fomentado pela pseudociência que governa as ideologias contemporâneas, concebemos a natureza, o mundo sensível, como única realidade dada e inquestionável, com base na qual, e somente na qual, tudo o mais terá que ser reduzido e abstraído a título de hipótese, é claro que só poderemos conceber o sobrenatural daquela maneira, isto é, por oposição ao natural.

Mas o que acontece, então? O referido paralelismo, sendo, como explicamos, uma contradição pura e simples, não poderia corresponder a nada de real. O que ele define é uma impossibilidade: que um ente seja simultaneamente igual e maior que outro. Por mais que busquemos este sobrenatural, não poderemos encontrá-lo. No entanto, as pessoas, movidas tanto pela essencial tendência humana quanto, mais ainda, pelo desejo de fugir ao desencanto e à depressão fomentados por esta mesma ciência, sentem a necessidade de buscar algum sobrenatural – e, como não conhecem outro, como a autoridade científica não lhes informa da existência de outro, buscam este. Buscam o impossível. E como, evidentemente, não o encontram, nada lhes resta senão desistir, e recair no desencanto (como Dr.ª Martha), ou então projetar nos interstícios da natureza aquilo que a dita definição de sobrenatural lhes permite conceber e imaginar (como faz Madre Miriam) O que esta definição lhes permite conceber e imaginar, sendo, ao mesmo tempo, paralelo e inverso à natureza, é simplesmente o antinatural. O teratológico, o monstruoso, o aberrante são assim confundidos com o miraculoso. E Madre Agnes é canonizada por ter estrangulado seu bebê.

Eis aí como a confusão terminológica, fomentada pela pseudo-intelectualidade contemporânea, tira proveito da legítima ânsia das camadas populares pelo divino e pelo miraculoso, com o fito de atirá-las para dentro do mais trágico dos enganos. Os "extraplanetários" elevados à categoria de anjos (e, inversamente, os anjos rebaixados à categoria de pilotos de UFOs e a ordenanças intergaláticos), os médiuns que passam por santos e iniciados, os jogos de influência psíquica que passam por altos dons espirituais, estão aí para comprovar o que dizemos, e para demonstrar que René Guénon não exagerou em nada ao apontar o caráter anti-intelectual, obscurecedor e "satânico" de muitas ideologias científicas contemporâneas.

Poderíamos prosseguir quase indefinidamente com estes esclarecimentos, já que o número de equívocos em tais assuntos não dá mostras do menor desejo de parar de crescer. Mas, para encerrarmos estas considerações, vamos ressaltar um último ponto, aparentado ao anterior, e que é o do simbolismo da doença, da loucura e das demais formas de privação.

Em muitas tradições, as deficiências vitais – orgânicas ou psíquicas – são utilizadas para simbolizar os mais altos graus do conhecimento e da espiritualidade. O planeta Saturno, por exemplo, que está associado ao simbolismo da montanha cósmica e que, tanto no Islam quanto no Cristianismo medieval (como na *Divina comédia*), simbolizava a etapa culminante do estado humano, ou seja, a reconquista do estado adâmico e a reintegração no Paraíso terrestre, era representado figurativamente como um velho aleijado.

No que tange às deficiências psíquicas, todos conhecem a expressão que designa São Francisco de Assis como "o louco de Deus", a proverbial burrice atribuída a São Cristóvão ~ que, segundo a lenda, ofereceu-se à Igreja como carregador porque, desejando salvar sua alma, não conseguia nem mesmo decorar as preces ~ e, para não ir mais longe, a sentença do Sermão da Montanha, em que o reino dos céus é prometido aos "pobres de espírito". O simbolismo da privação é análogo ao da pobreza extrema.

Esses simbolismos explicam-se pela doutrina da inversão dos significados, que acompanha necessariamente cada passagem de um plano de realidade a outro. Por exemplo, ao nível das realidades naturais, a luz é um símbolo do conhecimento e as trevas, da ignorância. Ultrapassado, porém, o portal do cosmos sensível, o simbolismo se inverte, e a *noche oscura* a que se referem São João da Cruz e os místicos ingleses do século XIII designa um estágio superior ao da luminosidade cósmica, pois antecede imediatamente o conhecimento de realidades divinas em modo presente e direto.

Se, num plano cósmico, o preto designava apenas uma privação, ou ausência de luz, no plano da espiritualidade pura ele simbolizará a superabundância da luz divina, que é a luz da luz, e que, para os olhos humanos, é treva. Seguramente o traje preto dos sacerdotes está ligado a este simbolismo. Mas não se trata de um simbolismo unicamente cristão, pois o encontramos também na espiritualidade islâmica ~ a faixa preta que simboliza "o Abraão do teu ser", nas escolas sufis ~ e também no taoísmo, por exemplo no ideograma do *I Ching* que se chama "O obscurecimento da inteligência".

Do mesmo modo, o mais alto conhecimento, a pura intelecção das essências eternas, sendo de natureza puramente interior e espiritual, ultrapassa os limites do "mental" e, por isso, do ponto de vista estritamente humano, não é um conhecimento: é uma ignorância, a *docta ignorantia* do Cardeal de Cusa, a "pobreza de espírito", a ciência ocultada aos doutores e revelada aos pequeninos, a sabedoria divina que é loucura aos olhos humanos. Do mesmo modo, este simbolismo da ignorância não é unicamente cristão, pois está no centro da espiritualidade islâmica, onde, se a principal hierofania é um Livro, o Profeta a quem ele foi transmitido era precisamente... um analfabeto.

O simbolismo da privação pode ir bem mais longe, e em seus mais altos graus ela se transforma em extinção. A grande Santa Catarina de Siena ouve Jesus dizer: "Eu sou Aquele que É. Tu és aquela que não é". São Paulo "já não vive": é Cristo que vive nele. Na espiritualidade islâmica encontramos, por exemplo, o verso do sufi Jalal-ed-Din Rûmi: "Sou a luz efêmera que se extingue no corpo da luz eterna".

Evidentemente, todos estes simbolismos só têm sentido quando encarados sob o ponto de vista das inversões de significado na passagem de um plano a outro, segundo a regra de que "os últimos serão os primeiros".

Por efeito colateral e indesejado da mesma inversão, tais simbolismos da privação, representando os mais altos graus de realização, se são os menos compreendidos, estão certamente entre os mais populares e citados. Como são citados sem nenhuma consciência do seu significado verdadeiro, vêm tingidos de uma vaga coloração alegórica e até humorística ("os santos eram loucos", diz Madre Miriam), que pode resultar numa inversão da inversão, isto é, uma literalidade catastrófica. Então o símbolo é confundido com a coisa simbolizada, e se, no plano da realização espiritual, ele era um instrumento de elevação do intelecto, no plano da pura fenomenalidade psíquica ele se transformará numa ferramenta da antiespiritualidade e do rebaixamento geral das consciências.

Claro, um símbolo é essencialmente aquilo que simboliza, mas isto não quer dizer que o seja também no plano da fenomenalidade empírica. Um retardado mental é essencialmente um símbolo da sabedoria suprema, justamente porque perto desta a ciência humana é um balbuciar de deficiente mental; mas isto não quer dizer que, em sua individualidade concreta, ele seja efetivamente um sábio. Do mesmo modo, um crime pode simbolizar o amor divino (a morte de Cristo não é o sacrifício feito por Deus pela redenção dos homens?), mas isto não quer dizer que cometê-lo seja um ato de amor. Um leão pode simbolizar o poder monárquico, sem que monarquia alguma tenha jamais retirado um leão do zoológico para instalá-lo no trono.

Embora tudo isto seja, quando explicado, bastante óbvio, a mentalidade moderna parece tender a fomentar, de modo aparentemente deliberado e perverso, a confusão entre estes dois planos, valorizando a privação, a deficiência, a loucura, o desvio e o crime no plano da existência completa, como se fossem possibilidades superiores ignoradas pelo homem normal; como se este devesse ser, necessariamente, e por força de sua própria normalidade, um filisteu mergulhado na superficialidade e no inautêntico, embebido em torpe orgulho e hipocrisia; e como se ele devesse, para corrigir tal pecado, envergonhar-se de não ser nem doente, nem tarado, nem assassino, nem louco. Sugere-se, mesmo, que é por humildade e caridade cristã que ele deveria tornar-se tais coisas, já que toda boa qualidade pessoal humana é motivo de humilhação para os que não a têm, e portanto um pecado para os que a possuem.

Quando a defesa da religião revelada é posta no mesmo plano da defesa de uma freira que dá à luz às escondidas e estrangula o próprio filho, podemos imaginar que esta confusão de planos está institucionalizada como uma convicção inabalável, como um dogma das ideologias contemporâneas.

Será exagero, diante disto, crer nas advertências, seja de um Berdiaev ou de um Guénon, seja do Papa Paulo VI, sobre o arqui-inimigo cuja sombra se propaga por mais de um quadrante da Terra?

APÊNDICE

Na impossibilidade de transcrever na íntegra as aulas em que, contemporaneamente à edição da *Madre Agnes*, eu abordava a questão da consciência individual e da sua negação pelas ideologias coletivistas e cientificistas, reproduzo aqui algumas notas que fui tomando sobre o assunto, naquele tempo e depois. Essas notas fazem parte de um *Diário* onde vou despejando as idéias que mais tarde planejo desenvolver (santa ilusão!) em exposições extensivas e sistemáticas.

I

A validade dos "dados" ou "fatos" depende sempre do testemunho coletivo concordante. O testemunho coletivo, por seu lado, depende da memória e da comunicação – isto é, depende em última análise da fidelidade da memória de cada testemunha individual. A consciência individual é um tribunal de última instância, a que têm de submeter-se todas as crenças coletivas. As crenças da comunidade científica não teriam como constituir exceção. Daí o completo absurdo que existe na moda atual de contestar como mera crença subjetiva os juízos da consciência individual, em nome de tais ou quais supostas certezas científicas que, se algo valem, é porque foram verificadas como tais pela consciência de cada um dos membros da comunidade científica. A negação da consciência individual só pode levar a aberrações grotescas, como por exemplo quando o ilustre Hans-Georg Gadamer, poucas páginas após "demonstrar" que a consciência individual não existe, que ela é apenas o efeito casual da introjeção de papéis sociais, critica o ensino universitário por não fomentar o juízo crítico individual – como se fosse possível revogar pela força de uma portaria reitorial algo que se reconheceu como uma limitação constitutiva da condição humana.[12]

---

12 Ver H.-G. Gadamer, *Teoria, técnica, prática – A tarefa de uma nova Antropologia*, em H.-G. Gadamer e P. Vogler (org.), *Nova Antropologia* (vol. I, Antropologia Biológica, Primeira Parte, trad. Egon Schaden et al., São Paulo, E.P.U./Edusp, 1977, p. 3-12). Sobre este ponto, v. também meu livro *O Imbecil Coletivo – Atualidades inculturais brasileiras*.

II

Os críticos da filosofia da consciência só a conhecem, geralmente, na versão cartesiana, atualizada pelo idealismo francês e depois por Husserl, e crêem que com duas ou três críticas podem aposentá-la e colocar em seu lugar, como critério de veracidade, o testemunho concordante da comunidade científica, como se a este não se aplicassem os mesmos argumentos céticos e relativizantes.

Uma das estratégias para esse fim é negar a universalidade dos princípios lógicos, ou, o que dá na mesma, sua imanência na consciência individual, de maneira a "demonstrar" que eles são embutidos na consciência *a posteriori*, mediante a introjeção de papéis sociais.

Todos os exemplares desse tipo de raciocínio que já vi até hoje são falaciosos, mas alguns chegam a ser perfeitamente insensatos. Jean Piaget, em *Sabedoria e ilusões da Filosofia*,[13] nega a universalidade do princípio de identidade, fundando-se no exemplo do garoto que, tendo contado sete bolinhas, garante que elas são oito ou nove tão logo sejam alinhadas com intervalos maiores, sem acréscimo de nenhuma. "Quando sete bolinhas se tornam oito ou nove como um elástico de sete centímetros que atinja oito ou nove, é o mesmo princípio de identidade ou um princípio um pouco diferente?", pergunta Piaget. E ironiza: "Meus filósofos tinham respostas prontas, mas esqueci quais".

Deve ter mesmo esquecido, senão não escreveria tais asneiras. Piaget evidentemente não é um asno, mas sabe fingir-se de asno quando lhe convém. No caso convinha-lhe não entender que o garoto simplesmente não distinguiu entre quantidade discreta (o número de bolinhas) e quantidade contínua (o espaço total ocupado), encarando o conjunto como uma síntese confusa dos dois; e que do aumento da quantidade contínua ele deduziu o da quantidade discreta. Deduziu errado, mas o que é que isto tem a ver

---

13 *Sabedoria e ilusões da Filosofia* (trad. Zilda Abujamra Deir, São Paulo, Abril, 1983, Col. "Os Pensadores", p. 83).

com a universalidade (ou não) do princípio de identidade? O que houve ali foi apenas uma dualidade de significados atribuídos ao termo "bolinhas": o experimentador referia-se ao conjunto aritmético – abstrato – das sete bolinhas, o garoto à figura concreta das bolinhas distribuídas num determinado espaço. Para levar em conta somente as bolinhas, sem o espaço, o menino teria de subir mais um grau de abstração, o que, como o próprio Piaget mostra em outros trabalhos, ele só poderia fazer uns anos mais tarde.

Ora, como deduzir, da diferença da capacidade de abstração entre adulto e criança (ou entre crianças de idade desigual), a diferença dos respectivos sensos de identidade? Ao contrário, mesmo o erro cometido pelo garoto subentende uma consciência da identidade, caso contrário ele não poderia reconhecer, no conjunto aumentado para oito bolinhas, *o mesmo* conjunto que antes tinha sete; o garoto apenas mostrou reconhecer que o aumento e a diminuição não afetam a identidade, o que é perfeitamente correto e demonstra que, mesmo com uma abstração deficiente, ele já tem um perfeito senso de identidade.

De outro lado, é claro que "identidade" e "unidade" são a mesma coisa, e que é mais fácil reconhecer a identidade de uma substância, no sentido aristotélico (este coelho é este coelho) do que a de um "conjunto" aritmético, que é uma unidade convencional, um "todo matemático". Que os todos matemáticos devam ser encarados como unidades, independentemente de não terem uma unidade substancial, eis aí algo que a criança só poderá admitir quando sua mente for adestrada para aceitar como premissas do raciocínio certas convenções matemáticas. Essa passagem requer uma subida do grau de abstração, e o que não se compreende é como a criança poderia passar de um nível de abstração a outro *sem* a permanência do senso de identidade. Piaget pretende ver uma dualidade de princípios lógicos onde há apenas uma diferença de conteúdos intencionais nas percepções dos indivíduos.

Aliás Piaget, que é autor de um *Tratado de Lógica*, é perfeitamente ilógico sempre que trata de situar as relações entre ciência e filosofia. Ele rejeita toda pretensão da filosofia a constituir um conhecimento "superior" à ciência (e mesmo de constituir um conhecimento qualquer), mas reconhece a filosofia como uma "atividade de coordenação dos valores, inclusive cognoscitivos" (isto é, os valores que balizam a cientificidade da ciência). Mas como uma atividade coordenadora poderia não ser de algum modo "superior" aos elementos coordenados? E que coordenação dos valores de veracidade científica teria valor se não se fundasse ela mesma num verdadeiro critério da veracidade?

Piaget, no fundo, admite como um dogma o pressuposto kantiano de que não existe passagem do fato ao valor, pressuposto que vale somente na esfera do empírico, mas que, na escala do infinito, que é a da metafísica, não significa mais nada; porque aí vigora o *Unum, Verum, Bonum* de Duns Scot, ou então deveremos admitir que uma criatura chamada "homem", miraculosamente colocada "fora" do infinito, cria desde fora "valores" que projeta e cola no infinito, como um *deus ex machina*. (Aliás, deduzir do fato da confusão entre bolinhas e espaço uma dualidade de princípios lógicos não é passar do fato ao valor?)

III

Que é razão? A opinião vulgar supõe que seja apenas o pensamento lógico: a dedução silogística. Às vezes reduzem-na ao cálculo matemático.

Mas a razão é, de fato, o sentido inato da integridade, da unidade do real – e, por conseguinte, do nexo entre suas partes, aspectos, modalidades, graus e momentos. Senso da unidade e, logo, senso das proporções. Todas as formas de pensamento racional – lógica, cálculo, etc. – são expressões dessa mesma capacidade única e central, da qual surgem também o senso estético, a prudência ou sabedoria prática, o instinto da coerência moral, etc.

É claro, assim, que, se reduzimos a razão ao mero pensamento lógico (que em si não é senão o senso da coerência aplicado ao microcosmo da linguagem), então temos de buscar algum outro fundamento para o senso estético, ético, etc., e este fundamento já não poderá nos parecer senão "irracional", uma vez que a linguagem lógica não se mostra, por si, capaz de sustentá-lo. Mas o homem não poderia ter o senso da coerência do discurso se não tivesse senso da coerência *tout court*.

A limitação corrente do sentido da razão, que serve de justificativa a todas as apologias do irracional, peca pela base, ao tomar a espécie pelo gênero e ao atribuir a este as limitações daquela, como quem propusesse que as aves não podem voar, oferecendo como prova o caso dos avestruzes.

Mas essa limitação serve ainda a um segundo propósito: uma vez demonstrado que certas modalidades de raciocínio lógico não são universais, proclama-se que está refutada a universalidade da razão como tal. Em seguida, com a mesma probidade e rigor, decreta-se que a razão é enxertada na consciência individual pelo aprendizado, e, logo, que não é o homem quem pensa, e sim a sociedade quem pensa em seu lugar, c.q.d. É uma vigarice sem fim.

IV

Outra estratégia, mais antiga, para o ataque à consciência individual é a crítica do conhecimento sensível, acusado, desde Platão, de nos dar uma imagem falsa do mundo; imagem que só pode, é claro, ser corrigida mediante o apelo ao consenso da comunidade científica. Tertuliano, num texto célebre entre os estudiosos do cristianismo, mas geralmente desconhecido pela média dos professores de filosofia, já reduziu a pó a crítica platônica dos sentidos. Mas, reforçada pelos sofismas kantianos sobre a impossibilidade de conhecer a "coisa em si"[14] e pela nova imagem do mundo criada pela física do séc. XX, ela ressurge com uma aparência de autoridade cada vez mais imponente. Fortalecidos pela crença nessa autoridade, muitos não percebem a ingenuidade que há em supor que a concepção científica de um mundo

---

14 Ver adiante o item V deste Apêndice.

constituído de átomos e partículas seja "mais verdadeira" do que a imagem habitual captada pelos cinco sentidos.

"Isto que você vê parece uma cadeira, mas na realidade é um aglomerado de ondas e corpúsculos" é uma afirmação que ressurge a toda hora em livros de divulgação científica, abrindo às imaginações dos leitores ingênuos a porta de apavorantes especulações sobre a irrealidade do mundo. Às vezes ela vem aureolada de um prestígio "oriental", adornando-se da palavra *Maya*, interpretada no sentido literal de ilusão ou mentira. Mas ela só demonstra que, numa mesma cabeça, conhecimentos científicos relativamente corretos podem coexistir com idéias filosóficas pueris.

Pois aquilo que, numa escala infinitesimal, tem o aspecto de partículas em movimento, se revela, à escala da percepção humana, como a forma perfeita e acabada daquilo a que chamamos "cadeira". Como poderia uma escala qualquer ser "mais verdadeira" que outra escala? Uma escala é apenas um sistema de medidas, de comparações entre tamanhos de coisas. Medir em centímetros ou polegadas será "mais verdadeiro" do que medir em quilômetros ou léguas? Na escala do ilimitadamente grande, das nebulosas, uma cadeira seria ela mesma uma partícula infinitesimal.

Escalas não podem ser verdadeiras ou falsas, apenas adequadas ou inadequadas a certos fins práticos. "Cadeira" é o nome de um objeto feito pelo homem, e se define pela função que o homem lhe atribui. Como esta função – a de servir de assento – só tem sentido por referência às medidas do corpo humano, é mais sensato encarar esse objeto como cadeira propriamente dita do que como aglomerado de partículas. Ademais, o peculiar arranjo microscópico que forma uma cadeira é substancialmente o mesmo que forma a madeira bruta: o que diferencia uma cadeira de uma tora ou de um tronco é a sua forma externa, macroscópica, e não a disposição interna das partículas: para a física atômica, não existem cadeiras, existe apenas carbono.

A sentença "isto é um aglomerado de partículas" aplica-se

portanto a uma cadeira em modo equívoco, não unívoco. Aplica-se na verdade a todas as coisas materiais, sem distinção, e não à espécie *cadeira*.

Nosso detrator da realidade das cadeiras poderia objetar que os predicados aplicáveis aos gêneros se aplicam também necessariamente às espécies. Mas acontece que sua sentença não se limita a predicar da espécie o que predicou do gênero, e *sim nega a existência da espécie mediante a sua redução ao gênero*. Em vez de dizer simplesmente: "Esta cadeira pertence ao gênero das coisas materiais", ela afirma categoricamente: "Este objeto *não é* uma cadeira, *e sim* uma coisa material". Mas como poderia um gênero, por si, ser a negação das suas espécies?

A maneira de pensar que reduz cadeiras a corpúsculos termina por negar as diferenças formais entre os entes, em nome da matéria que os compõe. Mas átomos, afinal, também são formas, constituídas de partículas, e estas, por sua vez, formas constituídas de outras partículas, de modo que enfim teremos de negar que existam átomos e partículas, reduzindo a nada tudo o que não seja uma suposta partícula de todas as partículas.

O detrator do mundo sensível poderia ainda alegar que o mundo das partículas é o mais "verdadeiro" porque é nele que se originam as forças físicas que, no plano macroscópico, dão à cadeira forma de cadeira. Bobagem. As leis físicas ou químicas não poderiam, por si, produzir uma cadeira, senão as cadeiras brotariam prontas das árvores. O que coere os materiais numa forma de cadeira é uma intenção humana, que se utiliza das forças físicas como meros elementos a serem reunificados e hierarquizados segundo a forma dessa intenção.

V

A argumentação de Kant sobre a impossibilidade de conhecer a "coisa em si" é o mais notável exemplo de como um sofisma grosseiro, apresentado em nova terminologia, pode elevar-se ao estatuto de verdade suprema.

Não que Kant esteja errado ao proclamar que a coisa-em-si é incognoscível. Apenas ele se esqueceu de acrescentar que a coisa-em-si não pode sequer existir, e que, portanto, a suposta limitação do conhecimento humano, que ele deduz dessa incognoscibilidade, consiste apenas na impossibilidade de conhecer o nada.

A coisa-em-si seria, segundo Kant, o substrato existencial considerado fora e independentemente das categorias da "nossa" modalidade de conhecer. Já se assinalou, com propriedade, que "existência" é uma dessas categorias, e que portanto Kant se autocontradiz ao supor a coisa-em-si como existente. Mas o erro de Kant é muito mais profundo e mais grave. O conceito mesmo de coisa-em-si é auto-contraditório, de vez que quaisquer relações que a suposta coisa tivesse com qualquer outra coisa teriam de ser aquelas mesmas assinaladas na lista das categorias e, portanto, a coisa-em-si só pode ser definida fora e independentemente dessas relações. Ora, uma coisa que não tivesse qualquer relação com nenhuma outra coisa não somente não poderia existir de maneira alguma no mundo real, mas nem sequer poderia ser concebida como pura possibilidade lógica, de vez que é impossível criar um conceito exceto estabelecendo suas relações com outros conceitos. A coisa-em-si não apenas é irreal como também é impossível. O próprio Deus não pode ser concebido como coisa-em-si, de vez que a Sua Vontade criadora, por exemplo, inclui necessariamente – ao menos como possibilidade eterna – o conceito de seres criados e, portanto, uma relação. Logo, Kant não apenas atribui existência a algo que ele mesmo colocou fora da categoria da existência, mas a algo que, segundo a linha de raciocínio do próprio Kant, é autocontraditório e impossível.

A expressão "coisa em si" não faz sentido. A única realidade da coisa consiste em estar entre outras coisas, num "mundo": cada ente é e só é para, por, em, dentro, fora, etc., outros entes. "A coisa" só é isolável por abstração mental, e supor que ela pudesse ter então alguma realidade seria dar foros de existência ao que só tem realidade lógica e, por assim dizer, mental (e que aliás só tem a realidade lógica de uma autocontradição, quer dizer, do conceito de uma impossibilidade). Ora, entre as outras coisas com que cada coisa está entretecida e comprometida numa rede de relações, inclui-se ~ por que não? ~ o sujeito humano, agente e cognoscente. Deveriam acaso ser "mais reais" as coisas quando concebidas como existindo num mundo *sem* seres humanos? A coisa considerada "sem" sujeito cognoscente é simplesmente o desconhecido ~ e o desconhecido não tem por que ser considerado mais real que o conhecido. Se, pior ainda, levamos mais adiante a abstração, suprimindo do entorno da "coisa em si" não somente o sujeito humano efetivo, mas todo sujeito possível, então a coisa-em-si será apenas o incognoscível ~ e proclamar o incognoscível como existente já será proclamar que algo sobre ele se conhece...

VI

Pode-se abstrair o inteligido deste ou daquele ato de intelecção, mas não de *todo e qualquer* ato possível de intelecção; isto é, pode-se abstraí-lo da psique (natural) mas não *da* inteligência. Esta é a diferença entre o intelectualismo de Husserl e o formalismo dos lógico-matemáticos, que faz abstrações da inteligência.

Há uma diferença radical e até uma oposição de natureza entre a abstração conceptual e a abstração matemática, a tal ponto que a aptidão para uma dificilmente vem junto com a aptidão para a outra, num mesmo homem. Um caso como o de Leibniz, ao mesmo tempo grande matemático e grande filósofo, é antes exceção do que regra. Os maiores filósofos ~ Aristóteles, Santo Tomás, Spinoza, Hegel, o próprio Kant, Schelling ~ não apresentaram senão um interesse episódico e periférico e uma aptidão apenas mediana para a matemática. Mesmo Platão não foi fundo nelas senão por tomar os números como símbolos das formas, o que não é um interesse matemático puro, no sentido moderno; e aliás o sentido moderno das matemáticas como paradigmas do pensamento verdadeiro e a valorização excessiva da abstração matemática acima da abstração conceptual somente puderam surgir e tornar-se dominantes justamente na medida em que a emergência do capitalismo – financeiro, de início, industrial em seguida – foi deprimindo na mente européia o espírito filosófico e o amor à verdade e substituindo-os pelo fascínio ante a eficácia prática imediata, finalmente consagrada como forma definitiva do pensamento no pragmatismo e no pensamento ideológico em geral.

A matemática tornou-se a forma moderna da sofística, e não estranha que se desenvolva justamente ao lado do poderio tecnomilitar, como instrumento de dominação, junto com a forma suprema de retórica sofística: a propaganda.

VII

Nada me tira da cabeça que a inspiração secreta de certas orientações da filosofia no século XX, particularmente do logicismo matemático, do neopositivismo, da "filosofia científica", emana de *parti pris* inconfessado ou inconsciente pela sociedade industrial-capitalista e contra a subjetividade individual que, por um motivo ou outro, se recuse a encaixar-se harmoniosamente no tipo específico de racionalidade que organiza essa sociedade. E a motivação psicológica desse *parti pris* é das menos nobres: ele vem do desejo de um fulano de se sentir "adulto" e "integrado" e do receio de recair no remoinho subjetivista da adolescência. Uma crença demasiado séria nessas filosofias expressa nada menos que uma defesa contra si mesmo. O jovem adulto inseguro afirma e reafirma sua adequação à racionalidade capitalista para sufocar o protesto da subjetividade juvenil que ainda lateja dentro dele.

No fundo, qualquer adesão "sincera" a uma filosofia limitante e incapaz de atender aos anseios humanos é uma tentativa de negar esses anseios na própria alma, isto é, de não enxergar o fundamental desajuste do homem no mundo da racionalidade instrumental, que esses filósofos tomam pela razão *tout court*.

Tais filósofos me parecem jovens recém-empregados numa grande firma, que repetem para si mesmos diariamente o discurso empresarial na tentativa artificial de imbuir-se dele, e de amputar da própria personalidade quaisquer anseios incompatíveis com a carreira. É a unidimensionalização do homem, como bem viu Marcuse.

Nesse sentido, os repetidos ataques dos filósofos logicistas e "científicos" ao "romantismo" de Frankfurt foram apenas o ensaio preliminar que preparou a absolutização do capitalismo por Fukuyama.

III
Meu filme predileto: Aurora, de F. W. Murnau (1927). Cinema e Metafísica

FICHA TÉCNICA

Direção: F.W. Murnau

Roteiro: Carl Mayer

Baseado no romance *Die Reise Nach Tilsit* ("Viagem a Tilsit"), de Hermann Sudermann

Cinematografia: Charles Rosher and Karl Struss

Música: Hugo Riesenfeld

Montagem: Harold D. Schuster

Produção: William Fox

Papéis principais:

George O'Brien ~ O marido

Janet Gaynor ~ A esposa

Margaret Livingston ~ A mulher da cidade

AURORA, DE F. W. MURNAU[1]

*A*urora, de F. W. Murnau (*Sunrise*, 1927), baseado no romance de Herrman Suderman, *Viagem a Tilsit*, é para mim o melhor filme do mundo. Quando se vê que o grande Eisenstein nada mais fazia senão juntar imagens com tanto esforço para produzir, por associação, alguma patriotada a serviço da propaganda comunista, aí é que a arte de Murnau nos surpreende por sua capacidade de conduzir, através do jogo de imagens, a algo que está acima de toda imagem, e mesmo acima de nossa capacidade de expressão em palavras.

A trama se desenvolve em três níveis: o personagem (o ser humano), a natureza e o sobrenatural, tudo perfeitamente encaixado e sem nenhum apelo a uma linguagem indireta ou "hermética", no sentido de obscura, embora haja ali grandes doses de hermetismo no sentido de alquimia espiritual.

O tema de *Aurora* é o jogo entre as decisões humanas, as forças da natureza e a misteriosa providência que tudo ordena sem alterar a ordem aparente das coisas, sem produzir acontecimentos de ordem ostensivamente sobrenatural, e jogando apenas com os elementos naturais.

O filme começa com dois amantes ~ um fazendeiro de Tilsit e uma turista ~ tomando a decisão mais arbitrária que se possa imaginar, uma decisão que não é fundada em coisa nenhuma: fugir, sendo preciso, para isso, matar a mulher do fazendeiro. Essa decisão brota de uma paixão momentânea, uma extravagância fundada num mero desejo, que não corresponde ao sentido de vida nem da mulher (a moça que quer fugir com o fazendeiro) nem do fazendeiro, e não está encaixada logicamente no quadro normal de possibilidades de suas vidas. A possibilidade normal seria tudo não passar de um episódio fortuito, algo como um namoro de férias ~ o que realmente a coisa era no fundo. Na hora em que eles decidem transformar este namoro de férias numa

---

[1] Transcrição da aula de 30 de janeiro de 1997 do Seminário de Filosofia feita por Marcelo Tomasco Albuquerque e editada por Alessandra Bonrruquer.

união duradoura sacramentada pelo homicídio, então Murnau começa a colocar um outro enredo em cima do enredo inicial.

Se a vida do personagem antes do caso amoroso tinha uma certa solidez, ele mesmo não estava consciente disso, ou então teria rejeitado taxativamente a proposta da amante. Mas ele a aceita. E se deixa sair da lógica de sua vida para entrar nas névoas do imaginário. Não por coincidência, a cena em que eles se encontram para tramar o homicídio se dá num lamaçal e entre névoas. Ele atravessa uma bruma, como quem vai sair do plano real para ingressar no plano imaginário, onde vai encontrar sua espectadora.

O resumo do filme é o progressivo retorno desse mundo mítico à realidade que o personagem havia abandonado. Após aquele breve instante em que ele prefere o imaginário ao real, por todo o resto do tempo o que vemos são as operações do destino para devolvê-lo à vida real. Mas esse retorno não é fácil. No primeiro instante, a reação do fazendeiro é simplesmente de ordem sentimental, o sentimento de pena pela esposa que ele não amava, e arrependimento. Mas esse arrependimento não é ainda uma conquista sua, pois ele se dá de maneira passiva e na esfera do imediato. O retorno à realidade terá de passar pela reconstrução de todos os elementos que foram compondo a sua vida.

Quando, após a tentativa de homicídio falhada, ele acompanha a esposa até a cidade, ela ainda está muito triste e ele tenta recomeçar o diálogo com ela – afinal, ele tinha se tornado um estranho. Ele tenta retomar a condição de marido, como quem diz: "Eu não sou um assassino, eu não sou um estranho", mas ele, de fato, não é mais o mesmo. Ele terá de reencontrar sua velha identidade, e evidentemente isso não é tão fácil.

Temos então duas cenas decisivas: aquela em que na casa de chá ele oferece um bolinho a ela, e ela acaba não aceitando; e a cena do casamento a que eles assistem na igreja. Nesse casamento, novamente não por coincidência, os convidados estão à porta, esperando a saída dos noivos, e quem sai são eles, que vieram andando na frente dos noivos e nem percebem o que se passa em volta. Na igreja, ele toma novamente consciência do

A dialética simbólica

sentido do casamento, ou seja, do que ele tinha ido fazer ali, de por que é que ele estava ao lado daquela mulher que até poucas horas atrás já nada significava para ele. De certo modo, ele tem aí uma recapitulação de toda a sua existência.

No instante em que ele desiste de matar a esposa, ele já havia se arrependido por dentro, mas isso não era exatamente um arrependimento, no sentido cristão. Era remorso. Que é remorso? Um sentimento de culpa desesperador. O arrependimento é um sentimento de culpa acompanhado de alívio, de esperança de poder resgatar de algum modo o que foi perdido. O homem só passa por isso na igreja: neste momento, ele troca o remorso pelo arrependimento.

Mas aí a trama ainda não complicou. É preciso que ele confirme esta intenção. Ele precisa adquirir certeza absoluta de sua identidade recuperada. No instante em que aceitou matar, ele jogou fora toda a sua vida, ele agiu *como se fosse um outro*. Um outro que teria uma outra vida, num outro lugar, com outra mulher. Na cena em que a amante fala da vida na cidade e ele se vê dançando nas boates, ele imagina para si uma outra biografia, que começaria miraculosamente do nada.

Após ter construído toda uma vida como homem do campo, ele repentinamente se vê em outra cena, e para vivê-la realmente ele precisaria ter tido toda uma outra vida, precisaria trabalhar em outra coisa, ter nascido em outro lugar. O apelo dessa vida imaginária o entorpece de tal maneira que ele perde sua identidade: ele não está mais conectado nem com a esposa, nem com a profissão, nem com o ambiente material, com nada. Ele está desligado do sentido da vida, e por isto esta vida lhe parece vazia e tediosa – é a vaidade psicológica, que projeta na vida em torno a miséria interior do homem incapaz de assumir seu dever vital.

O restante do filme vai encaixá-lo de volta, primeiro, em sua vida; segundo, em seu casamento; terceiro, no lugar onde ele construiu a sua vida, para de certo modo devolvê-lo ao sentido da vida que ele tinha abandonado momentaneamente por um sonho maluco. E como se dará isso? Ele será obrigado, pelo desenrolar dos acontecimentos, a apostar de novo, repetidamente, no valor de tudo aquilo que tinha desprezado, e terá de apostar cada vez mais alto. Ele reconquista por um esforço de vontade consciente tudo o que havia abandonado por vaidade.

Ele começa por pedir perdão; depois oferece o bolinho; em seguida, na igreja, tem um segundo arrependimento e faz como que um voto; tira então uma fotografia, que é como uma fotografia de casamento; e por fim vai para um parque de diversões, que seria o equivalente da viagem durante uma lua-de-mel. Com tudo isso, ele recuperou sua identidade de casado, mas não recuperou ainda o sentido da sua vida. Para isto ele precisará ainda apostar mais um pouco.

E a aposta será uma segunda tentação, que já não vem por meio humano, mas por meio dos elementos da natureza, quase que propositadamente mobilizados para esse fim, que executam a intenção dele, isto é, afogam realmente a mulher que ele antes tinha tentado afogar. Veja; aquilo que ele sonhou, já não é mais ele que está executando, é um poder imensamente maior que o dele, ou seja, ele pediu e o céu executou. Nesta hora, ele tem de fazer a aposta decisiva para salvar aquela mulher que ele quisera matar.

Enquanto vai retornando para casa, dá-se a tempestade, e nesse retorno é que se dá também o retorno dele à plena posse do sentido da sua vida. Ele vai dizendo uma série de "sins" a tudo aquilo a que antes tinha dito "não". Mas quem se opõe a esse sim, quem é o tentador que lhe oferece novamente o não? Agora já não é o demônio: é o próprio Deus, para saber se ele quer mesmo. O filme é teologicamente exato ao mostrar que o diabo age dominando a imaginação, a fantasia e os desejos, enquanto Deus age através dos acontecimentos reais, do reino da natureza transformado em mensageiro do sobrenatural.

O personagem será então obrigado a reafirmar com muito mais força sua adesão a todos os valores que havia desprezado. E terá agora de arriscar a sua própria vida para defendê-los e, mais ainda, arriscar de certo modo a própria salvação de sua alma; pois não pode evitar o sentimento de revolta contra os céus quando pensa que a mulher morreu, e ele se sente preso numa armadilha terrível montada pelo diabo, que executou o pedido do qual ele já tinha desistido. Ele tem de reafirmar e apostar tudo de novo, desta vez lutando contra todas as probabilidades aparentes.

Aurora, na verdade, transcorre para trás. A mudança do fazendeiro para a cidade, planejada no começo, não se realiza, e tudo o que é importante acontece no retorno da cidade para o campo, onde ele vai novamente botar os pés no chão.

O filme tem algo de "romance de formação" (*Bildungsroman*), gênero tipicamente alemão, que tem como conclusão a formação da personalidade humana, onde o indivíduo, através de seus erros, se transforma num homem de verdade. Um exemplo é *Os anos de aprendizagem de Wilhelm Meister*, de Goethe. Herman Hesse também fez isso em *O lobo da estepe* e em *Demian*. São romances cuja única conclusão é o crescimento humano em direção à maturidade. Mas esse crescimento é sempre uma diminuição, é sempre o indivíduo voltando à terra, depois de haver sonhado alguma maluquice e viajado por um céu de mentira. É uma apologia caracteristicamente germânica do "pão-pão, queijo-queijo" como valor supremo da existência.

A idéia é, portanto, de que o sentido da existência está colocado na própria existência: ela tem sentido em si mesma, e não num outro mundo colocado acima deste, como o mundo imaginário que a amante oferece ao personagem, e que é mais ou menos como o mundo da falsa vocação teatral de Wilhelm Meister. Ele tem o sonho de ser ator, mas não serve para ser ator. Não é um ator, é um burguês, no fim das contas, e sua descoberta de que é um burguês de classe média alta, um sólido burguês, é a verdadeira educação dele. A vida cotidiana do burguês, na medida em que é real, e pelo simples fato de ser real, tem em si uma força mágica superior a toda imaginação, porque não é constituída de imagens, tem uma tridimensionalidade que a fantasia não tem.

O imaginário como alternativa oferecida pelo tentador diabólico é um mundo bidimensional, um mundo só de imagens, imagens no meio da névoa. A cena em que o fazendeiro e a amante conversam no pântano remete à carta 18 do Tarô, que é *A Lua*: o homem de um lado, a mulher de outro, como o cão e o lobo; a água em baixo e a lua no meio, formando um losango. Esse "mundo da lua" é o mundo dos reflexos na água, onde as coisas não acontecem verdadeiramente, apenas parece que vão acontecer. A imagem pode ser encantadora, mas ela não tem a tridimensionalidade, a profundidade da vida real. É no retorno à terra que o homem encontra o verdadeiro céu, o sentido da vida.

Ora, a coisa mais espantosa desta vida real é justamente que nela as coisas não chegam a ter uma explicação final, ao passo que o mundo imaginário é facilmente compreensível e explicável, pelo simples fato de que foi você mesmo que o imaginou. Na hora em que o personagem imagina uma outra vida na cidade, tudo para ele faz sentido, porque é ele mesmo quem quer que as coisas sejam assim ou assado. Aí a relação causa e efeito é perfeitamente nítida, ao passo que, no retorno à vida real, o jogo de causa e efeito é infinitamente mais complicado, mais sutil, e nunca se pode dizer que isto aconteceu por causa disto ou daquilo exclusivamente; há sempre um tecido, um emaranhado de causas, e nunca se consegue assinalar uma linha causal única.

Então, por que a tempestade acontece justamente no momento em que ele estava voltando? Ela poderia acontecer em qualquer outro momento. Não há no filme a menor insinuação mágica a respeito disso. Não foi um anjo quem fez cair a tempestade, mas, se ela não acontecesse, certamente a resolução do sentido da vida desse indivíduo tomaria uma outra direção. As causas naturais interferem e não se sabe nunca se existe nelas um propósito ou não. Não se pode dizer propriamente: "Deus fez cair a tempestade para tal ou qual finalidade", porque Deus não aparece no filme, só a tempestade. Cada um está livre para interpretar isso como uma intencionalidade divina ou como uma casualidade, mas nos dois casos este fato entra como elemento componente de um *sentido* geral.

Quando cai a tempestade e a mulher se afoga, nada no filme nos permite interpretar que foi Deus que a fez cair propositadamente para ensinar algo ao personagem. Deus não aparece, não há a menor insinuação de um sentido religioso evidente envolvido no caso. Nós simplesmente vemos a tempestade, vemos o que aconteceu. Não podemos dizer que foi uma causa divina, ou uma causa natural fortuita, mas em qualquer dos casos esse acontecimento se encaixa não na ordem das causas, mas na ordem do sentido, e a força causal divina não aparece como causa eficiente e sim só como causa final, que age através da combinação natural das causas eficientes.

Qualquer que seja a causa, para o personagem, aquele acontecimento tem um sentido muito nítido, não subjetivamente, mas objetivamente, dentro da vida real dele. E que sentido é esse? O da intenção maligna da qual ele já havia desistido, e que é realizada justamente no instante em que ele a tinha renegado e em que ele a temia. Seus pensamentos viram ações no exato instante em que ele não os aceita mais. Este sentido não é subjetivo, não é o personagem quem interpreta as coisas assim: elas simplesmente são assim, em si mesmas e objetivamente.

Sem precisar recorrer à idéia de uma providência que propositadamente está "fazendo acontecer" isto ou aquilo –, e esta é uma das coisas mais bonitas do filme –, o evento tem um *sentido* objetivo, e este sentido, por meios puramente naturais, vai na direção indicada pela intencionalidade divina, que é a reconquista do sentido da vida. É uma espécie de ironia da natureza, e por momentos o personagem se sente vítima desta ironia. Ela pode ser premeditada ou fortuita, isso não a torna menos irônica. Para ele, naquela hora, pouco interessa se foi o diabo que fez chover, para prejudicá-lo, ou se a natureza inocentemente e quase que mecanicamente produziu a chuva. A tempestade é irônica nos dois casos, e em ambos os casos faz sentido.

Há aí uma distinção muito nítida entre a *ordem das causas* e a *ordem do sentido*. Só que esse sentido não é subjetivo, não é apenas humano, é um sentido real: dentro do contexto dos acontecimentos, a tempestade tem uma significação nítida, é uma ironia cruel da natureza, pouco importando se foi intencional ou não. Na verdade, se não foi intencional é até mais cruel, porque então o destino do personagem parece mais absurdo ainda. De repente, ele cai totalmente dentro do absurdo que ele mesmo havia premeditado. Se houve intencionalidade por trás dos fatos, foi uma intencionalidade pedagógica, e se não houve, foi uma coincidência irônica.

Essa ironia já aparece no episódio do cachorro. Por que o cachorro, na hora que eles vão sair de barco, sai latindo atrás da dona? É porque ele anteviu que ia acontecer uma desgraça? Ou é simplesmente porque ele quer ir atrás da dona? O filme nada diz a esse respeito. Você está livre para interpretar como quiser. Mas como quer que se interprete a causa que fez o cachorro se mover, o que importa não é a causa, mas *o sentido que esse episódio acaba tendo no conjunto*. Por quê? Porque, ao retornar para deixar o cachorro em casa, o homem *poderia ter desistido* da viagem e do plano assassino.

O cachorro aparece ou como uma casualidade ou como uma intencionalidade, que poderia ter salvado a mulher antecipadamente e bloqueado o curso posterior dos acontecimentos. Poderia, mas falhou. O cachorro não teve força suficiente, é um elemento natural demasiado isolado e fraco para por si determinar o rumo dos acontecimentos. O cachorro, pura sanidade natural, é impotente para deter o mal; para isso será preciso a mobilização de todos os elementos da natureza – a tempestade.

Mas em todos os instantes o que se vê é que, não importando a causa, o sentido é nítido. E esse sentido não é subjetivo. De fato, a ação do cachorro naquele momento poderia ter impedido a desgraça. Quase impediu. E esta é outra característica desse filme: o tempo todo você tenta prever o que vai acontecer em seguida, e essa previsão toma o aspecto de um voto de fé: você *deseja* que as coisas tomem um certo rumo, você torce para que isso aconteça – e, nunca acontecendo o que você deseja, no fim o resultado é, pelos meios mais impremeditados e surpreendentes, exatamente aquele que você desejava. Na hora em que você sabe que o sujeito vai tomar o barco para matar aquela inocente mulherzinha, você deseja que ele não faça isto. E na hora em que o cachorro começa a latir e vai atrás, o cachorro está realizando de certa maneira o *seu* desejo, mas ele falha.

Nesta cena, todo mundo vacila: você, o cachorro, o personagem, a mulher – ela também não sabe direito o que vai acontecer. Ela também está numa interrogação. Todos esses elementos, todos esses fatos têm sempre um sentido muito nítido, sempre referido ao antecedente e ao conseqüente. Em nenhum momento você depende da interpretação subjetiva que os personagens fazem.

Com base em elementos psicológicos simples, cria-se esta história profundamente enigmática na qual todos os elementos concorrem, afinal de contas, para uma tomada de consciência e para que o personagem retome posse da sua vida. Está subentendido no filme inteiro que tudo está concorrendo para um sentido final. Mas se isto ocorre conforme uma premeditação ou não, esta é uma questão deixada em suspenso. Faz parte da realidade da vida você não saber quais são os elementos que determinaram seu destino. Mas também faz parte da vida você poder *compreender o sentido* do que está acontecendo. Eu não sei quem foi que fez chover, nem com qual intenção fez chover, eu sei que *para a ordem constitutiva da minha vida*, neste momento, a chuva tem um sentido muito nítido.

O sentido, o que é? É a *obrigatoriedade moral* de uma ação, que por sua vez faça sentido dentro do caminhar da minha vida e dentro de minha própria identidade. Sendo eu quem sou, vivendo do jeito que vivo, tenho a obrigação de fazer isto assim e assado, pois só assim minha vida fará sentido. Viktor Frankl daria pulos de entusiasmo se visse este filme.

A interpretação metafísica fica condicionada a uma interpretação ética, que a precede de certo modo. Pouco importando se existe uma providência por trás de tudo ou não, o sentido dos fatos se impõe na medida em que impõe a obrigação de agir de uma determinada maneira, porque é a única que faz sentido. O problema da providência está colocado não na esfera causal, mas na esfera do sentido, pouco importando se essa providência age através de causas naturais ou sobrenaturais.

A chuva pode ser uma mera coincidência. Veja-se isto do ponto de vista de Deus. Se já estivesse predeterminado por leis naturais que iria chover naquele determinado instante, Deus certamente sabia disso, e não precisaria mandar uma chuva especialmente *para que* as coisas se resolvessem desta ou daquela maneira. A simples somatória de causas naturais e humanas é suficiente para criar um sentido. A providência está aí para quê, então? Para criar e manter o *sentido*.

A providência, sendo sobrenatural, não precisa recorrer, no entanto, a meios sobrenaturais. Do simples jogo das causas naturais e humanas em número indefinido, haverá um resultado x. Não era necessária uma premeditação para aquele caso específico: estava já tudo ordenado, de tal modo que o homem, que é um ser pensante e que tende sempre a criar uma unidade de sentido em sua vida, aproveitaria, para realizar esse sentido, os acontecimentos quaisquer que fossem. Desta maneira, *o próprio caráter fortuito dos acontecimentos é de certo modo superado*. São fortuitos quanto à sua causalidade eficiente, isto é, àquilo que os desencadeou, mas não quanto à sua causa final. Ou seja: um monte de causas eficientes dispersas de modo fortuito pode concorrer a uma causa final de natureza fundamentalmente boa. Este é um elemento da filosofia de Leibniz (Princípio do Bem Maior). Não sei se Murnau pensou em Leibniz nessa hora, mas para ser leibniziano não é preciso ter lido Leibniz: é uma questão de personalidade e de afinidade espiritual espontânea. Em todo caso, não é inútil lembrar que, antes de se dedicar ao cinema, Murnau estudou filosofia e teologia.

Num outro filme dele, *Tabu*, há uma mensagem de sentido aparentemente contrário: a causalidade humana e natural concorrendo para um desenlace trágico. Isso também pode acontecer. De qualquer modo, se tudo termina em comédia (quando tudo termina bem é comédia, por mais que a gente sofra) ou em tragédia é coisa que não é decidida na ordem das causas eficientes, mas na ordem da causa final, e com isso escapamos da famosa polêmica entre determinismo e livre-arbítrio.

As duas coisas de certo modo se exigem mutuamente; não há como conceber uma sem a outra. Existe determinismo na medida em que certas causas desencadeadas vão fatalmente produzir certos resultados. Podemos tomar as causas naturais que aparecem neste filme, como o comportamento do cachorro e a tempestade, como simples resultados de leis naturais. Há processos naturais que explicam esses fatos. Pode estar tudo predeterminado na ordem das causas eficientes, mas nada pode estar predeterminado com relação ao fim, à finalidade. Não haveria nenhum sentido em criar um ser capaz de escolher, capaz de agir, capaz de ter culpa inclusive, se a finalidade de vida dele já estivesse dada infalivelmente de antemão. Isso seria um *nonsense*: não é necessário um ator consciente para desempenhar um papel mecânico; não seria preciso um ser tão inteligente quanto o homem para desempenhar esse papel. Portanto, existe uma certa margem de manobra dentro mesmo do determinismo da natureza. O sentido da vida existe, mas sua realização pelo homem é eminentemente falível.

Podemos dizer que o cachorro "não teria" outra alternativa senão ir atrás da dona, porque esse é seu instinto, e a chuva também não teria outra alternativa senão cair naquele preciso momento. O homem é que tem a alternativa de entender ou não entender o que está se passando e de dirigir a vida dele num sentido que esteja harmonizado com quadro natural, com o seu dever e o sentido da sua vida. Para realizar o sentido de sua vida, ele precisa compreender o que se passa em torno, e compreender em quê essas coisas o influenciam.

Os fatos (como por exemplo a amante, que não existia na vida do personagem e que chega de férias a um determinado local num determinado momento, ou seja, faz uma intervenção) vão se sucedendo e vêm do ambiente em torno. O indivíduo mesmo é que entende ou não entende. E para não entender, basta que se desligue *por um momento* deste tecido denso da causalidade e entre num outro mundo onde *ele próprio* é a única causa; que é o mundo imaginário, um mundo inteiramente lógico e nítido, onde ele inventa as causas e os efeitos se seguem da maneira mais lógica possível. É a lógica do plano criminoso proposto pela visitante: nós matamos a sua mulher e vamos para a cidade, e você vai morar lá comigo e vamos dançar naquela boate onde sempre vou, etc., etc., etc. Tudo isso é muito lógico, de maneira linear.

No retorno à vida real, as causalidades não são porém mais lineares, mas concomitantes e em número inabarcável. A conexão entre elas pode ser percebida ou não, porque o indivíduo mesmo é um elo de muitas cadeias causais cruzadas. Uma coisa é acontecer uma chuva, e outra coisa é acontecer a chuva na hora em que você está ali. Mesmo do ponto de vista puramente natural, do ponto de vista físico, não é a mesma coisa chover sobre um terreno onde não há nenhum ser vivo, sobre um terreno onde há plantas, sobre um terreno onde há bichos e sobre um terreno onde há gente. As conseqüências da chuva fatalmente serão diferentes nesses vários casos. No caso aqui presente, chove na hora em que está ali exatamente aquele cidadão, portanto essa chuva já não é igual para todos, ela tem significados diferentes.

Ele poderia não ter compreendido a situação. Poderia ficar tão idiotizado pela morte da mulher que não sentisse sequer a ironia da situação, não tirasse a lição moral nela implícita. Consente em tirar esta lição porque continua dialogando moralmente com a natureza, perguntando: "O que você quer de mim?". Ou seja: confiando no sentido da vida mesmo quando este sentido se tornou invisível por efeito dos erros que ele próprio cometeu. Ora, a natureza nunca responde totalmente, mas é o ser humano que completa as suas respostas. E na medida em que responde, responde assumindo o sentido e as implicações todas, as implicações reais que aquilo tem. Ou então fantasiando em cima, inventando, fugindo do dever e do sentido da vida.

Quando vemos que tudo isso foi dito só com imagens mudas, notamos que este filme é realmente uma obra-prima assombrosa. No sentido de jogar com um monte de causas para provocar um efeito final, existe uma analogia entre *Aurora* e *A Tempestade*, de Shakespeare, mas a diferença é que nesta há um agente regendo as causas, que é o mago Próspero, ao passo que aqui, não. Aqui não aparece nenhum mago, você sequer sabe quem está dirigindo a cena ou mesmo *se* ela está sendo dirigida. O que você sabe é que ela faz um sentido tremendo.

Perguntar se isso foi premeditado ou não, neste caso, é inteiramente ocioso, porque a pergunta não é essa, a pergunta não é quem está dirigindo e com que propósito, a pergunta é: *o que precisamente está acontecendo?* É uma chuva como qualquer outra? Não. É a chuva que acontece neste momento e mata a mulher que o sujeito queria matar meia hora atrás. O momento em que isso acontece não é indiferente. A vida real é justamente *essa densidade na qual todos os fatores são absolutamente inseparáveis*, e a única coisa que está realmente em jogo é se você vai aceitar essa densidade ou se vai fugir para um outro mundo, plano e sem gravidade, o mundo da fantasia subjetiva. É justamente esse drama que dá ao filme todo seu valor e seu impacto.

A história que o personagem havia inventado ele próprio entendia perfeitamente, mas, e esta outra história que *de fato* lhe acontece? São tantos os fatores em jogo, que ele não poderia ter uma explicação completa. Para entender *tudo* o que aconteceu, ele precisaria ser Deus.

Imagine o número de causas que teriam de ser investigadas para se saber *por que* houve toda essa convergência de acontecimentos. Isso nunca ninguém terá. Em nenhum momento haverá uma explicação completa de tudo que aconteceu. No entanto, longe de compreender isso no sentido vulgar das "limitações do conhecimento humano", temos aí uma indicação preciosa sobre a natureza mesma da realidade: a realidade só é real quando, nela, o conjunto finito dos elementos conhecidos, e que em si mesmos podem não fazer sentido, é abarcado por um infinito que, incognoscível em si mesmo, dá a unidade e o sentido do quadro finito. Sempre que o finito se fecha em si mesmo, pretendendo ser autoexplicativo, estamos no reino da fantasia lógica otimista e prometéica. E sempre que o finito se dissolve num infinito sem sentido, estamos no reino da fantasia macabra. É na articulação sensata do finito no infinito que se encontra o conhecimento da realidade.

O sentido da vida do personagem não apenas não é subjetivo: ele é, por assim dizer, um sentido *histórico*. O personagem é este homem e não outro, ele teve esta vida e não outra, enfim, ele não está livre para sentir o que quiser na hora em que quiser. Ele vai sentir *de acordo* com o que aconteceu antes e de acordo com o que ele pretende que aconteça depois.

Justamente na hora em que o indivíduo voltava para casa, esperando retornar à sua paz doméstica depois de tudo aquilo que viveu, depois da tentação e do remorso, nesse instante incide a chuva e ela tem esse sentido porque se encaixa *na seqüência* desse antes e desse depois, e não porque o indivíduo "sentiu" isto ou aquilo. Na verdade, ele poderia não sentir, ele poderia ficar idiotizado. Muitas pessoas, diante de um sofrimento desse tipo, na hora em que a vida realiza sua fantasia macabra, enlouquecem e não querem pensar mais. Aí elas perdem a percepção do sentido do que está acontecendo, mas esse sentido continua presente e pode ser reconhecido por quem, de fora, observe o que se passa.

O preço do sentido da vida é entender o que está acontecendo, por mais que doa. Mas entender sempre apenas do ponto de vista humano e sem ter a explicação global. Ora, isso é muito importante para o estudante de filosofia, pelo seguinte: em qualquer investigação do tipo metafísico que se faça, a tendência humana é sempre voar direto para o problema da providência, do determinismo, da intencionalidade divina, tratando desses temas de uma maneira genérica e abstrata, sem ter este arraigamento prévio do sentido da vida pessoal, que é, evidentemente, o único intermediário pelo qual se poderia chegar à compreensão da intencionalidade divina. Se você não compreende sequer o que os acontecimentos representam dentro do enredo da *sua* vida, como é que você vai entender as intenções do Escritor que produziu a obra? Se você não entende nem a história, como é que vai entender a psicologia do Autor?

É ridículo que pessoas de alma tosca, incapazes de apreender e assumir responsavelmente o sentido de suas próprias vidas, se metam a opinar sobre questões filosóficas simplesmente porque leram Kant ou Heidegger. *Primum vivere deinde philosophari* tem precisamente este sentido: o verdadeiro filósofo *é* filósofo na vida real e não apenas um estudioso que fala sobre filosofia. Por isso mesmo é que a investigação metafísica nunca pode ser uma mera investigação abstrata no sentido científico e impessoal, mas sempre vai implicar uma responsabilidade pessoal. E a pergunta que se coloca é a seguinte: você *aceita* compreender o que está se passando em sua vida? E em que medida você vai agüentar? Oitenta por cento dos filósofos a quem você fizesse essa pergunta correriam de medo, porque há certas coisas que são terríveis de entender, sobretudo as conseqüências do que cada um fez na vida.

Construa a hipótese de que exista um Deus, de que Ele conhece seus pensamentos e de que Ele pode, como neste caso, tornar realidade os seus *piores* pensamentos. Você deseja conhecer esse Deus? A maioria das pessoas, aí, já não vai querer mais. É melhor não saber. Surge aqui a famosa emoção da "máquina do mundo" do Carlos Drummond de Andrade, quando o indivíduo, após ter investigado e perguntado a vida inteira, na hora em que o Universo vai finalmente se abrir e mostrar tudo, ele diz: "Não quero mais saber".

A dialética simbólica

[...]
como defuntas crenças convocadas
presto e fremente não se produzissem
a de novo tingir a neutra face
que vou pelos caminhos demostrando,
e como se outro ser, não mais aquele
habitante de mim há tantos anos,
passasse a comandar minha vontade
que, já de si volúvel, se cerrava
semelhante a essas flores reticentes
em si mesmas abertas e fechadas;
como se um dom tardio já não fora
apetecível, antes despiciendo,
baixei os olhos, incurioso, lasso,
desdenhando colher a coisa oferta
que se abria gratuita a meu engenho.
A treva mais estrita já pousara
sobre a estrada de Minas, pedregosa,
e a máquina do mundo, repelida,
se foi miudamente recompondo,
enquanto eu, avaliando o que perdera
seguia vagaroso, de mãos pensas.

(Trechos de "A máquina do mundo", *Claro Enigma*, Carlos Drummond de Andrade)

O acesso ao conhecimento de ordem metafísica tem de passar primeiro por um conhecimento de ordem moral e ética, a qual não consiste em "seguir" uma moral ou uma ética já dada e pronta, mas, ao contrário, em de fato desejar compreender a própria vida e realizar o seu sentido, assumindo o dever com todas as forças, porque é na vida real que se vai encontrar o elo entre o natural e o sobrenatural. E onde mais poderia agir o tal sobrenatural se não fosse no real, neste mundo histórico e humano onde vivemos?

A natureza já está dada, é um fato que está diante nós. Ela já está resolvida, se não de maneira eterna, pelo menos de maneira *habitual*; embora haja um coeficiente de indeterminismo na natureza, pelo menos no plano macroscópico, no plano da natureza visível, as coisas funcionam segundo uma certa regularidade na qual você não interfere. A interferência do homem nos processos naturais é mínima.

Pois bem, onde mais você vai interferir? No sobrenatural? Não, o sobrenatural é Deus, é onipotente, você não pode mexer lá. Então, não pode mexer, na verdade, nem na natureza e nem no sobrenatural. Você está colocado, por assim dizer, na natureza, mas um pouquinho acima dela, na medida em que pode enxergar a natureza como um todo e perguntar sobre alguma coisa que está para além dela, mas aonde você não pode *chegar*. Então, onde você está? Exatamente entre um e outro. Entre um conjunto que você enxerga, mas não entende, e outro que, se conhecer, vai entender, mas não conhece.

A natureza é visível e cognoscível, está diante de nós, mas não a entendemos, porque não parece ter intencionalidade. Às vezes parece que sim, outras vezes parece que não, então você não sabe. Como é que vamos saber? Bom, precisamos interrogar o que está além da natureza, aquilo que está acima dela e que a determina.

Em suma, precisamos conversar com o Autor da história. Se você conhecesse o Autor da história, tudo estaria explicado; mas você não O conhece. Aquilo que você conhece, você não entende e aquilo que você entende, não conhece. Deus é perfeitamente compreensível; na hora em que você começa a pensar em Deus, vê que tudo faz um sentido tremendo, mas nós não O vemos, não O escutamos e não O conhecemos. E tudo aquilo que vemos, escutamos e conhecemos nem sempre faz sentido. Você tem o fato embaixo e o sentido em cima. Você desejaria subir para este sentido. Mas onde está o *elo*? *Em você*, porque você também existe materialmente, ou seja, você é objeto de conhecimento seu, conhece seu próprio corpo, sua própria vida, exatamente como você conhece a natureza.

E qual é o sentido da sua vida? Você tem a realidade da sua vida, mas qual é o sentido dela? Com relação a você mesmo, você também está dividido. Você conhece a realidade da sua existência, mas não o sentido dela. O sentido, é claro, faz sentido, mas você não o conhece. E a vida você conhece, mas não sabe se faz sentido. Então, você é esse elo, porque a cada instante você pode ligar a esfera dos fatos com a esfera do sentido. Como é que se faz isso? Compreendendo o sentido que os fatos impõem, não abstratamente e em si mesmos, mas com relação à sua vida histórica.

Só na medida em que vai aceitando compreender esse sentido que está em sua própria vida você tem, ao mesmo tempo, a abertura para aquele laço maior que há entre o natural e o sobrenatural. A relação que existe entre a sua vida e o sentido da sua vida é a mesma que existe entre a natureza e Deus. Sendo você o único elo, há algo que tem de se resolver em sua esfera e em sua escala antes de você poder fazer a sério qualquer indagação de ordem metafísica.

Ora, quando entendemos isso, cada um de nós pode também colocar a seguinte pergunta: quais os fatos que foram determinantes do meu destino? E, se você começa a *contar sua história* direitinho, verá que houve fatos que determinaram o seu destino real, sem que você opinasse a respeito, sem que fosse consultado e às vezes sem que sequer os percebesse. Na vida dos outros a gente percebe isso muito bem; na nossa, é preciso um esforço.

Por exemplo, você monta um armazém. Depois de uma crise econômica no Zâmbia, que muda o comércio internacional de um produto, seu armazém afunda. Você não precisa conhecer essa crise econômica toda, não precisa saber onde ela começou e não precisa saber o tamanho dela. Você sabe apenas que seu armazém afundou. Agora, eu lhe pergunto: você *quer ver* o tamanho do inimigo que liquidou seu armazém? Quer ver o tamanho do elefante que pisou em cima de você ou não? *Quer conhecer realmente o que determina sua vida?*

Note que não estamos falando de causas sobrenaturais, estamos falando de causas socioeconômicas. Nesse momento, a maior parte das pessoas baixa os olhos como o personagem da "Máquina do Mundo". Não quer ver, e não querendo, volta à condição de animalzinho – o bichinho vivente cuja vida não tem sentido, cuja vida não precisa ter sentido, e que só espera morrer o mais rápido possível.

A partir desse momento, mesmo o esforço que o sujeito faça para atender aos seus impulsos vitais, seus desejos, estará atendendo apenas a um instinto de morte. Qual é o resultado final da vida biológica? A morte. É o único resultado a que a vida biológica pode levar. Portanto, na hora em que você limita sua vida ao biológico, por encantadora que ela ainda possa parecer, você sabe que está indo apenas na direção da morte e de mais nada. A renúncia ao sentido leva embora consigo a própria vida.

Conhecer o sentido da vida pressupõe conhecer o sentido das coisas que vão acontecendo enquanto ela se passa. Mas a apreensão desse sentido às vezes implica o conhecimento de forças terríveis, forças de escala histórica, social, planetária ou supraplanetária. Suponha, por exemplo, que os planetas exerçam alguma influência sobre a sua vida. Suponha que um planeta se deslocando em sua órbita planetária possa causar um efeito em sua vida. Como é que você vai dialogar com um monstro desse tamanho?

A maior parte das pessoas, por medo, não deseja levantar os olhos para ver o que determina a sua vida. Mas a aquisição do sentido da vida pressupõe a aquisição do sentido do cenário cósmico em que você está; não em si mesmo, como se faz ecologicamente, mas como cenário da peça que é a sua vida. Partindo do ponto onde você está, a consciência pode ir se alargando em círculos concêntricos cada vez maiores, para compreender gradativamente o conjunto de fatores que determinam objetivamente a sua existência. E, à medida que esta consciência se amplia, mais nítido se torna o dever pessoal que dá sentido à sua vida. E aí você não busca mais proteção na inconsciência covarde (fingida no começo, mas que com o tempo se torna inconsciência mesmo), e sim no dever, que lhe infunde coragem cada vez maior.

Acontece que, quando alguém faz isso, vê que é quase um milagre tomar alguma decisão em meio a todos esses fatores enormemente poderosos. Nessa hora, o indivíduo é obrigado a enxergar a realidade mais brutal da vida humana: a fragilidade do poder individual.

A expansão da consciência pressupõe uma retração das pretensões e uma perda do egocentrismo, e neste ponto a maior parte das pessoas volta atrás. Para não perder aquele falso senso inicial de segurança, aquela ilusão de que ele próprio é o centro do mundo, de que ele próprio decide livremente sua vida, o sujeito fecha os olhos ante a máquina do mundo, baixa a cabeça, e daí para diante é igual a um carneiro, ou um porco, ou um ganso; mas um carneiro, um porco ou um ganso que continua com a ilusão de que é uma grande coisa.

Nesse sentido específico, o personagem do filme aceita o mais plenamente possível a condição humana. Ele entende e assume o que se passa. Ele entende que sua vida é determinada por um diálogo, um confronto, com forças infinitamente poderosas, forças que podem mesmo fazer com ele uma piada sinistra. Aliás, o título do filme – *Aurora*, nascer do sol – tem um motivo bastante óbvio. O personagem do filme é o verdadeiro *twice born*, o renascido em Deus, o renascido no reino do Espírito.

É óbvio que há fatores que ele pode ignorar, mas que jamais o ignoram. Nós podemos ignorar os fenômenos cósmicos, ou históricos, mas eles nos atingem; nós não sabemos deles, mas eles sabem de nós. É como um judeu na Alemanha nazista: ele podia ignorar o Führer, mas o Führer não o ignorava. É como um cristão na URSS: ele pode ignorar Stálin, mas Stálin o conhece muito bem. Em certo momento, esse cenário assume de fato uma configuração sinistra. E você agüenta enxergá-la? Você quer saber ou não?

Nesta passagem é que se decide se o homem vai ser digno da condição humana ou se ele vai se imputar aquela autocastração espiritual, que é a pior perda por que um sujeito pode passar e que nenhuma reparação material pode compensar. O homem que desistiu de saber pelo que são determinadas sua vida, sua biografia, desistiu dessa vida e dessa biografia. Ele já não lhe dá mais valor, jogou-a no lixo. Agora, no máximo, ele está reduzido a uma criança que, ignorando tudo em volta, pede milagres ou amaldiçoa o destino, a sociedade, o próprio Deus. Deste ponto em diante, só um milagre, mesmo. Mas o pedir milagre é uma coisa amaldiçoada pelo próprio Cristo. "Maldita a geração humana que pede prodígios". E como é que o sujeito vai obter prodígios se ele não quer nem mesmo olhar para a natureza em torno, olhar para o mundo real onde esses prodígios se sucedem a todo instante?

Aqui é preciso citar uma frase do velho Gurdjieff (não gosto dele, mas ele tem uns achados verbais incríveis), que diz que *a maior parte das preces consiste em pedir que dois mais dois dêem cinco*. O indivíduo não sabe exatamente o que pedir. Ora, se ele não olha nem a realidade em torno, não sabe onde está e, portanto, também não sabe o que quer. Vai pedir uma coisa qualquer, uma bobagem. Ao fazer isso, está recusando o dom do Espírito, está cometendo o pecado primeiro: "Eu não quero ser um ser individual consciente e responsável, quero ser um bichinho que não sabe de nada, quero permanecer no estado de inocência animal". Ele quer pecar contra o Espírito e ainda quer que Deus faça um milagre? Todos os pecados são perdoados, menos esse.

É por isso que vejo uma blasfêmia profunda na apologia vulgar da "vida simples", das "pessoas simples". Esse é um aspecto que nunca foi muito bem estudado. A autêntica simplicidade evangélica consiste justamente em pedir pouco, em não precisar de muito, e não em levar a vida de um bichinho que ignora o mundo que o cerca. Este ignorar é recusar o dom do Espírito, e este é o pecado que não é perdoado nem nesta vida nem na outra, o pior dos pecados. Tudo é perdoado menos o pecado contra o Espírito Santo. Qual é este pecado? A ignorância voluntária – e ainda há quem chame isso de "simplicidade evangélica".

A falta de interrogação sobre o sentido da vida, a depreciação desta busca ou sua redução a uma curiosidade acadêmica, como se algo desligado do eixo da vida, isto é o desprezo pelo Espírito. Se o sujeito faz isso e depois vai ler a Bíblia, vai rezar, ele está perdendo tempo. É uma besteira: já informou a Deus que não quer nada com Ele.

Essa desespiritualização é a total absorção do indivíduo nas tarefas de subsistência, incluindo as tarefas de prazer, que também são para subsistência. Você precisa de uma certa quota de prazer sexual, gastronômico, etc., simplesmente para sobreviver, assim como, para sobreviver, precisa de uma certa dose de esforço dolorido. Enquanto o indivíduo está limitado a essas duas coisas, ele optou pela vida natural, não quer saber do sobrenatural. Se ele quiser saber do sobrenatural, terá de passar por essa interface, que é o sentido da vida dele mesmo.

Para você saber o sentido de uma coisa, primeiro precisa saber *que* coisa é esta. – "Que é que eu sou?", "Onde é que eu estou?", "Que é que eu estou fazendo aqui?", "Que é que está me acontecendo?" e "Em que rumo está indo o curso da minha vida?".

Por exemplo: você deseja *realmente* saber todos os impulsos hereditários malignos que herdou de seus antepassados? Assassinos, estupradores, traficantes, contrabandistas, proxenetas, dedos-duros – quer? Quer ver tudo isto? A isto Dante chama descida aos infernos: reconhecer as possibilidades inferiores que ainda estão em você. Você *quer* ver isto? – "Não, não quero", diz a maioria. Então, se não quer, não adianta ir rezar, porque a função do Espírito Santo é revelar precisamente isso para você.

Pelo *olhar* firme e inteligente é que você supera todo o mal que há em si: se você é capaz de saber, de olhar, já está acima do seu próprio mal interior; agora, se não quer ver, ainda está embaixo. Não temos medo daquilo que nos é inferior. Só quando você quer ver esse conjunto é que, pelo simples fato de ser vistas, essas possibilidades então são queimadas, passam a fazer parte do seu mundo cognitivo e você de certo modo já está colocado acima delas.

Então, se formos pensar a ferro e fogo, a idéia que se tem hoje da preocupação "realista" com o cotidiano repetível é uma fuga do Espírito, uma sucessão de analgésicos. Quando acontece uma grande desgraça, o indivíduo se pergunta: "Por que isso aconteceu a mim?". Boa pergunta, mas, antes de perguntar pela desgraça, já devia ter perguntado uma série de outras coisas. Não, ele deixa para fazer perguntas só quando acontece a desgraça. Ora, a desgraça pode ser complicada, e ele talvez não a entenda.

A situação do personagem do filme é uma situação evidentemente ideal, portanto, artisticamente simplificada. É a indivíduo que nunca tinha pensado em *nada* e repentinamente tem de entender *tudo*. E ele entende. Ora, ele entende porque é um filme, é um esquema simplificado, simbólico, da vida. Na verdade, se o indivíduo passar a vida toda ignorando solenemente tudo o que se passa, quando ocorrer a desgraça ele também não vai entender, ficará ainda mais burro do que estava antes.

Não acredito que deixar tudo para o último minuto possa adiantar, exceto no filme. No filme, há um idiota jogado de repente numa situação trágica, em que ele tem de entender tudo e realmente entende, e, na hora em que entende, sua compreensão tem uma função catártica. Na hora em que toma consciência do que aconteceu, ele descarrega o mal que havia na situação e esse mal instantaneamente se converte em bem e sua esposa é resgatada.

Eu não nego que possa haver, neste sentido, uma atuação mágica do ser humano sobre o cenário histórico e até mesmo o cósmico, na medida em que entende o mal e, entendendo, o expressa e sublima de alguma maneira, exatamente como dizia Thomas Mann, que algumas previsões a gente faz justamente para que não aconteçam.

Mas e se ninguém quer ver o mal? Aí vai acontecer mesmo. Se você não quer ver, deixa tudo atuando na esfera da mecanicidade, das causas que já estão atuando independentemente de você e que vão chegar fatalmente às suas finalidades. Se você percebe e absorve este impacto, é possível que a sua tomada de consciência tenha uma função catártica capaz de beneficiar muitos seres humanos em torno.

É por isso que em geral profetas e grandes místicos são pessoas que tendem a ser mais tristes do que alegres, porque sabem o que está se passando. Podem antever certos resultados que os outros não antevêem e já sabem o que vai dar errado. Maomé olhava para um sujeito e sabia que o sujeito já estava no inferno, sabia que não podia fazer nada por ele, então chorava. Mas esta é uma última instância. Não é preciso antever o sujeito no inferno, mas um sujeito na câmara de gás ou num pelotão de fuzilamento é impossível que não haja ninguém capaz de antever. Entretanto, nas situações em que esse mal se aproxima, muitos esperam para tomar consciência no último momento.

Toda tragédia tem esse elemento: ver ou não querer ver? Na tragédia antiga, esse não ver não envolve culpa. A tragédia antiga parte do princípio de que existe uma certa limitação da inteligência humana. É um caso extremo, em que, mesmo agindo no melhor de suas capacidades, o homem não conseguiria entender, então ele se torna uma vítima inocente do jogo cósmico.

Na esfera cristã, já não se admite isso e sempre há um sentido culposo, e por isso mesmo o gênero trágico não floresce muito aqui. No mundo cristão, o que não quis ver tem culpa. Sempre há uma margem de manobra: as coisas poderiam ser de outra maneira. Pode haver um desenlace horrível, mas não trágico, porque não fatal. Foi uma escolha errada. De maneira aparentemente paradoxal, a culpa restaura a liberdade, porque ao assumir a culpa o sujeito vence, de certo modo, o destino fatal. As pessoas que hoje falam levianamente contra o senso cristão da culpa não entendem ou fingem não entender que a única alternativa a isso é o retorno à fatalidade trágica grega na qual o inocente é sempre condenado. Os inimigos do sentimento de culpa são inimigos da liberdade.

Mas há maneiras distintas de entender, por exemplo, a história de Adão. Adão errou por fatalidade ou tinha margem de manobra? Ele podia enxergar o que estava acontecendo ou foi uma pobre vítima dos acontecimentos? A interpretação mussulmana diz que foi um simples lapso intelectual, por isso não aceitam o pecado original: ali onde Adão errou qualquer um erraria. Mas é preciso compreender que a perspectiva islâmica, nesse caso, está referida à espécie humana e não ao indivíduo. No plano das ações individuais existe culpa, sim. O que o islamismo professa no fundo é apenas que o pecado de Adão foi de ordem cognitiva, e não propriamente moral.

EPÍLOGO

A gravação desta aula termina assim, abruptamente. Mas lembro que encerrei dizendo que *Aurora*, obra de um cineasta que foi um profundo estudioso da filosofia, da religião, do simbolismo e do esoterismo, era um cume de realização artística que o cinema nunca havia ultrapassado, precisamente porque nele as imagens condensavam diretamente e sem nenhuma linguagem enigmática os problemas mais altos da metafísica do destino e da providência, com uma sutileza digna de Santo Agostinho e Leibniz. Continuo dizendo isto e Friedrich Wilhelm Murnau continua sendo para mim o maior diretor de cinema de todos os tempos, até prova em contrário.

Junho de 1997.

IV
Central do Brasil

1. NO CORAÇÃO DO BRASIL

Todo mundo já escreveu e falou sobre *Central do Brasil*, e eu bem poderia me abster de tocar no assunto se as coisas que li e ouvi a respeito não me parecessem, no geral, mais estapafúrdias do que posso suportar calado. Não me refiro só às manifestações de generosidade hipócrita que se apressam em socializar a glória de Walter Salles, como se um prêmio não fosse uma *distinção* e sim precisamente o contrário – uma repartição igualitária dos méritos entre quem tem e quem não tem. Refiro-me às opiniões que pretendem ir um pouco além dos rapapés fingidos, entrar a fundo no entendimento da obra e trazer ao desamparado espectador que nada compreende por si as luzes da superior intelectualidade que nos guia. Que seria de nós, de fato, sem o auxílio dessas amáveis criaturas que são estipendiadas pelo Estado para nos dizer o que é o certo e o errado, isto é, respectivamente, a esquerda e a direita de todos os fenômenos do mundo?

No exercício de seu mister, sacerdócio ou militância, essas pessoas têm discutido bastante a "ideologia" de *Central do Brasil*. E como no Brasil de hoje somente à esquerda é permitido discutir o que quer que seja, as hipóteses em disputa são: 1ª, *Central do Brasil* é um filme tão de esquerda quanto qualquer outro digno desse nome; 2ª, não é um filme tão de esquerda quanto se desejaria que fosse, uma vez que parece esgotar-se num humanitarismo sentimental sem nenhum apelo político determinado.

Permito-me intervir nesse debate, ainda que um pouco tarde, e declarar, para escândalo geral e talvez para a completa danação de Walter Salles no futuro Brasil socialista, que se trata de um filme de ideologia acentuadamente conservadora; que nisto reside sua originalidade no panorama do cinema brasileiro; e que todos os seus defeitos provêm de seu diretor haver tentado realizá-lo com os meios narrativos disponíveis criados por duas gerações de cineastas esquerdistas, daí resultando alguns equívocos e vacilações numa obra a que nem por isto falta aquela singular eloqüência direta que é uma das marcas da sinceridade.

Para tornar essa idéia mais compreensível, é preciso lembrar que no Brasil de hoje só existem, a rigor, duas correntes políticas: os social-democratas que estão no governo, os comunistas que estão na oposição. Os poucos liberais que restam só sobrevivem graças a uma aliança aviltante com os social-democratas, dos quais se tornaram serviçais. Não há um partido conservador e, na esfera da cultura, qualquer idéia conservadora está *a priori* banida como coisa criminosa – isto não só por um acordo tácito mas pela ação ostensiva e cada vez mais prepotente de autonomeados comitês de censura.

No campo da educação e dos valores morais, os social--democratas sustentam um discurso idêntico ao dos comunistas, mas, como no campo econômico seguem por alto a política do FMI, aliás menos por convicção do que por falta de imaginação, foram designados pela mídia esquerdista para o papel de direita *ad hoc*, o que faz que o governo, quanto mais cede à pressão comunista fora das questões econômicas, mais seja acusado de direitista e até de fascista por conta do tratamento que dá a essas questões. Um governo social-democrático, liberal da boca para fora e a contragosto, posa enfim como a única direita possível no Brasil atual e se torna alvo de um discurso condenatório idêntico, em tudo e por tudo, ao que se dirigia nos anos sessenta contra a direita militar, da qual acaba por ser, para todos os fins de imagem midiática, perfeitamente indistinguível.

Bem sei que essa situação tem um toque de demência, que nela nenhuma idéia ou palavra correspondem exatamente às coisas que designam e que, por fim, todo o discurso político brasileiro se parece com o de um ator que pretendesse representar Hamlet com as falas de Otelo. Mas que a situação é essa, é. Em tais condições, não é de espantar que a intelectualidade, diante do sucesso internacional de um filme brasileiro conservador – uma hipótese tão escandalosa que se torna impensável –, termine impedida, por um escotoma. de enxergar de que se trata e, discutindo-o nos termos habituais com que o autismo esquerdista discute suas divergências intestinas, acabe por não entender absolutamente nada.

Em geral, o filme vem sendo interpretado quase que no sentido de um *Bildungsroman*, a história da educação ~ e da transformação ~ da personagem Dora pelo desenrolar da experiência vivida. E como Dora toma consciência do sofrimento dos pobres, mas não chega a captar nenhum sentido político na opressão que a rodeia e tudo enfim se resolve no plano da pura compaixão, o filme é diagnosticado como portador de uma consciência política real, sim, mas incipiente e raquítica. A discussão esgota-se, portanto, na questão quantitativa de saber se a obra é esquerdista o bastante para ser admitida como coisa decente. Há quem diga que sim, há quem diga que não. Se há uma coisa repartida com justiça neste mundo, é a cretinice.

O fato é que, por esse prisma, nada se enxerga e tudo o que se consegue é fazer a discussão ir parar tanto mais longe do seu objeto quanto mais se aproxima das opções ideológicas estereotipadas que a resumem. Pois o fato é que a transformação de Dora é demasiado superficial para constituir, por si, o núcleo da história. Dora nem é tão má no começo nem fica tão boa no fim.

Essa transformação não pode ser o essencial da trama por um motivo muito simples: a mudança decisiva acontece logo no começo, quando a farsante aproveitadora toma pela primeira vez na sua vida uma decisão moral, arriscando tudo para salvar um menino a quem mal conhecia. Em todo o restante da história, ela não passa por nenhuma outra tomada de consciência mais profunda, mas apenas por uma progressiva e passiva acomodação às novas circunstâncias de sua existência, resultados incontornáveis da escolha inicial. Se notarmos que, no curso da narrativa, ela passa da condição de uma modesta mas estável solteirona de classe média baixa (nos padrões brasileiros, entenda-se) para a de uma desempregada errante e miserável, veremos que sua situação externa mudou muito mais do que suas idéias e sentimentos.

Não, a alma de Dora não é o núcleo do enredo e a transformação dela não é a essência da trama. Essencial é a mudança da condição objetiva, social e pessoal do menino Josué à medida que o desenrolar dos acontecimentos o afasta da grande cidade litorânea e o conduz de volta às suas raízes no coração do Brasil, onde ele recebe de volta a condição humana que a maldade do meio urbano lhe havia negado.

O que se transforma não é a alma dos personagens individuais: é a condição social e moral que os cerca, a qual muda junto com a paisagem, à medida que a câmera os acompanha da periferia ao centro.

A grande cidade surge aí como o cenário do mal, um mundo condenado onde a busca do dinheiro leva a extremos de crueldade e a miséria é o penúltimo estágio de uma jornada descendente em direção ao nada. É o Brasil moderno, decerto, mas é uma modernidade estúpida, desumana e sem futuro. À medida que se deslocam para o interior, Josué encontra um Brasil antigo, primitivo, mas cheio de humanidade e promessas de futuro. Na grande cidade, seus irmãos Moisés e Isaías teriam se perdido na voragem do banditismo, terminariam baleados nas ruas. No sertão, conseguem erguer suas cabeças e conquistar um princípio de vida decente.

O Brasil progressista e dinâmico da grande cidade é o vasto cemitério das esperanças humanas. O Brasil arcaico e rude do sertão é o depósito intocado das virtudes populares e daquela religiosidade simples e devota que, a uma certa altura da história, produz milagres e floresce num buquê de sorrisos esperançosos – um dos momentos mais belos do filme de Walter Salles.

A cidade do diabo e o sertão de Deus – não há como evitar o paralelo com o grande clássico do conservadorismo na literatura de língua portuguesa, o romance *A cidade e as serras*, de J. M. Eça de Queirós. Tal como o rico Jacinto do romance, o menino pobre e a solteirona empobrecida de *Central do Brasil* empreendem uma jornada em direção ao centro, a qual, se não os leva aos céus, os devolve, ao menos, do inferno a um mundo normal e são onde ainda pode brilhar um sorriso.

Talvez não seja de todo irrelevante lembrar que o título do filme – *Central do Brasil* – é o nome de uma ferrovia que, hoje reduzida ao transporte de carga e à ligação com os subúrbios, era antigamente o principal meio de transporte para a população pobre entre as grandes cidades e o centro do país, entre o Brasil novo e o Brasil velho. Refazendo por meio rodoviário o trajeto da antiga ferrovia, Dora e Josué descobrem, de certa maneira, que a ordem dos fatores está hoje invertida: o Brasil "novo" é um inferno sem esperança; o Brasil "velho" é um mundo novo que nasce. Nada mais é preciso para demonstrá-lo do que a eloqüência mesma de um enredo que transporta os dois heróis desde um inferno compressivo onde se vendem crianças para extrair seus órgãos, até um cenário primitivo onde as pessoas têm nomes bíblicos e ganham a vida com o ofício evangélico da carpintaria; desde a brutalidade da vida urbana até um mundo arcaico onde a seiva da vida brota dos valores tradicionais: família, religião, humildade, trabalho.

Na jornada de volta, o encontro com o caminhoneiro marca precisamente o meio do caminho. Esse personagem ainda tem um pé no Brasil antigo, pelo apego a esses valores, mas já participa da modernidade, na medida em que os recebeu, um pouco alterados, pelo viés das novas seitas evangélicas importadas dos EUA. Ele pode levar Josué e Dora até um certo ponto ~ mas, tucanamente, recua amedrontado ante a perspectiva de um comprometimento profundo. Se ele se casasse com Dora, constituiriam mais um arremedo moderno de família, colando pedaços de famílias dispersas. Seria um *happy end* bom para as novelas politicamente corretas da Globo. Em *Central do Brasil*, isso não serve. Adeus, tucanismo: é preciso ir mais fundo, reencontrar a família originária, a religião antiga, a raiz autêntica. Entre o "mundo" e a "alma", no sentido bíblico dos termos, não há conchavo possível.

Se isso não é conservadorismo, não sei o que é. Mas como a hipótese de que o conservadorismo possa ter algum mérito é hoje crime hediondo, todos se abstêm de cometê-lo e têm de escavar, no imaginário progressista, as mais rebuscadas desculpas para legitimar um aplauso cuja negação descarada passaria por coisa antipatriótica, o que seria um tremendo vexame para pessoas que têm o monopólio do patriotismo. Comunista sofre, não é?

Nos últimos anos, a radicalização mais ou menos artificial dos ódios políticos levou a opinião pública nacional a perder de vista o pressuposto básico da ordem democrática: o princípio de que nossos adversários políticos não são monstros ou a encarnação do mal, são apenas pessoas que acreditam poder realizar o bem por um caminho diferente do nosso. Reivindicar para os conservadores e antimodernos o direito a um rosto humano é hoje um ato que requer coragem, grandeza, generosidade. *Central do Brasil* devolve à nossa consciência entorpecida pelo discurso monológico dominante um fundo de valores antigos sem os quais toda mudança social se perde – como resumiu um outro grande artista conservador, o poeta Manuel Bandeira – numa "agitação feroz e sem finalidade".

3 de março de 1999.

Este livro foi impresso pela Daiko Gráfica.
O miolo foi feito com papel *chambrill avena*
80g, e a capa com cartão triplex 250g.